İKİNCİ
SUSURLUK

Bir Kasaba Cinneti

Zülfikâr Ali Aydın

1975'te Elazığ'ın Karakoçan ilçesinde doğdu. Adana'da büyüdü. 1993'te Eskişehir Anadolu Üniversitesi Sanat Tarih Bölümü'ne, 1995'te Marmara Üniversitesi İletişim Fakültesi Gazetecilik Bölümü'ne girdi. 1996'da *Demokrasi* gazetesinde gazeteciliğe başladı. *Ülkede Gündem, Özgür Bakış* ve *Yeni Binyıl* gazetelerinde çalıştı. 2000 yılında düzenlenen Musa Anter Basın Şehitleri ve Gazetecilik Yarışması'nda, haber dalında birincilik ödülünü kazandı.

Siyahbeyaz Dizisi, özerk, bağımsız ve araştırmacı gazeteciliği teşvik etmeyi, medyanın genelinde haber olamayan ya da medyaya eksik, yanlış veya çarpıtılmış bir şekilde yansıyan kişi, olay ve temalara, kendilerini kamu önünde ifade olanağı yaratmayı ve bu yolla toplumun haber alma hakkını ve olanaklarını geliştirecek katkılarda bulunmayı amaçlamaktadır. Kelimenin gerçek anlamıyla hayatın her alanına el atmayı hedeflemektedir. Kitaplar geleceğe taşınan belge ve başvuru kaynaklarıdır aynı zamanda; bugünün güncelliğine bakış biçimimiz, yarının yakın tarih bilinci olacaktır.

Metis Yayınları
İpek Sokak 9, 80060 Beyoğlu, İstanbul

Siyahbeyaz Dizisi 35
İKİNCİ SUSURLUK
Bir Kasaba Cinneti
Zülfikâr Ali Aydın

© Zülfikâr Ali Aydın, 2001
© Metis Yayınları, 2001
İlk Basım: Nisan 2002

Dizi Yayın Yönetmeni:
Ruşen Çakır

Yayıma Hazırlayan:
Vehbi Ersan

Kapak ve Grafik Tasarım:
Emine Bora, Semih Sökmen

Kapak Fotoğrafı:
7-8 Nisan 2001, Susurluk (Milliyet arşivi)

Dizgi ve Baskı Öncesi Hazırlık: Metis Yayıncılık Ltd.
Kapak ve İç Baskı: Yaylacık Matbaacılık Ltd.
Cilt: Sistem Mücellithanesi

ISBN 975-342-357-8

İKİNCİ SUSURLUK

BİR KASABA CİNNETİ

Zülfikâr Ali Aydın

siyahbeyaz

METİS GÜNCEL

NTV arşivi

Balıkesir'in bir ilçesi olan Susurluk'ta, 2000 yılı nüfus sayımına göre 22 bin 500 kişi yaşıyor. Nüfus Türkler, Kürtler, Çerkezler, Lazlar, Çingeneler, Manavlar, Yörükler, göçmenlerden oluşuyor. Bu etnik ve kültürel çeşitlilik, ilçede yer yer şiddetlenen gizli ve açık önyargıları besleyen önemli bir etken oluyor. (Fotoğraf: Zülfikâr Ali Aydın)

İçindekiler

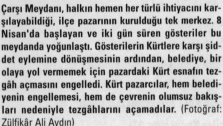

Çarşı Meydanı, halkın hemen her türlü ihtiyacını karşılayabildiği, ilçe pazarının kurulduğu tek merkez. 8 Nisan'da başlayan ve iki gün süren gösteriler bu meydanda yoğunlaştı. Gösterilerin Kürtlere karşı şiddet eylemine dönüşmesinin ardından, belediye, bir olaya yol vermemek için pazardaki Kürt esnafın tezgâh açmasını engelledi. Kürt pazarcılar, hem belediyenin engellemesi, hem de çevrenin olumsuz bakışları nedeniyle tezgâhlarını açamadılar. (Fotoğraf: Zülfikâr Ali Aydın)

İlköğretim 4. sınıf öğrencisi 11 yaşındaki Avşar Sıla Çaldıran, Susurluk'un yerlisi genç bir çiftin büyük kızıydı. En iyi arkadaşı, cinayet zanlısı Recep İpek'in, kendisiyle aynı okulda okuyan 9 yaşındaki yeğeniydi. Kayboluşu bir "kayıp ilanı" biçiminde belediye hoparlöründen anonslarla halka duyuruldu. Cesedi, Recep İpek'in evinin kömürlüğünde, boğulmuş bir halde bulundu.

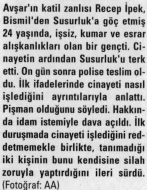

Avşar'ın katil zanlısı Recep İpek, Bismil'den Susurluk'a göç etmiş 24 yaşında, işsiz, kumar ve esrar alışkanlıkları olan bir gençti. Cinayetin ardından Susurluk'u terk etti. On gün sonra polise teslim oldu. İlk ifadelerinde cinayeti nasıl işlediğini ayrıntılarıyla anlattı. Pişman olduğunu söyledi. Hakkında idam istemiyle dava açıldı. İlk duruşmada cinayeti işlediğini reddetmemekle birlikte, tanımadığı iki kişinin bunu kendisine silah zoruyla yaptırdığını ileri sürdü. (Fotoğraf: AA)

Belediye anonslarıyla birlikte kayıp kızı bulmak için seferber olan Susurluklular, zanlının Diyarbakırlı olduğunun anlaşılması üzerine, tepkilerini Kürtlere yöneltti. Kürtlere, genel olarak da Doğululara karşı o güne kadar birikmiş önyargılar açığa çıktı. "Bu Kürtlerin yüzünden huzurumuz kalmadı", "Eroin, esrar, her türlü kötülük onlarda" diyerek başlayan öfkeli sohbetler, Doğuluların ev ve işyerlerinin tahrip edildiği gösterilere dönüştü. (Milliyet arşivi)

Cinayet 6 Nisan günü, saat 11.30-12.00 sıralarında işlendi. Olay, saat 12.30-13.00 sıralarında, polise bir kayıp vakası olarak yansıdı, aynı sıralarda belediye hoparlöründen anonslar başladı. Polis, saat 15.00 sıralarında yeğeninin ifadesiyle zanlı Recep İpek'e ulaştı. Evde yapılan ilk aramada zanlı da ceset de bulunamadı. Polisin bu başarısızlığı, kayıp kızı bulmak için seferber olmuş halkı her türlü kışkırtma ve dedikoduya açık hale getirdi. Aynı gece Kürtlere sataşmalar başladı. (Milliyet arşivi)

Sunuş:
Sap ile Saman Tehlikeli Ölçüde Yakındır

Türkiye 1980 ortasından itibaren sert bir çatışma ve bu çatışmadan beslenen kutuplaşma ve gerilimler yaşadı. Bu sosyal atmosferin sonucunda, resmi olarak aksi iddia edilse de birlikte yaşama pratiği önemli yaralar aldı. Çoğu şimdi hatırlanmayan trajediler yaşandı. Gündelik hayatta pek de üzerinde durulmadan söyleniverilen önyargılar, yargılar, bazen espri konusu olan aşağılamalar, "uygun mekanizmalarla" ve "elverişli" zeminde buluştuğunda ciddi şiddet gösterileri olarak karşımıza çıkıverdi. Çıkarları, dertleri bir olabilecek insanlar birbirlerine düşmanlaştı/düşmanlaştırıldı. Kimileri için milliyetçiliklerinin gereği, kimileri için kültürel özgürlük, bazıları için devletin bekası, bazıları içinse siyasetin gereği olarak gerilimle fazla oynandı. Ve öyle görünüyor ki, gerilimle oynama niyeti ve ihtiyacı hâlâ mevcut. Hâlâ bu ülkede, kanun dışı çeteler eliyle adam kaçırmış, öldürmüş kişilerin kahraman olup olmadığı tartışılıyor. Üstelik bu tartışma, "en dokunulmazlar" eliyle yürütülüyor. Hâlâ 2002 Mart'ında Esenler'de olduğu gibi etnik kökenli çatışmalar yaşanıyor. Mikro milliyetçilik virüsü hâlâ bu damarlarda dolaşıyor. Ancak bu çarpık sosyalleşme ve siyasallaşmanın nelere mal olabileceği konusunda tarihin derinliklerinden ve başka coğrafyalardan örnek devşirmeye ihtiyaç yok. Hemen arkamıza ve yanı başımıza döndüğümüzde görebileceğimiz örnekler mevcut.

İnsanların kolektif bir kimlik içindeki kalabalıklar halinde harekete geçmelerinde, bu hareketin "ötekileştirilmiş" "düşman" hedeflere yönelmesinde, milliyetçi ideolojinin veya daha önemlisi milliyetçi bilinçaltının belirleyici "örgütleme" yeteneği ve "kendiliğinden" kalkışmalara rehberlik etme becerisi çok yüksektir. Ayrıca, bu toplumsallaşma biçimi, milliyetçiliğin çeşitli toplumsal reaksiyonları kendi kanalında harekete geçirme imkânlarıyla buluşur. Türkiye'de 90'lı yıllarda Kürt meselesi (PKK hareketi) ve onunla bağlantılı politik gelişmeler karşısında "Türk milliyetçiliğinin kabarması" ve farklı tezahürler halinde döneme ana rengini vermiş olması da, bu teorik çıkarımın hayat tarafından doğrulanması olarak ifade edilebilir. Ancak bu durum, onu yaratan-yenileyen, belirleyen-besleyen toplumsal vasattan ve siyasi konjonktürden bağımsız, kaçınılmaz bir doğal afet gibi asla algılanamaz. Böylesi kabarma, hezeyan veya kalkışmaların zeminini oluşturan toplumsal potansiyel kadar, bunu harekete geçiren mekanizma da sorgulanmaya muhtaçtır.

Toplumsal olana kendiliğinden bir "meşruluk" atfetme ve ahlaki kategorileri bireyler ve kurumlarla sınırlama eğilimi son derece yaygındır. Özellikle sol literatür ve algılama pratiği, toplumsal olduğu kabul görmüş olguları meşrulaştırmaya meyyaldir. Hatta bu yüzden negatif görülen toplumsal hareketliliklerin toplumsallığı sorgulama konusu yapılır. Bu türden olaylar, ya egemen güçlerin manipülasyonu ya da "bilinçsiz" lümpenlerin işi olarak toplumsalın dışına taşınır. Sağ zihniyet dünyasıysa, insanları doğuştan gelen "kan" (din veya kültür) bağı dolayımıyla bir kimlik olarak tanımlar. İnsanlar, topluluklar, (milletler) doğuştan sahip oldukları bu "birincil" (doğuştan kazanılmış) kimlik özellikleri ile ayrımlaştırılır. Dolayısıyla ait olunan toplulukların toptan pozitif, "ötekilerin" toptan negatif "yaradılış" özelliklerine sahip olduğuna inanılır. Oysa hem (sahiden) toplumsal olan "kötü" olabilir, hem de bu kötülük bir yaradılış sorunu olmayabilir.

Türkiye –ve hatta Anadolu coğrafyası- çeşitli dönemlerde son derece kanlı çatışmaların yaşandığı, "ötekileştirerek" toplumsallaşmanın en patolojik örneklerinin sergilendiği deneylere tanık oldu. Bu toplumun güçle, otoriteyle ve en önemlisi birbiriyle kurduğu ilişki, bu ilişkinin ürettiği siyasal yapı ve yaşama kültürü böylelikle hep bu örneklerin gölgesinde kaldı. İşte bu kitapta ele alınan konu, bu çarpık toplumsallaşmanın çarpıcı ve ders çıkarılması gereken öykülerden sadece biri...

1989-1994 arasındaki beş yıllık dönemde Türkiye'de süreklilik arz eden en belirgin sosyal hareketlilik yarı-resmi bir içerik kazanmış olan asker cenazeleri sonrasında yaşanan gösterilerdi. Şehit fotoğraflarıyla, Türk bayrağına sarılı veya asker kıyafeti giydirilmiş çocuklarla, kayıpların acısının intikam arzusu ve öfkeye dönüştürüldüğü gösteriler, belirli bir siyasi sembol-söylem dünyasının damgasını taşıyor görünse de daha genel bir toplumsal ruh halini yansıtıyordu. Aynı dönemde bu hareketliliğe eşlik eden ve aynı kaynaktan beslenen asker uğurlamaları da, acının-öfkenin "erkek kültürü" içinde karnavalesk bir ifadesi gibiydi. Metropollerden küçük kasabalara kadar her yerleşim biriminde yaşanan bu gösteriler, başlangıçta resmi bir gayretin ve medyanın desteğini de arkasına almıştı. Zamanla bu gösteri ruhu, namaz, maç, tören gibi her tür toplanma zeminine sirayet etti, yayıldı ve en önemlisi her seferinde kendini yeniden üreten bir ritüel halini aldı.

90'lı yıllarda etkili olan diğer önemli bir sosyal hareket ise, yine "Güneydoğu sorununun" bir çıktısı olan göç olayıydı. Başlangıçta bölgedeki köylerden şehirlere, sonra da Batı'ya yönelen "göçmen Kürt" meselesi, özellikle Akdeniz ve Ege bölgesinde, kısmen de metropollerde bir tür "yabancı düşmanlığı"nı tetikledi. Bir yandan Ege ve Akdeniz bölgesindeki irice şehirlerin yoksul "Türk" nüfusu bu göçe karşı ciddi bir tepki oluşturdu, diğer yandan Batı illerinin zengin ve zenginleşme beklentisi içindeki kesimleri arasında yaygınlaşan "refah şovenizmi" patladı. Böylelikle, göç alan merkezlerdeki alt-orta sınıfların yoksulluk veya yoksulluk tehdidi ile beslenen kör öfkesi adreslenmiş, şehirlerinde "huzurları kaçan" üst-orta sınıfların ise fatura çıkartabilecekleri "öteki" temin edilmişti. Ekonomik-sosyal kaygılarla beslenen bu potansiyel tepkisini sürmekte olan açık şiddetin gölgesinde meşrulaştırma olanağına kavuştu. Ve bu tepkisellik kısa sürede siyasileşti.

1990'ların ilk yarısındaki toplumsal atmosfere damgasını vuran bu gelişmeler ve hareketlilik, alışık olunan refleks uyarınca kolayca politik ifade kanalını buldu. Hızla yükselen, mevcut konjonktürle organik bir söylem birliği üretebilen ve giderek popülerleşen milliyetçilik, böyle bir gerginlik ve kutuplaşmaya çok uygun bir zemin teşkil etmekteydi; sonuçta buluşma çok kolay gerçekleşti. Daha sonra ortaya çıkan riskten dolayı merkezi olarak geri çekilmeye karar vermiş de olsa, MHP ve ülkücü hareketin, bu hareketlilikte —en azından— fikri önderliğini de not etmek gerekir.

Hem asker cenazeleri, hem de göçle beslenen gerilim giderek keskinleşti ve saldırgan bir muhteva kazandı. İlk belirgin sokak eylemi, 1991 Kasım'ında Kayseri'de yaşandı. Kayserispor-Malatyaspor ve Kayserispor-Diyarbakırspor maçlarında "Şehitler ölmez" ve "En büyük Türkiye" sloganları atıldı; "Kürt takımı" olarak zımnen PKK'yla özdeşleştirilen Diyarbakırspor'un otobüsü taşlandı. Olgunlaşmış milliyetçi hezeyanın her vesilede kendini açığa çıkarma mekanizması artık işlemeye başlamıştı. 1992 sonbaharında Karadeniz'deki cenaze-mitinglerde tepki dozu arttı; doz aşımı sloganlarda somutlanıyordu; "Karadeniz Kürtlere mezar olacak". Güneydoğululara ait dükkânlar taşlandı, insanlara küfür yağdırıldı. Kürtlerin yoğunlaştığı Çömlekçi semtindeki mevsimlik inşaat işçileri saldırıya uğradı. Kürt nüfusa tepkinin gerekçe bulmaktaki rahatlığı, Çanakkale'nin Bayramiç ilçesinde yaşanan trajikomik olayda açıkça görüldü. Bir keçiye tecavüz ettiği iddia edilen bir Kürt inşaat işçisine tepki biçiminde başlayan olaylar, Kürt karşıtı bir kalkışmaya dönüştü ve ilçedeki Kürtler göç etmek zorunda kaldı.

24 Eylül 1992'de Fethiye'de bir kahvehanede Kemal Sunal'ın "Şabani-

ye"sini seyretmek isteyenlerle başka bir kanalda PKK'nın karakol baskınına ilişkin belgeseli seyretmek isteyen Kürt gençleri arasında çıkan kavgada önce iki Kürt genci, ardından aynı kahveye gelen HEP yöneticileri dövüldü. 25 Eylül'de asker cenazesinde yapılan 8 bin kişilik yürüyüşten sonra HEP ilçe merkezindekiler ve öldürülen erin köyündeki Kürt aileler tehdit edildi. Ertesi gün ilçe garajında alkollü olduğu söylenen gençler birkaç gün kimlik kontrolü yaptılar ve Güneydoğu doğumluları dövdüler. Kürtlerin bulunduğu mahallelere benzeri saldırılar oldu, HEP ilçe başkanının evi yakıldı, Kürt seyyar satıcıların tezgâhları tahrip edildi. Bu olaylardan sonra 1500 civarındaki Kürt nüfus Fethiye'den göçmeye başladı.

29 Kasım 1992'de, Alanya'da bir erin cenazesinde PKK lehine slogan attığı iddia edilen iki kişi linç edilmek istendi; Kürtlere ait 10 işyeri tahrip edildi. 1993 Temmuz ortasında Çanakkale'nin Ezine ilçesinde, bir grup şoförün gittikleri pavyonda hesap anlaşmazlığı nedeniyle Kürt garsonlarla kavga etmesi, "etnik gerilim"e dönüştü. Kısa süre önce Güneydoğu'dan iki asker cenazesinin geldiği kasabada 5 bine yakın insan "Kürtler dışarı" vb. sloganlarla oteli kuşattı. Ezine Belediye Başkanı, iki yıl önce Kürt bir işçinin keçiye tecavüz etmesi ve peşinden işlenen cinayetler üzerine gerginleşen Bayramiç'ten buraya göçen 20 Kürt aileye yer vermiş olmakla suçlandı.

Kasım 1993 başında Muş'tan göçe mecbur kalan yedi Kürt aile, akrabalarının 1988'den beri oturduğu Denizli'nin Tavas ilçesine sokulmadılar. 300 kişilik bir grubun protesto gösterisi üzerine kaymakam köylüleri başka yere gitmeye "ikna" etti. 1993'te kitlesel Kürt göçü alan Adana, Mersin, Antalya'da gerginlik ve husumet gözle görülür haldeydi.

1993 Ekim'indeki Erzurum olaylarında, şehirdeki küçük Kürt topluluğu ciddi bir toplu linç tehdidiyle karşı karşıya kaldı. Vali Oğuz Berberoğlu "Silahıyla, üniformasıyla PKK'nın üzerine gidecek yürekli Dadaşım için gerekli teçhizatı sağladık," gibi sözlerle halka bin silah dağıtacaklarını duyurarak kalabalığı "yatıştırmaya" çalıştı.

1994 yılında benzeri olaylar şiddet dozu azalmakla beraber sürdü. Yıl başında Bayburt'ta bir erin cenaze töreninde göstericilerin tepkisi valiliği rahatsız edecek boyuta ulaştı, SHP ve DYP il binalarına saldıran 20 kişi gözaltına alındı. 9-10-11 Mart günleri Mersin'in Erdemli ilçesinde bir dizi olay yaşandı. Önce bir Ağrılı dövüldü, sonra bu saldırıyı yapan kişi öldürüldü. Cenaze sonrasında başlayan gösteriler Kürtlere saldırılara dönüştü. PKK aleyhine atılan sloganlarla Kürtlerin işyerleri ve evleri tahrip edildi.

90'ların ilk yarısında onlarcası yaşanan ve sadece çarpıcı birkaç örneği sıraladığımız bu tür olaylarda, eylem dozu –ki bu dozun belirlenmesinde kendiliğindenlik yanında elbette yetkililerin "kararları" da rol oynamıştır– genellikle linç teşebbüsü aşamasından ileri gitmedi. Ancak bu eylemlerin PKK'lı-Kürt ayrımından bağımsız olarak bütün Kürtler üzerinde bir tehdit atmosferi yarattığı, böylelikle toplumsal hayatta Türk-Kürt ilişkilerini gerdiği açıktı. Başka nedenlerden kaynaklanmış bile olsa, "meşrulaştırılmış" düşmana yönlendirilmesi için kolay gerekçeler bulabilen tepkisel saldırganlık, "kontrollü" biçimde 1990'ların ilk yarısında hüküm sürdü ve daha sonra hem "konjonktürel ihtiyaç" ortadan kalktığı için, hem de biraz kendiliğinden sönümlendi. Fakat bu kitabın konu aldığı 2001 Nisan'ında Susurluk'ta yaşananlar, bu gerilim potansiyelinin kolayca yeniden zuhur edebileceğini ortaya koyuyor.

"Kürtler buraya geldikten sonra huzurumuz kalmadı. Bu şerefsizlerin yüzünden... Geldikleri yerlere gitsinler. Ne sokağa çıkabiliyoruz, ne de çoluk çocuğumuzu parka gönderebiliyoruz. Hırsızlık onlarda, uyuşturucu onlarda, karapara onlarda. Hepsini önümüze koyup kovalım! Hem ekmeğimizi yiyorlar, hem de namusumuza göz dikiyorlar!"

Susurluk'ta Avşar Sıla Çaldıran isimli bir kız çocuğunun öldürülmesinden eski bir korucu olan Recep İpek'in sorumlu tutulmasıyla başlayan olayların "gerekçesini" özetleyen bu cümle; kendisini yaşamsal, sosyal, ekonomik veya kültürel tehdit altında hisseden yığınların tepkilerini nasıl genelleyerek "öteki"ne yansıtabildiklerini çarpıcı biçimde ortaya koyuyor: Her türlü olumsuzluğun müsebbibi "ötekiler" ve onlardan kurtulunca her şey düzelecek. Daha da önemlisi, düşmanlaştırılan "öteki", yarı-resmi söylemde ve bilinçaltında hedefe yerleştirilmesi meşru sayılabilecek bir topluluk. Olaylardan sonra, eyleme katılanların çoğunun "Sadece 'Kahrolsun PKK' diye bağırdım" demiş olması raslantı değil. Yine resmi meşruluğu sağlayan bir başka unsur da, eyleme önderlik edenlerin sosyal statüsü: Örneğin savcılığın iddianamesinde Susurluk'taki eylemlerin asli yönlendiricisi Dr. Ali İhsan Güler ve emekli öğretmen Neşe Sarıbaş olarak gösterilmişti. Eylemlerin baş kahramanı Dr. Ali İhsan Güler'in kişiliği ve kişisel tarihi de son derece ilginç. Doktor, Balıkesir'e yerleşen Kürt kökenli Fehmi Güler'in oğluydu ve gençlik yıllarında CHP Gençlik Kolları'nda çalışmıştı, ama Susurluk'a atanmasında "MHP'nin torpili" hep tartışıldı. Güler, 1991 seçimlerinde de DSP'den milletvekilliğine aday olmuştu.

Aslında Susurluk Kürtlerle yakın geçmişte tanışmamıştı; bazı Kürt ailelerin Susurluk'a yerleşmeleri 50 yıl öncesine dayanıyordu. İlk gelenler "yabancı" kabul edilseler de bir tepkiye neden olmamışlardı. 90'larda başlayan yeni göç dalgasıyla gelenlerse hem daha kalabalık, hem de "daha yabancı" görüldüler. Sayıları ancak bini bulan Kürt nüfus, bağımsız bir getto oluşturmayıp ilçenin içinde dağınık biçimde yaşıyordu. Fakat asıl gerilimi tetikleyen paralı Kürtlerin, ilçenin en önemli ekonomik faaliyeti olan karayolu üzerindeki dinlenme tesislerine yatırım yapmaları ve etkinliği ele geçirmeleri oldu. Tesis sahibi Kürtler, genellikle kendi hemşerilerine iş vermeyi tercih ettiler. Esnaf arasında Kürtlere karşı hoşnutsuzluk baş gösterdi; Kürtlerin ilçenin huzurunu bozduğu görüşü dilden dile dolaşmaya başladı; Güneydoğuluların "yasadışı işler yaptıkları" yolundaki söylentiler bunları izledi.

Biriken gerilim, Recep İpek'e atfedilen cinayetle patladı. Susurluk'ta birkaç gün süren olaylar sırasında, Kürtlere ait ev ve işyerleri tahrip edildi, benzin istasyonları yakıldı. İlçenin güvenlik güçleri olayları durduramadığı gibi, tepkileri hedef olmaktan da kurtulamadı. "Kürtlere karşı toplumsal refleksimizi gösterdik," diyen Dr. Ali İhsan Güler şöyle konuşuyordu: "Kürtler Kürdistan'a. Bizim tepkimiz sadece bu münferit olaya değil, yani kamu görevlileri aklını başına almalı." Olaylar sonrasında Kürtler ilçeyi terk etmek zorunda kaldı. Hatta gidişleri için Kaymakamlık yol parası yardımında bulundu.

Olayların ardından yapılan soruşturmada, hemen her siyasi görüşten ve toplumsal kesimden kişilerin eyleme katıldığı ortaya çıktı. Dindar esnaftan içkili serserilere, parti yöneticilerinden öğrencilere kadar, herhangi bir sosyal hareketlilikte yan yana olması şaşırtıcı olacak bir kalabalık dizginsiz bir öfkenin peşine takılabilmişti. Hatta birileri, Susurluk'a bağlı köyleri arayıp: "Dün gece olanları duymadınız mı? Uyuyor musunuz? Akşam Susurluk'tan Kürtleri kovacağız. Siz de bir şeyler yapın," demişti. Eylemlere katılanların büyük çoğunluğu 25-40 yaş grubundandı, dolayısıyla bu tür kalkışmalarda hep öne sürülen "düşüncesiz gençlerin işi" bahanesi geçerli değildi. Yine eyleme katılanların büyük çoğunluğu Susurluk'ta ikamet ediyordu, yani "Dışarıdan gelenler yaptı" bahanesi de geçersizdi. Bütün bu göstergeler, eylemi "aklı başında" Susurluk yerlilerinin yaptığını gösteriyordu.

Savcının "etnik ayrımcılık" suçlamasıyla açtığı davada verilen ifadelerin önemli bölümünde sanıklar olaylara katılmadıklarını söylüyor, suçlamaları inkâr ediyorlardı. Bir kısmı olayları sadece izlediğini, bir kısmı da durdurmaya çalıştığını iddia ediyordu. Olay sırasında alkollü olduğunu ve ne yaptığını hatırlamadığını söyleyenler de vardı, MHP İlçe Başkanı da olayların gerekçesi olarak alkolü gösteriyordu. Bir başka MHP yöneticisi de, tıpkı belediye başkanı gibi kişisel çıkar çatışmalarının belirleyici rol oynadığı görüşündeydi.

Öldürülen Avşar Sıla'nın anne ve babası ise, büyük ölçüde yaşadıkları derin acının da etkisiyle ama daha çok "öğrenilmiş-duyulmuş-aktarılmış" mitlerin eşliğinde oldukça sert konuşuyorlar. Baba Selim Çaldıran, "Kürtleri kimse istemiyor. Bu bir gerçek. Sadece Susurluk'ta değil, insanların kafalarının bir köşesinde Kürtlerle ilgili soru işareti her zaman var. Susurluk'un etrafındaki bazı bölgelerde, hiçbir tane Kürt bulamazsınız. Neden? Çünkü oraların yerlisi birlik olup, Kürtlere bir tane ekmek satmamış, tuz vermemişler. Bana kalsa, Ankara'nın ötesini verirdim Kürtlere. Ankara'dan sınırı çekerdim, 'Yaşayın kardeşim burada,' derdim," diyor.

Anne Nihal Çaldıran'ın ise Kürtlerle ilgili yargıları çok katı: "Sevgileri yok, çünkü iletişim kurmuyorlar. Senelerce oturdukları yerlerde kimseye 'Merhaba' demeden nasıl yaşadılar? Ben Ankara'nın ötesini, doğu illerini sevmiyordum. Küçükken de böyleydim, çünkü Urfa'ya gittim, ortaokula gidiyordum o zaman... Kendimi çok kötü hissettim. Bize benzemiyorlar onlar... Giydikleri, yedikleri, oturdukları, içtikleri hepsi farklı... Kıyafetleri, yüzlerindeki dövmeler, şalvarları, kafalarına sardıkları o bezler, kadına değer vermemeleri... Çok geri kafalı insanlar. Bir de nereye gitsen, farklı olurlarmış bunlar."

Zülfikâr Ali Aydın'ın elinizdeki bu kitap çalışması, bütün tarafları kendi öyküleri ve olaylar dizisindeki ilişki ağlarıyla birlikte ele alıyor. Hemen her detaya bakmaya çalışıyor. Sonuçta karşımıza, Türkiye'nin, çeşitli defalar farklı mekânlarda ve başka gerekçelerle yaşadığı ve daha önemlisi hâlâ yaşama riski altında bulunduğu bir çarpık toplumsallaşmanın resmi çıkıyor. Ekonomik gerilimlerin, sıkıştırdığı insanlarca nasıl ortak yaşama alanındaki "öteki" insanlara yansıtıldığını; bu yansıtmanın ürettiği gerilimin nasıl düşmanlıkları beslediğini; açık çıkar çekişmelerinin, bu çıkar kapışmasıyla hiç ilişkisi olmayanlarca nasıl taşınabildiğini; çıkar ilişkileri çerçevesinde kolayca yönlendirilebilen kalabalıkların nasıl yıkıcılaşabildiğini; öğrenilmiş, aktarılmış önyargıların nasıl kuşaktan kuşağa devrolduğunu; siyasi otoriteye tepkinin nasıl apolitikleşebildiğini; tek tek insanların değil kalabalıkların da kötü olabileceğini; eylemlerin kışkırtıcısı olarak işaret edilen Dr. Ali İhsan Güler'in "sosyal refleks" dediği şeyin ürkütücü yüzünü ve daha pek çok çarpıcı gerçeği okuyoruz bu çalışmada. Bu anlamda Susurluk örneği, ciddi dersler çıkartılması gereken bir laboratuvar sunuyor bize... Belki de küçük bir Türkiye modeli...

Fakat bu örneğin en masum kurbanı Avşar Sıla ise, başka bir seçeneğin ipuçlarını veriyor. Cinayetten önce, Avşar çocuk dünyasında, İpek ailesine "Doğulular" denilmesinden ve onlar hakkında kötü şeyler söylenmesinden hoşlanmıyordu, çünkü kızları B. onun arkadaşıydı. Avşar'ın, Kürtleri kastederek "Onların evine gitme" diye uyaran annesinin telkinlerine, "Niye onları kimse sevmiyor, zaten fakirler, kimse onlarla konuşmuyor. Ben B.'yi seviyorum, beraber ders çalışıyoruz" sözleriyle karşı çıktığı biliniyor. Ve yine Avşar, Han Mahallesi'nin pek sevilmeyen "yabancılar"ına ilgi ve sevgi duyan, iki yıl boyunca sürekli bu "yabancılar"ın evine giden belki de tek yerleşik Susurlukluydu. Onun bu tutumu, önyargıların önemli ölçüde ortadan kalkmasını sağlayabilmişti. Ne yazık ki bütün önyargılar ve birikmiş gerilim yine onun ölümüyle açığa çıktı...

İstanbul, Mart 2002

Önsöz

6 Nisan 2001 günü, Susurluk'ta 11 yaşındaki ilköğretim okulu öğrencisi Avşar Sıla Çaldıran kayboldu. Susurluk'un tanınan ailelerinden birinin ferdi olan kız çocuğunun kaybolduğu haberi, ilçe meydanındaki hoparlörlerden duyuruldu. İlçe sakinleri, herkesi huzursuz eden bu haberin merkezindeki kayıp kız çocuğunu aramaya koyulduğunda Susurluk, yeniden Türkiye'nin gündemine gireceği olaylara da adım attı. Kayıp çocuğun boğularak öldürülmüş cesedi, bir gün sonra Diyarbakırlı eski bir köy korucusu Recep İpek'in evinde bulundu. Kız çocuğuna tecavüz edildiği söylentisiyle birlikte, aynı anda Recep İpek'in PKK'lı olduğu kulaktan kulağa yayıldı. Kumar yüzünden önce işini kaybeden ardından eşi tarafından terk edilen Recep İpek'in işlediği adi bir cinayet Kürtlere fatura edildi. Bir anda, binlerce kişi sokağa dökülerek, aleyhine sloganlar attıkları Kürtlere ait, ev ve işyerlerini yakıp yıkmaya başladı.

Susurluk yakın tarihin önemli etnik cinnetlerden birine bu olayla birlikte ev sahipliği yaptı. Üç gün süren olayların önü olağanüstü önlemlerle alındı, ama ilçede yaşayan Kürtler evlerini terk etmek zorunda kaldı. Bazıları işlerinden kovuldu. Kalanlar kahvehanelere, lokantalara alınmadı...

Cumhuriyet tarihinin "derin" tartışmalarından birine adını veren Susurluk, Türkiye'nin gündemine ikinci kez bu olayla oturdu.

Neden İkinci Susurluk?..

Bu çalışma Susurluk'u numaralandırma amacına dönük değil. Aslında Susurluk Kazası ve İkinci Susurluk'un etrafında yaşananlar, birbirlerinin hem nedeni, hem de sonucu sayılabilir. Çünkü Susurluk Kazası ile "çete" adı etrafında ortaya çıkan örgütün kuruluş amacı, devlete karşı olduğu varsayılan "öteki"ni (kişi, grup, organizasyon...) tehdit olmaktan çıkarma amacına dönük her tür faaliyeti üretmeye dayanıyor. Dolayısıyla bu örgütler, toplumdaki her ideolojik kamplaşmada, resmi moral değerlerini (vatan, millet, bayrak) yanlarına alarak faaliyetlerini meşrulaştırıyorlar.

İkinci Susurluk vakası ise devlet içinde ortaya çıkan, son 15 yılda büyük ölçüde gladio-kontrgerillanın beslendiği Güneydoğu'daki iç savaşın, Türkler ve Kürtler arasında yarattığı düşmanlığın sonucudur.

İki toplum arasındaki önyargıların geçmişi oldukça uzun... PKK, 1984 yılının ağustos ayında Siirt'in Eruh ve Hakkâri'nin Şemdinli ilçe merkez-

lerine baskın yaptığında, kimse büyük bir toplum kesimini etrafına topla-
yacak hareketin ilk adımlarını attığını fark edemedi. Düşük eğitim düzeyi-
ne, yoksulluğa, aşiret ilişkilerine, dinin ağırlığına sahip Güneydoğu'da
PKK, haklarından yoksun vatandaşları, kullandığı şiddetle etkisine aldı.
PKK ayaklanması, yörede silahlı eylemi bir isyan aracı olarak kullanır-
ken, "nihai zafer" elde etmenin yolunun Kürtlerin haklarını savunan siya-
sal bir örgüt haline gelmekten geçtiğini teşhis etmişti. Ardından Kürt mil-
liyetçiliğini şiddetle siyasallaştırarak milliyetçi devlet geleneğinin karşı-
sına çıkardı. Bu iki karşıtın çarpışması kan, ölüm ve gözyaşı demekti.

Bu çatışma bitmiş gibi görünse de izleri Türkiye'yi bir hayalet gibi iz-
liyor. Güneydoğu'nun gözü kulağı, dil ve kimlik talebi etrafındaki sorun-
larının çözümüne yönelik bir haberde... Öte tarafta "askere" giden çocuk-
larının cansız bedenlerini alıp, acılarının dinmesini Abdullah Öcalan'ın
idamına endeksleyen binlerce asker yakını var. Ve tabii, taraflara pasif
veya aktif destek sunan milyonların karşılıklı önyargıları...

Ancak her iki toplum bu sorunun, varlığını sürdüren başka kötü so-
nuçlarından paylarına düşeni alarak yaşıyor: İşsizlik, adaletsiz gelir da-
ğılımı, göç, faili meçhul cinayetler, açlık sınırının altında yaşayan mil-
yonlar, kültür çatışmaları, travmalar, siyasi bunalımlar ve ekonomik kriz-
ler... Daha sayabiliriz.

Susurluk aslında Türkiye'nin küçültülmüş bir profili. Türkler, Kürtler,
vs... aklınıza gelecek her etnik kökenden insanın bir arada olduğu iç sa-
vaşın da etkisiyle birlikte yaşamayı beceremediği bir ilçe. Susurluk, şid-
detle gelen önyargıların sembolü...

Bu kitap, sadece Susurluk'taki etnik ayrımcılığı değil, İpek ailesiyle
birlikte, ailenin "silik" karakteri Recep İpek'i, tipik bir taşra ilçesi Susur-
luk'un gözden kaçan ilginç öyküsünü, etnik şiddetin aktörlerini, Türkler
ve Kürtlerin etnik ayrımcılıkla perdelenen ekonomik rant savaşını belge-
ler ve tanıklarla mercek altına alıyor.

Son olarak; bu benim ilk kitabım... Önce eşim Selda'ya sonsuz teşek-
kürler... Çalışmam sırasında desteğini eksik etmeyen Ruşen Çakır ve
Vehbi Ersan'a ayrıca teşekkürler... Nadire Mater'e ve Rıdvan Aydın'a,
katkılarınızı unutmayacağım...

Zülfikâr Ali Aydın
15 Ocak 2002, İstanbul

1 Recep İpek ve Bismil'den Susurluk'a Göç

Balıkesir'e bağlı Susurluk ilçesinde Avşar Sıla Çaldıran adındaki 11 yaşındaki kız çocuğunu boğarak öldürdüğü öne sürülen Recep İpek, Arap ve Ayşan çiftinin üçü erkek, dördü kız yedi çocuğundan biri. Aslında İpek ailesinin öyküsü Güneydoğu'daki binlerce aileninkine benzemektedir. Recep İpek'in, kendisini, Türkler ve Kürtler arasındaki açık veya örtülü düşmanlıkları dinamitleyen bir cinayetin baş aktörü olarak karşımıza çıkaran öyküsü ise, doğup büyüdüğü Güneydoğu'da yaşananlardan bağımsız değildir.

İpek ailesinin yoksulluğu Recep İpek'in kaderini önemli ölçüde etkiledi. Özellikle aile reisi olan baba Arap İpek'in ölümü, tüm aile fertleri için olduğu kadar Recep'in dünyasında da bir milat oldu.

Yıl 1992... Güvenlik güçleri ile PKK'lı militanlar arasında her gün bir çatışma yaşanıyor. O yıla kadar olaylarla ilgili tutulan resmi kayıtlar; bu çatışmaların 2 bin 764 kişinin canına mal olduğunu gösteriyor. Arap İpek, oğlu Ömer İpek ile Diyarbakır'a bağlı Bismil'in Aralık Köyü'ndeki evinden yörede kutsal sayılan bir türbe ziyaretine gittiğinde, yakınlardaki Cize Köyü'nde çatışma çıktı. Silah sesleri durulduğunda Bismil o günü on sekiz ölüyle geride bıraktı. Hayatını kaybedenlerden ikisi sivil, dördü asker, on ikisi de PKK'lıydı. Olayın ayrıntıları Bismil'de de hızlanan göçün nedenlerini büyük ölçüde açıklıyordu.

Cize Köyü'nü gece yarısı basan PKK'lılar, daha önce buraya gelen iki PKK'lıyı saklandıkları evin sahibiyle birlikte jandarmaya ihbar etmiş olan bir köylünün evine girmek istediler. Dicle Nehri yakınlarındaki köy, düz bir arazide kurulu olduğu için militanların sık gelemediği, sadece gece karanlığında yiyecek ihtiyaçlarını karşıladığı bir köydü. Güvenlik güçleri, örgüt üyelerinin bölgeyi bu şekilde kullandığı istihbaratına sahipti ve militanlar köye baskın düzenlediği sırada pusuya yatmışlardı.

Köyden gelen silah sesleri üzerine, güvenlik güçlerinin militanlarla sıcak temas kurması uzun sürmedi. Çevredeki tüm köyler ve yollar tutuldu, ama militanlar ablukayı aşıp kaçmayı başardılar.

Bu teyakkuz hali ertesi güne sarkarak devam ederken, bir grup köylüyü taşıyan minibüs, sabah türbe ziyaretinden dönüyordu. Araç askerler tarafından durduruldu. Minibüsteki erkekler yere yatırıldı. Yaşlı erkeklerden biri de Arap İpek'ti. Askerler çatışmalarda arkadaşlarını kaybetmiş olmaları yüzünden oldukça sinirliydi. Köylülerden sadece erkeklerin kimliklerini aldılar. Neye uğradıklarını şaşıran köylülerin itirazları sürünce, zaten gergin olan askerlerin tavırları birden sille tokat dayağa dönüştü.

Bismil ve bağlı köyleri arasında at arabasıyla taşımacılık yaparak geçimini sağlayan Arap İpek ile oğlu Ömer, köylülerle birlikte askerlerin dayağına maruz kaldılar. Yarım saati aşan dayağa ağır küfürler eşlik etti. Askerler köylülerin minibüse binmesine izin verdiğinde Arap İpek zor yürüyebiliyordu. Oğlu Ömer, babasını, güçlükle taşıyarak araca bindirdi ve Bismil'in Aralık Köyü'ne bağlı Kooperatif Mezrası'ndaki evine getirdi. Arap İpek'in ayakta duracak hali yoktu. Bir süre sonra yaşlılığın da etkisiyle hastalandı. Ömer, yaklaşık kırk gün boyunca babasını önce Bismil'e, sonra Diyarbakır'a muayeneye götürüp getirdi. Ancak baba İpek, bir süre sonra hayatını kaybetti.

Böylece anne Ayşan İpek yedi çocuğuyla yalnız kaldı. Evin büyük oğlu Ömer yeni evli bir gençti. Ailenin diğer iki erkek çocuğundan Mehmet yirmi dört, Recep ise on dört yaşındaydı. Geriye kalan dört kız çocuğuna evde artık misafir gözüyle bakılıyordu. Zaten kısa bir süre içinde evlendirildiler. Ailenin elindeki hatırı sayılır tek mal varlığı, babalarından kalan para etmeyen bir ev, bir at ve taşımacılıkta kullanılan bir arabaydı. Güneydoğu'nun normal hayatla bağlarını koparan çatışmalar, İpek ailesinin hayatını da bir ucundan böylece değiştirdi. Ailenin fertleri, babalarının ölümünden güvenlik güçlerini sorumlu tutmadılar. Zaten çatışmalarda kendilerini bir taraf olarak görmüyorlardı.

Olayda iki sivilin de ölmesi o günlerde dikkatleri Bismil'e çevirdi. Bismil'e bağlı köylerde, köylülere resmi görevlilerin baskı yaptığı iddiaları arttı. Bazı köylerin boşaltılmasının ardından, birçok köylü evlerini terk etti.

Arap İpek'in oğulları da olaylardan etkilenip, yeni bir hayat kurmak için, eşleri ve çocuklarını geride bırakarak göç etmeye karar verdiler. Bismil'i ilk terk eden ağabey Ömer İpek oldu ve şansını İstanbul'da denedi. Ömer İstanbul'da hamallık yaparak kazandığı paranın büyük bölümünü ailesine gönderiyordu. Kendisi gibi çalışmak için İstanbul'a gelmiş hemşerilerinin yanında kaldı. Ardından işsiz kardeşi Mehmet İpek de İstanbul'a gidip hamallık yapmaya başladı. Recep ise henüz küçük olduğu için bu kervana katılmadı.

İlk Aşk ve Koruculuk

Recep, çevresindekilerin "sessiz, efendi" dediği bir çocuktu. Bismil merkezindeki Mehmetçik İlkokulu'nu bitirip, aynı yerdeki Ulutürk Ortaokulu'na başladığında babası henüz hayattaydı. Babasının ölümünden sonra daha da sessiz bir çocuk oldu. Bu sessizliğin ardında yaşıtlarından onu ayıran derin bir gerginlik vardı. Ani tepkiler veriyor, sıkça sinirleniyordu.

Bir süre sonra yoksulluğun da etkisiyle okulu bıraktı. O günlerde Güneydoğu'da kimse çocuklarını okutmak için birbiriyle yarışmıyordu. Bu yüzden Recep'in okuluyla bağlarını koparması zor olmadı. On altı yaşına geldiğinde o da herkes gibi çalışma yaşındaydı. Önce Aralık Köyü'nde, sonra da ilçe merkezindeki arazilerde çapa yapmaya başladı. Ailesiyle birlikteydi. Bir dönem de Bismil'deki bir kahvehanede garsonluk yaptı. Yaşı on sekiz olduğunda, Bismil'deki arkadaşlarından birçoğu evlenmişti. Recep de bu yaşta gönlünü Cize Köyü'ndeki bir genç kıza kaptırdı. Ancak genç kızın ailesi kızlarını Recep'e vermeye yanaşmadı.

Recep işsiz ve yoksuldu, üstelik istediği kızla aşiret bağı da yoktu. Bu hayatında yaşadığı ilk ve en büyük hayal kırıklığıydı. Güç ve para sahibi olmanın ne anlama geldiğini böylece öğrendikten sonra, bunlara sahip olmanın yollarını aramaya başladı. Bu yolda ayağına gelen ilk teklifi düşünmeden kabul etti.

Cize Köyü'nde yaşayan Tacdin aşireti mensupları PKK eylemlerinden sonra uygulamaya konan "Gönüllü Köy Koruculuğu" uygulamasına katılmıştı. Koruculuk bölgede düzenli gelir sağlayan tek iş durumundaydı. Aşiret ilişkileri ve toprak sahipliği sayesinde köylü üzerinde iktidar sahibi olan ağalar koruculuğu hemen benimsemişti. Aşiretler arasında koruculuk, devlet katında itibarlarını, köylünün gözünde ise iktidarlarını pekiştirdikleri önemli araçtı. Devletten aldıkları silahlarla hem kendilerini koruyor, hem de köylü üzerindeki otoritelerini pekiştiriyorlardı.

Recep'in hayal kırıklığıyla sonuçlanan evlenme girişimi 1996 yılının başlarına denk geliyordu. O sıralarda İçişleri Bakanlığı'nın resmi açıklamasına göre; Batman, Bingöl, Bitlis, Diyarbakır, Hakkâri,

Mardin, Siirt, Şırnak, Tunceli ve Van gibi olağanüstü hal uygulamasının sürdüğü illerde toplam korucu sayısı 50 bin 540'tı.

Recep'in umutsuzluğunu yenmesini sağlayan iş teklifi, Tacdin aşiretinin bir mensubundan geldi. Hatırı sayılan aşiret üyesi, Recep'ten kendilerinin koruduğu Serçeler Köyü'nde koruculuk yapmasını istedi. Ayda 15 milyon maaş alacaktı. Korucuların sahip olduğu güç de Recep İpek'in aklını çeldi. Hem para kazanacak hem de elindeki silahla sözü daha çok geçecekti. Üstelik artık sevdiği kızı alabilmesi mümkün olabilirdi. Korucu olmayı, sadece çok sevdiği kızı kaçırmak için kabul ettiğini bir yıl sonra ağabeyi Ömer'e itiraf edecekti. Korucuların karıştığı "kız kaçırma" olayları yörede sıradan birer olay gibi algılanıyordu. Örneğin İçişleri Bakanlığı'nın Olağanüstü Hal Valiliği'nin verilerine dayanarak 1996'da açıkladığı korucuların suç profilinde kız kaçırma üçüncü sıradaydı:

Adam öldürme	296
Uyuşturucu kaçakçılığı	84
Kız kaçırma	77
Silah kaçakçılığı	69
Adam kaçırma	4

"Korucu Hakko" Hayaline Kavuşuyor

Recep koruculuğa başlayınca Serçeler Köyü'nde küçük bir eve yerleşti. Çevresinde daha tanınır bir hale gelmesini sağlayan bu mesleğe başlamasına, ailesinden başta ağabeyi Ömer olmak üzere itiraz edenler oldu, ama o dinlemedi. Kısa sürede meslek sahibi bir genç olarak adını, "Hakko" diye duyurdu.

Recep'in sevdiği kızı kaçırma hayali, kaçırmayı planladığı genç kızın bir süre sonra evlenmesiyle suya düştü. Korucu Hakko evlenme hayalini, bir süre sonra Bismil'den Sema Tuncay adlı genç kızla gerçekleştirmek istedi. Sema'nın ailesi yüklüce bir başlık parası karşılığında bu evliliğe razı oldu. Recep koruculuk yaptığı için arasının açıldığı ağabeyi Ömer'i arayıp düğününe davet etti. Ancak ağabeyinden "Bizim kimseyle bir düşmanlığımız yok. Koruculuk yapmayı bırak, yoksa düğününe gelmem," yanıtını aldı. Ağabeyi Recep'e "Gelip burada çalışırsan, koruculuktan aldığın paradan daha fazlasını kazanırsın," diye eklemeyi de unutmadı. Ağabey Ömer, Recep'in koruculuk yapmasına, devlete karşı olduğundan değil; keyfi davranışlarıyla yöre halkının tepkisini çeken korucu aşiretiyle birlikte hareket ediyor olmasından ötürü karşıydı. Gerçekten de bu aşiret, istediği köylünün arazisine el koyuyor, yöre halkının öfkesini topluyordu. Recep, ağabeyinin "İstanbul'da çalış" teklifini kabul etti. Ömer birkaç gün sonra Bismil'e dönüp önce kardeşinin Serçeler Köyü'nde kaldığı evdeki birkaç parça eşyayı bir arabaya yükleyerek Aralık Köyü'ndeki baba evine taşıdı. Ardından kardeşiyle birlikte, Bismil Jandarma Komutanlığı'na giderek yetkililere istifa ettiğini bildiren dilekçeyi verip silahını teslim etti. Birlikte İstanbul'a geldiler. Recep bir süre Karaköy ve Eminönü'nde hamallık yaptı. Geriye kalan vaktinin büyük bölümünü amele kahvelerinde iş bekleyerek geçirdi. İstanbul'da yaşamanın ne kadar zor olduğunu anladı. Koruculuk günleriyle kıyasladığında yaptığı iş oldukça ağırdı ve ağabeyine, "Yapılacak iş değil bu, İstanbul'da yaşanmaz," diye yakınıyordu.

Daha sonra düğün için Bismil'e döndü. Ancak düğünü, başlık parası için yapılan kavga ve gerilimlere kurban gitti. Damat dışında aile fertlerinden yeni gelini almak için Bismil'e giden olmadı. Recep on dokuz yaşındaydı. Artık bakması gereken bir eşiyle yapması gereken bir askerlik vardı. Askere gitme vakti yaklaşırken Aralık Köyü'ndeki evinden ayrılıp Bismil'in Esentepe Mahallesi'ne yerleşti. Eşi de ilk çocuğuna hamileydi. Kısa sürelerle önce garsonluk, sonra işçilik yaptı ve nihayet bir benzin istasyonunda çalıştı.

Bismil'de işsizlik can yakıyordu ve bu yüzden gençler Batı bölgelerine çalışmaya gidiyordu. Şansları açık olanlar ise zamanla daha rahat ve kalıcı işlere girebiliyordu. Recep'in arkadaşlarından bazıları da Balıkesir'deydi. Birkaçını telefonla aradı. Adını televizyondan sıkça duyduğu, ama nasıl bir yer olduğu konusunda hiç kafa yormadığı Susurluk'a gitme kararını bu görüşmelerin ardından verdi. Susurluk'ta o da herkes gibi hayatını "yoldan" kazanacak, bir dinlenme tesisinde çalışacaktı.

Eşi Sema'yı Bismil'de bırakarak Diyarbakır'dan kendisini Susurluk'a götürecek otobüse bindi. Bismil'den ikinci kez ayrılıyordu. Ertesi gün Susurluk'a vardığında soluğu Şahinler Dinlenme Tesisleri'nde aldı. İlçenin birkaç kilometre dışındaki tesiste yemek molası için duran otobüsleri yıkayacağını ve her araç için ayrı ücret alacağını öğrendi. Kendisi gibi Güneydoğulu arkadaşlarıyla beraber tesislerin yatakhanesinde kalacaktı. Recep koşulları ve kazanacağı parayı düşününce işi cazip buldu.

Hiç kimsenin dikkatini çekmeden işini yapan Recep'in Susurluk'taki ilk günlerini çalışma arkadaşları şöyle hatırlıyor: "Boş kaldığı zamanlarda tesislerin önünde oturup çekirdek yerdi. Gelip geçenlere bakardı. Öyle çok konuşkan biri değildi, ama buraya ailesiyle birlikte yerleştikten sonra çok değişti."

Çalışma arkadaşları ve tesis müdürü işini eksiksiz yapan bu gençten başlangıçta memnun kaldılar. Recep askerlik görevini Susurluk'a üç saat uzaklıktaki İzmir'in Bornova ilçesinde yapacağını öğrenmeden önce, bırakacağı işini İstanbul'daki ağabeyi Ömer'e teklif etti: "İstanbul'da çok sıkıntı çekersin, hem burada hayat daha ucuz. Ben askerden dönene kadar benim yerime çalış." Ömer de bu teklifi kabul etti.

Recep'in askerliği oldukça zor geçiyordu. Bornova'daki acemilikten sonra, Ağrı'nın Eleşkirt ilçesinde gün saymaya başladı. Eşinden uzun süredir ayrı olduğu için üzerine bir dalgınlık hali çökmüştü. Onun daha önce koruculuk yaptığını bilen üstleri, önceleri ılımlı yaklaştıkları bu dalgın askerin hataları karşısında öfkelenmeye başladılar. Bu yüzden birçok kez dayak yedi. Recep, Eleşkirt'te askerliğinin yedinci ayını doldurduğunda, ağabeyi Ömer'in Susurluk'tan ayrıldığını öğrendi. Ömer tekrar İstanbul'da şansını denemek istemişti. Fakat bu macera da kısa sürecekti.

Birkaç ay sonra Susurluk'taki dinlenme tesisi müdürü İdris Çelebi, tesiste kalıcı olarak çalışacak bir elemana ihtiyaç duyunca hemşerisi Ömer'i yeniden çağırdı. Ondan, eşi ve çocuklarını alıp Susurluk'a yerleşmesini istedi. Bu teklif Ömer ile birlikte Recep'in de Susurluk'u yeni memleketleri olarak düşünmelerine kapı araladı.

"Kürt Musa"

Ömer tekrar Şahinler Dinlenme Tesisleri'nde çalışmaya başladı. Eşi Pembe İpek birkaç parça eşyayla birlikte Susurluk'a gelmeden hemen önce Ömer, kırık dökük de olsa kira ödemeyeceği bir ev bulmuştu. Ev sahibi Susurluk'a neredeyse kırk yıl önce gelmiş ihtiyar Musa Göçer ya da herkesin tanıdığı adıyla "Kürt Musa"ydı. Kürt Musa, Susurluk'a yerleşen ilk Kürtlerdendi. Erzincan'dan yıllar önce geldiğinde çalışarak topladığı sermayeyi ticarete yatırıp işini büyüten Kürt Musa, zamanla Susurluk'ta büyük bir et kesim fabrikasının sahibi olmuştu. İlçede çok sayıda dairenin, İstanbul'da da büyük bir et deposunun sahibiydi. Kürt Musa ticarette olduğu gibi, siyasette de dinlenir hale gelmişti. Çocukları ANAP'ta siyasete atılmıştı.

Kürt Musa, Ömer'in sığındığı limandı. Diyarbakırlı Ömer'e ilçenin en eski yerleşim yeri olan Han Mahallesi'nde birkaç yıl sonra yıkılacak gözüyle baktığı evini bedelsiz verdi. İki oda bir salondan oluşan 70 metrekarelik evin ciddi bir tamirden geçmesi gerekiyordu. Evin sokağa bakan pencerelerine cam taktıramadıkları için naylonla kapattılar ve öylece yerleştiler. Evin hemen yanında iki odadan oluşan, harabe tek katlı bir yapı daha vardı. Han Mahallesi'nin eski sakinleri daha önce gece yarısı sarhoş barınağı haline gelen bu iki yapının yıkılması için belediyeye başvurmuştu. Mahalle sakinleri her an yıkılacağını düşündükleri eve "Doğulu" olduklarını öğrendikleri bir ailenin yerleşmesine oldukça içerlediler.

İpek Ailesinin Susurluk Günleri

Han Mahallesi Kaykılar Sokak No: 5... Özellikle mahalleli kadınlar bu adresin yeni sakinlerini oldukça yadırgadılar. Giyim tarzı tamamen farklı olan evin peçeli hanımı Pembe İpek'in, kapı önündeki sohbetlerine katılmaması onları rahatsız ediyordu. Benzer bir durum Pembe için de geçerliydi, çünkü o da geldiği yerde kadınların kapı önünde oturup birbirleriyle konuşmalarına alışık değildi. Mahalleli kadınlar, kapı ve pencereleri yaz aylarında bile sürekli olarak kapalı olan evin, peçesi yüzünden sadece gözleriyle tanışabildikleri hanımına dudak büktüler. İpek ailesi her halleriyle onlardan farklıydı ve tam olarak nereden geldiklerini bilmedikleri bu aile için "Doğulu" diye aralarında fısıldaşıyorlardı. Bu niteleme mahalleli ile İpek ailesi arasında "ayrım"ı da ifade ediyordu. Bu ayrımı bir düşmanlığa götürecek olayların başlaması için, uzun zaman geçmesi gerekmedi.

Bu arada askerliğini bitiren Recep de eşi ve yeni doğan kızı Gamze ile birlikte Susurluk'a yerleşti. Ağabey Ömer BOTAŞ'ta çalışmaya başlamış, o da Şahinler Dinlenme Tesisleri'ndeki eski işine dönmüştü.

Recep için Susurluk'ta her şey zamanla kötüye gitti. Yeni doğan ikinci kızına Beyda adını verdi, ama sorunlu bir evliliği vardı. Evliliğini kopma noktasına getiren ve belki de cinayet işlemesine neden olan olayların başlangıcını ağabeyinin evinde yaşadı. Kaykılar Sokak'ta yaşayanlar bu olaya, kopan gürültüler üzerine koştukları pencerelerinden şahit oldular.

Ağabey Ömer eve geldiğinde saat 21.00'di. Yemek hazırlanana kadar uyumak istedi. Mahallede dördüncü yılını dolduran Ömer'in eşi Pembe, Tamek Fabrikası'nda çalıştığı, kızı da tarlada çapa yaptığı için geç dönüyorlardı ve evde yemek bu yüzden geç pişiyordu. Birden büyük bir gürültü koptu. Ömer bulunduğu odadan çıktığında koridorda kardeşi Recep ile kayınbiraderi Ferit'in ellerinde bıçaklarla birbirlerine saldırdıklarını gördü. Kaynanası Hasibe ve eşi Sema da kavgada Recep'e karşı cephe almıştı. Recep uzun süredir işsiz ve bunalımdaydı. Bazen iki çocuğunun yiyecek ihtiyacını bile karşılayamıyordu. Kavganın nedeni Recep'in eşi Sema'nın, annesi ve kayınbiraderi tarafından Bismil'e götürülmek istenmesiydi.

Han Mahallesi sakinleri gürültüler yüzünden karakola telefon edip komşularından rahatsız oldukları bildirdiler. Polis kapıya dayandığında, Ömer koluna küçük bir bıçak darbesi almıştı. İki ayrı polis otosuna konulan kavganın tarafları ilçedeki Merkez Polis Karakolu'na götürüldüler. Kaynana Hasibe Tuncay olayın sorumlusu olarak damadı Recep'i gösterdi ve kızından da destek aldı. Genç kadın, eşinin kumar oynadığını, kendisi dövdüğünü ve çocuklarına bakmadığını söyledi.

Polisler, bunalımdaki Recep İpek'in eşine zarar verecek hale geldiğini düşündüler. Karşılıklı hakaret ve tehditler olayın ilk kez karakola intikal ediyor olmasına rağmen sık yaşandığını gösteriyordu. Polislerin telkiniyle taraflar birbirinden şikâyetçi olmadı. 28 Mart gecesi karakolda biten bu olayın sonunda Susurluk'u Türkiye'nin gündemine ikinci kez oturtacak olayların temeli de atılmış oldu.

Recep'in Kumar Tutkusu

Karakolda biten aile kavgasının nedeni Recep İpek'ti. 1999 yılında askerliğini bitirdikten sonra Susurluk'a eşi ve çocuklarıyla yeniden yerleşen Recep'in ilk adresi Sultaniye Mahallesi Çömlekçi Sokak No: 2'deki 20 milyon lira kirayla ikamet ettiği evdi. Recep ilk birkaç ay düzenli bir hayat sürdü. Evine aldıklarının yanında biriktirdiği parayla "yatırım" niyetiyle eşine beş bilezik bile aldı.

Recep'in düzenli aile hayatı ilçede ilk yılını doldurduğu günlerde değişmeye başladı. Namaz kılmayı bırakmıştı. Geceleri, birlikte çalıştığı birkaç arkadaşıyla evinin yakınındaki, daha çok fanatik futbol taraftarının müdavimi olduğu Aydın Said adlı bir gencin çalıştırdığı kahvehaneye gitmeye başladı. Kahvehane sahibi Aydın Said muhafazakâr bir gençti. Van'da askerlik yaptığı sırada PKK ile birkaç kez çatışmaya girmiş olan kardeşi Muammer Said ile birlikte altı masadan ibaret kahvehaneyi işletiyordu. Aydın, "Doğuluların" devleti ve Türkleri sevmediğini düşünüyordu. Ancak Recep ile tanıştıktan sonra en azından Bismilli bu genç için fikri değişti. Recep, daha önce koruculuk yaptığını, PKK'ya karşı savaştığını anlatıp Aydın'ın önyargısını kırmayı başardı. Artık Recep çalışmadığı saatlerin neredeyse tamamını bu kahvehanede geçiriyordu. Burada kumara da alıştı.

İşsiz sayısının çok olduğu ilçede kahvehanelerin en büyük gelir kaynağı maç yayınları ve kumardı. Recep, Güneydoğulu arkadaşlarıyla birlikte kahvehane için hatırı sayılır bir hasılat bırakıyordu. Kahvehane sahibi sohbetlerinde son model arabasını onların sayesinde aldığını söylüyordu.

Recep çok geçmeden alkole alıştı. Saatler süren kumar ve içki seanslarını zaman zaman ağabeyi Ömer'in de gittiği Memurlar Lokali'ne taşıdı. İki kardeş burada hem içki içiyor, hem kumar oynuyordu. Bir süre sonra Recep'in eşi parasızlıktan şikâyet etmeye başladı. Recep'i birkaç kez gece yarısı masadan kaldırıp eve götürdü. Bu yüzden "gururu kırılan" Recep ile eşi Sema arasında sık sık kavga çıkıyor ve Recep eşini dövüyordu.

Bu kavgalar artınca Sema'nın ailesi sorunu çözmek için araya girdi. Recep'in kumar alışkanlığına son vermesi için ağabeyi Ömer'in aracı olmasını istediler, ama sonuç alamadılar. Sözleri geçebilecek birkaç hemşeriye konuyu açtılar, ama yine değişen bir şey olmadı. Recep'in bir türlü vazgeçmediği kumar, işini de etkiledi. Çalıştığı Şahinler Dinlenme Tesisleri'nin Müdürü Dursun Oruç işe geç geldiği için birkaç kez uyardığı Recep'i sonunda kovdu. Bu parasızlık demekti. İşsiz kalan Recep birkaç ay hem ağabeyinden hem de çevresinde kalan birkaç arkadaşından 1 ila 5 milyon lira arasında borç para alarak yaşamaya başladı. Eşiyle kavgaları artarak sürdü.

Nihayet kaynanası Hasibe Tuncay'ın çalıştığı Bandırma Yolu üzerindeki Fide Fabrikası'nda işe başladı. 40 gün çalıştığı bu fabrikada 80 milyon maaş alacaktı, ama ay sonunda maaşı ekonomik kriz nedeniyle verilmeyince bu işi de bıraktı. İşten ayrılması fabrikada çalışan kaynanasını kızdırdı. Hasibe hanım, kızını Recep'ten ayırmaya karar verdi. Çünkü damadı eline geçen her parayı ilk fırsatta kumara yatırmaya devam ediyordu. Recep; eşi, kaynanası ve kayınbiraderi ile işte bu günlerin sonunda karakolluk oldu.

İmam Nikâhlı Eş Kaçıyor

Karakola taşan kavganın ardından polis, Recep'in saldırma ihtimali bulunduğu gerekçesiyle Sema ve Hasibe Tuncay'a otogara kadar eşlik etti. Beş parasız ortada kalmanın yanı sıra eşi ve iki çocuğunu kaybeden Recep artık tamamen bunalımdaydı. Önünde iki seçenek vardı: Bismil'e eşi ve çocuklarının peşinden geri dönmek ya da Susurluk'ta kalıp yeniden kurulu düzenine devam ederek tekrar eşiyle barışmak.

Ancak Recep bu iki çözümden herhangi birinde karar kılamadı. Çevresindekilere bazen "Bismil'e döneceğim," bazen de "Burada bir iş bulup çalışacağım," diyordu. Her iki çözüm için de paraya ihtiyacının olması, yanında destek olacak kimseyi bulamaması kafasını sürekli karıştırdı. Ağabeyinden aldığı birkaç milyonu, kahvehanede çaya, yalnız akşamlarını paylaştığı içkiye harcıyordu.

Eşinin terk etmesinin üzerinden henüz beş gün geçtiğinde, yine ağabeyinin evine gitti. Karşılama pek sıcak olmadı, yine de ağabeyinden borç para istedi. Ömer sinirlendi. "Ben daha maaş almadım. Al bak cebimde 4 milyon para var. Yarısı senin, yarısı benim," dedi ve hızını alamayarak kardeşine hakaretler yağdırdı: "Sen namuslu bir adam değilsin. Eğer öyle olsaydın cebindeki çoluk çocuğun rızkını kumara yatırmazdın. Senin karın; senin paranda gözüm olduğunu söyleyip aramıza girdi. Adam olsaydın sesini çıkarıp kafasını dağıtırdın. Bak, nasıl bırakıp gitti!"

Recep çaresizlikten sesini çıkarmadı. Ağabeyinin verdiği 2 milyon lirayı alırken, aklına benzer şekilde aldığı önceki borçları geldi. Biraz da ağabeyini rahatlatmak için, "Ağabey bana bir iş bulalım. Çalışmam lazım. Ev kirasını da ödemedim," dedi. "Tamam, bakarız," yanıtını alınca evinin yolunu tuttu.

Ertesi gün Ömer daha önce birlikte çalıştığı Öz Salihoğlu Tesisleri'ndeki Diyarbakırlı hemşerisi Vedat ustayı telefonla aradı ve kardeşine bir iş vermesini istedi. Vedat usta, önce tereddüt etti, ama ısrarlar sonucunda Recep'i işe aldı. Aynı akşam Recep yine ağabeyinin evindeydi. Yine sesi çıkmıyordu. Ömer kardeşine, iş bulduğunu anlatıp elini cebine attı. "Al, burada 2.5 milyon var. İşe başlayana kadar idare et," dedi. Recep ise "Benim param var televizyonu 60 milyona sattım. Ben artık burada kalmayacağım. Memlekete gidiyorum," karşılığını verdi.

Ömer aldığı yanıta önce şaşırdı. Hemen sonra "Tamam, sen bilirsin," dedi. Ağabey İpek herkes için en hayırlı yolun bu olduğunu düşündü. Kendisine sürekli problem çıkaran kardeşiyle de uğraşmak istemedi. Zaten onun yüzünden eşiyle de arası açıktı. Çocuklarına dönüp "Yarın gidin eşyalarını toplayın," dedi. Kardeşinin televizyon parasını kumara yatırma ihtimali nedeniyle de "Üzerindeki parayı biraz harçlık alıp yengene ver," deyince beklemediği sert bir yanıt aldı: "Niye, ben adam değil miyim?"

Ağabey İpek'in ima ettiği kumar masası, ertesi akşam Memurlar Lokali'nde kuruldu. Bu ihtimali düşünen Ömer o akşam kardeşini, her zaman gittiği Aydın'ın kahvesinde aradı. Ardından kendisinin de müdavim olduğu Memurlar Lokali'ne gitti. Kardeşinin oturduğu kumar masasında Akın ve Tahsin adlı iki gençle bir öğretmen vardı ve hepsini tanıyordu. Recep'in önünde bir rakı bardağı duruyordu. Ömer sesini çıkarmadan kardeşinin yanına oturdu. Kumar oynadığını anladı, ama bir şey demedi. O da hemen oyunun havasına kendisini kaptırdı. "Yanık" ya da "katlama" diye bilinen bir oyun oynanıyordu. Ortaya sürülen paranın miktarı 220 milyon lirydı. Oyunun sonu geldiğinde kaybeden Recep oldu. Cebinde hiç para kalmamıştı. Son oyun için Ömer kardeşi adına lokal sahibinden 18 milyon lira borç aldı. Recep bunu da kaybetti. Masadan kalktığında, televizyonun karşılığı olan son parasını kaybeden Recep çıldırma noktasına gelmişti. Ömer de sinirliydi, "Televizyonu sattın. Kumara verdin. Elinde satacak bir şeyin kalmadı. Böyle giderse sen yarın namusunu bile verirsin," diye kardeşine yüklendi.

2 Susurluk Ayaklanıyor

İki Çocuk

6 Nisan 2001...

Han Mahallesi Kaykılar Sokak'ta, kapı önlerindeki kadınlar ve oynayan çocuklardan başka kimse yoktu. Aynı saatlerde Susurluk'un içinden geçen devlet karayolunda sıkça olduğu gibi bir kaza yaşandı. BOTAŞ'ta çalışan işçileri taşıyan servis aracına bir kamyonet Balıkesir yolunda seyrederken arkadan çarptı. Kazada kimse ölmedi. Kamyonetin çarptığı servis aracının içinde Ömer İpek de vardı. Olay savcılığa intikal edince Ömer adliyeye geldi ve ifade verdikten sonra iki-üç dakika uzaklıktaki evine uğradı. Evinin kapı girişinde küçük kızı B., aynı okulda birlikte öğrenim gördüğü, on bir yaşındaki Avşar Sıla Çaldıran ile oynuyordu. Avşar, çocuk dünyasında, İpek ailesine "Doğulular" denilmesinden ve kötü şeyler söylenmesinden hoşlanmıyordu; çünkü B. onun arkadaşıydı. Ömer'in kızı B. ile Susurluklu Salim Çaldıran'ın kızı Avşar'ın arkadaşlığı, İpek ailesine Susurluk'a geldiği ilk günlerde mahallelinin gösterdiği önyargıların biraz da olsa kırılmasını sağladı. Mahalleli, yoksul sayılan İpek ailesinin çocuklarına, kendi çocuklarına ait elbiseler getirerek bir yardımlaşmaya bile girmişti.

B. babasının geldiğini fark edince amcasının evde olduğunu ve Bismil'deki eşiyle telefonla konuşup küfürler ederek kavga ettiğini anlattı. Ağabey Ömer içeri girdiğinde kardeşi yine telefonun başındaydı. Ağabeyini görünce yeni kararını açıkladı: "İş için Mavi Göl Dinlenme Tesisleri'ni arıyordum."

Bir gün önce televizyonunu satıp Bismil'e döneceğini söyleyen Recep, bütün parasını kumarda kaybedince yeniden fikir değiştirmişti. Aradığını söylediği tesis, Güneydoğulu bir işadamına aitti. Ömer, "Hani Bismil'e gidecektin?" deyip kardeşine bağırdı. Kardeşinden gelen yanıt aynı sertlikte olunca hızını alamayıp küfretti. Kapıyı hızla çarpıp adliye binası önünde bekleyen BOTAŞ'a ait başka bir araçla Balıkesir'deki işinin başına döndü.

Ayağa Kaldıran Anons

Cuma namazı nedeniyle Heykel Meydanı her zamankinden daha kalabalıktı. Ezan okunduğu saatlerde Recep de meydandaydı. Araç trafiğine kapalı olan sokağa saptı. Sözer Giyim Mağazası önünde vitrine kısa bir süre bakıp içeri girdi. Dükkân sahibi Kamil Sözer, Recep'i daha önce Aydın Poyraz adlı Diyarbakırlı müşterisiyle birlikte birkaç kez geldiği için hatırladı. Aydın Poyraz, Kamil Sözer'in taksitle alışveriş yapan, borcuna sadık bir müşterisiydi. Recep, işyeri sahibine "Akşam Karacabey'de bir düğüne gideceğim. Bir takım elbise almak istiyorum," dedi ve tezgâhta duran kahverengi takım elbiseyi beğendi. "Bunu alacağım, ama param yok. Taksitle verir misin?" diye sordu. Kamil Sözer "Ben seni tanımam. Daha önce alışverişimiz olmadı, ama Aydın'ın hatırına, bana bir kefil gösterirsen olur," cevabını verdi. Recep de arkadaşı olan hatırlı müşteriyi hemen kefil olarak gösterdi ve "Akşam Şahinler'den para alacağım. 15 milyon peşinatı o zaman veririm," dedi. Takım elbisenin içine giymek için bir de siyah gömlek seçti. Recep giyeceği takım elbisenin renk uyumuna bile dikkat etti. Kamil Sözer çekmeceden senet defterini çıkardı. Saat 12.00'yi geçmesine rağmen hâlâ siftah yapmadığından, "Bari bir siftah yapsaydık. Hiç paran yok mu?" diye sordu. Recep İpek cebindeki 500 bin lirayı çıkarıp masanın üzerine koydu: "Bütün param bu!"

Mağaza sahibinin yüzü asıldı ama parayı da aldı. Aynı anda Heykel Meydanı'ndaki kalabalık, belediye hoparlöründen yapılan anonsa kilitlendi. Sonra uğultu başladı. Herkes birbirine "Kimmiş?" diye soruyordu. Anonsla küçük bir kızın kaybolduğu duyuruluyordu: "Dikkat! Dikkat! On bir yaşında Avşar Sıla Çaldıran isimli bir kız çocuğu kaybolmuştur. Görenlerin Merkez Polis Karakolu'na başvurmaları rica olunur."

İlçede yaşayan halk kimi zaman gün boyunca durmak bilmeyen bu anonslara alışıktı. Daha çok işçi arayan işyeri sahipleri, kaymakamlık, polis, itfaiye ve sağlık ocaklarıyla ilgili duyurular için belediye hoparlörü kullanılıyordu. Hatta cep telefonlarını, nüfus ya da para cüzdanlarını kaybedenler bile anons yaptırıyordu. Susurluk'un nabzı bu anonslarda atıyor ve herkes ilçede olan bitenden bu şekilde haberdar oluyordu.

Ne var ki küçük bir kız çocuğunun kaybolduğu haberine kimse alışık değildi. Dolayısıyla bu anons, her zamankinden daha fazla ilgi çekti. İlk anda "Bir arkadaşına gitmiştir, çocuktur gelir" yorumları yapıldı. Ama anonslar sık sık tekrarlanınca herkesin birbirini tanıdığı, görünürde sakin olan ilçe halkının sohbetlerinin ana konusu oldu. Üstelik kaybolan çocuk ilçe eşrafından hububatçı Osman Çaldıran'ın torunuydu.

Bu sırada anonsu duyan Recep İpek hızla "Hayırlı işler" deyip dükkândan çıkmak istedi. Kamil Sözer, "Bekle, istersen pantolonun paçalarını dikelim," dedi, ama Recep dinlemedi. Hızla dükkândan uzaklaştı. Ara sokaktaki işyerinden uzaklaşıp anonsu tartışan kalabalığın arasından Heykel Meydanı'na bağlanan Milli Kuvvetler Caddesi üzerindeki PTT binasına doğru koşar adım yürüdü ve gözden kayboldu. O gözden kaybolduğunda anonslar devam ediyordu ve birkaç saat sonra Susurluk en önemli günlerinden birini yaşayacaktı.

Söylentiler Başlıyor

Küçük kızın kaybolduğu haberi polise ulaştığında saat 13.30 sıralarıydı. Kayıp çocuk Avşar Sıla Çaldıran, 5 Eylül İlköğretim Okulu 4. sınıf öğrencisiydi. En son görüldüğü yer Han Mahallesi Kaykılar Sokak, en son gören kişi ise kendisinden üç yaş küçük ve en sevdiği arkadaşı B. İpek'ti. B., Recep İpek'in yeğeni, yani Ömer İpek'in küçük kızıydı. Avşar, kaybolduğunda Kaykılar Sokak'ta oturan yetmiş üç yaşındaki anneannesi Fatma Özkan'ın evinde kalıyordu.

Bir giyim mağazası işleten yirmi dört yaşındaki teyzesi Meral Sevim öğle saatlerinde eve geldi. Vestiyerde asılı duran Avşar'a ait okul önlüğünü görünce Fatma Özkan'a "Avşar nerede?" diye sordu. Yaşlı kadından "Okula gitti," yanıtını alınca telaşa kapılıp aramaya başladı. Önce komşularına sordu, ardından sürekli birlikte oynadığı B.'nin kapısını çaldı, ama kimse açmadı. Zaman geçtikçe Fatma ve Meral hanımın telaşı arttı. Avşar'ın önlüğünü giymeden okulda bulunma ihtimalini düşündüler. Ancak küçük kızın böyle bir şey yapmayacağını biliyorlardı.

O günlerde Avşar'ın annesi Nihal ve babası Salim Çaldıran İstanbul'daydı. Çaldıran çifti kalbi delik olan iki yaşındaki kızları Nazlıcan'ın ameliyatı için İstanbul'daydı ve iki yıldır tedavisi için gitmedikleri hastane kalmamıştı. Ailenin sıkıntılarını artıran diğer neden de baba Salim Çaldıran'ın uzun süredir işsiz olması ve hasta kızının ameliyatı için gerekli parayı bulamamasıydı.

Kayıp haberi duyulunca mahallede küçük çocuğu bulmak için seferberlik başlatıldı. Herkes birbirine Avşar'ın nasıl bulunabileceğini soruyordu. Seferberliğin başını çekenlerden biri Çaldıran ailesinin yakın dostlarından komşuları Perihan Güler'di. Perihan Güler'in Balıkesir İl Sağlık Müdürlüğü'nde görevli doktor ağabeyi Ali İhsan Güler, Çaldıran ailesinin hasta kızının ameliyat masraflarını azaltmak için İstanbul'da tanıdığı birkaç doktor arkadaşını devreye sokmuştu.

Perihan Güler ve Meral Sevim karakoldan önce Avşar'ın anne ve babasının Çarşı Meydanı'na bakan Çay Caddesi Tuna Apartmanı'ndaki evine gittiler. Avşar'ın balığına yem vermek için eve gittiğini düşünüyorlardı. Çaldıkları kapıyı kimse açmayınca bir çilingir çağırdılar. Kapıyı açıp içeri girdiklerinde Avşar'ı burada da göremediler. Avşar son olarak saat 11.00'e doğru görülmüştü. Bu olayın üzerinden iki buçuk saat geçtikten sonra Merkez Polis Karakolu'na başvurdular. Ancak her şeye rağmen herkes kayıp kızın bulunacağını düşünüyordu, polis bile...

Küçük bir kasaba olan Susurluk'ta 55 polis vardı. Daha önce benzer bir kayıp olayı hiç görülmediği için polis olayın vahametini saatler geçtikten sonra anlayacaktı. Kayıp başvurusu önce çok ciddiye alınmamıştı. Başvuruyu alan Başkomiser Hüseyin İspir birkaç polis memurunu olayla ilgili görevlendirdi. Belediye hoparlöründen anonsların devam etmesine karar verildi. Kaykılar Sokak'ta başlayan kayıp telaşı anonsların da etkisiyle tüm ilçeyi sardı. Aynı saatlerde çocuğun ilçenin içinden geçen Hatap Deresi ve Çingene Mahallesi'nde görüldüğüne dair söylentiler yayıldı.

Olayı, Avşar'ın Arkadaşı Çözüyor

Avşar'ın kaybolduğu haberi öğrencisi olduğu 5 Eylül İlköğretim Okulu'na da ulaştı. O sırada okulda teneffüs zili çalmıştı. Bahçede oynayan B., gözyaşları içindeki bir arkadaşına neden ağladığını sordu. "Avşar kaybolmuş," yanıtını alınca da, şaşırarak "Ama biz onunla amcamlara gitmiştik. Sonra evine gitti," dedi. Saatler 15.00'e geliyordu. 5 Eylül İlköğretim Okulu'nun kapısına bir polis otosu yanaştı. Araca bindirilen B.'nin yanında üç polis memuru ve Avşar'ın öğretmeni Hüseyin Fırat vardı.

B. İpek kayıp olayının ilk tanığı olarak polislerin sorularını Merkez Polis Karakolu'nda yanıtladı. B. İpek'in resmi ifadesi 12 Nisan 2001 tarihinde tutanaklara aynen şöyle geçti:

"Avşar Sıla Çaldıran benim arkadaşım olur. Kendisi bizim okulda dördüncü sınıfta okuyordu. Ben de aynı okulun ikinci sınıfında öğrenciyim. Avşar'ın anneannesi bizim oturduğumuz sokakta oturuyor. Avşar'la sık sık görüşüyorduk. Bizim eve de geliyordu. Bazen her gün geldiği de oluyordu. Anne babası İstanbul'da olduğu zamanlar çok sık gelirdi, beraber ders çalışıyorduk. Avşar'la bugün saat 10.00-11.00 gibi bizim evde beraber oynarken, amcam Recep İpek de bizim evdeydi. Bir ara dışarı çıktık. Amcam beni eve çağırdı. Bana 'Git şu kızı çağır,' dedi. Ben de 'Şu kız mı?' diye sordum. Amcam da, 'Evet,' dedi. 'Benim eve gidip fırını taşıyın. Fırını sen tek başına taşıyamazsın. Ağırdır,' dedi. Avşar bizim evin kapısında duruyordu. Avşar'ı çağırdım. 'Amcama gidelim, fırın varmış onu birlikte taşıyalım,' dedim. O sırada amcam evine gitmişti. Biz de on dakika sonra geze geze amcamın evine gittik. Eve vardığımızda amcam bizi kapıda bekliyordu. Biz kapının önüne gelince amcam kapıyı açtı. Birlikte içeri girdik. İçerideki ikinci odaya geçtik. Biz Avşar'la birlikte kanepeye oturduk. Amcam mutfağa girdi. Sonra salona gelip beni çağırdı. 'B: bir bulaşık teli al gel,' dedi. Bana 125 bin lira para uzattı. Ben kapıya doğru giderken bana, 'O tel buralarda yok, aşağıdaki kahvenin yanındaki dükkândan al,' dedi. Ben teli almak için gittim. Kaç dakika sürdü bilmiyorum. Ama gittiğim dükkân biraz eve uzaktı. Ben teli bulamadım. Geri dönüp eve amcamın evine giderken, dükkânla Burhaniye Camisi arasında amcamı gördüm. Bana doğru geliyordu. 'Amca tel yokmuş,' dedim. 'O zaman al sen şu 25 bin lirayı, evine git,' dedi. 'Amca Avşar nereye gitti?' dedim. Amcam da bana 'Avşar alt sokaktan evine gitti,' dedi. Ben de eve dönüp önlüğümü giydim, sonra da okula gittim. Birinci dersin sonunda Avşar'ın kaybolduğunu öğrendim. İkinci derste de Avşar'ın öğretmeni beni çağırıp müdür beyin odasına götürdü. Ben sonra buraya geldim. Başka bir şey bilmiyorum."[1]

B. bu ifadeyi verdikten sonra, kayıp arkadaşının öğretmeni Hüseyin Fırat ile tekrar okula döndü. B.'nin verdiği ifade amcası Recep İpek'i 6 Nisan 2001 günü saat 15.30 sıralarında olayın ilk ve tek şüp-

---

1. B. İpek'in Susurluk İlçe Emniyet Müdürlüğü Merkez Polis Karakolu Tanık İfade Tutanağı.

helisi haline getirdi. Şüphelinin ortaya çıkmasına rağmen soruşturma ilerlemedi. Recep İpek şüpheli olarak tutanaklardaki yerini aldıktan sonra polis bulunabileceği birkaç kahvehaneye gitti. İpek'i arayan üç kişilik sivil bir polis ekibiydi. Hoparlörden yapılan anonslar devam ediyordu.

Her anons kaybolan kız çocuğunun akıbetine olan ilgiyi artırırken, olayla ilgili ikili diyaloglarla birlikte sinirler gerilmeye başladı. İlçe Emniyet Müdürü Nizamettin Saydam ve Kaymakam Abidin Ünsal da kayıp vakasından kısa sürede haberdar oldular. Bütün bilgiler sürekli olarak bu iki yetkiliye aktarıldı. Recep İpek'i arama çabalarından sonuç çıkmadı. Recep İpek'in bulunamaması polisin tahminlerini, Avşar'ı kaçırmış olma ihtimaline yöneltti. Bu arada Avşar'ın yakınları polisle sürekli irtibat halindeydi ve küçük kızın Recep İpek'in evine gittiğini öğrenmişlerdi. Bu bilgi hemen yayılmadı, çünkü aynı saatlerde iki tanık daha ortaya çıkıp şüpheli sayısının artmasına neden olan iki ayrı ifade daha verdi. İfadeleri verenler biri kız, biri erkek, iki çocuktu.

İlk ifadenin sahibi on beş yaşındaki G.E., ilçedeki Eski Balık Pazarı olarak bilinen yerdeki kuaförde çalışıyordu. G.E., karakola gelip şu ifadeyi verdi:

"Ben Avşar Sıla Çaldıran'ı tanıyorum. Avşar aynı zamanda komşumuzun çocuğu oluyor. Ben bugün arkadaşlarımla belediye parkında oturuyordum. Avşar'ın o sırada parkın su deposu üzerinde oturduğunu gördüm. Tanıdığım için merak edip baktım. Yanında üzerinde siyah ceket, beyaz gömlek, ayağında siyah kot pantolon ve sakal bıyığı birleşik, top sakal bir erkekle konuşuyordu. Bu kişi Avşar'a doğru bakıp onunla konuşuyordu, el kol hareketi yapıyordu. O kişiden hiç şüphelenmedim. Onun için parktan kalkıp işyerine gittim. Daha sonra Avşar'ın kaybolduğunu duydum."[2]

Bu ifadenin ardından kayıp çocuk Avşar ile aynı okuldan S.Y. de karakola gelip G.E.'nin ifadesinin bir benzerini verdi.

"İki-üç hafta önce akşamüzeri bir saatti. Han Mahallesi'nde oturduğum eve doğru giderken, Yeni Cadde üzerinde içinde siyah boğazlı kazak, üzerinde siyah takım elbiseli, 25-30 yaşlarında, uzun boylu, top sakallı bir şahıs bana karşı geldi. Tuhaf hareketleri vardı.

2. G.E.'nin Susurluk İlçe Emniyet Müdürlüğü, Merkez Karakol Amirliği'ndeki 7.4.2001 tarihli ifade tutanağı.

Yürürken ellerini kollarını dikkat çekecek biçimde sallıyordu. Daha önce hiç görmediğim için şüphelendim. Onu bir kez gördüm. Kesinlikle normal bir insan değildi. Avşar'ın kaybolduğunu duyunca bu konuda bir yardımım olur diye size bilgi vermek istedim."[3]

Polis hiçbir zaman bu iki çocuğun verdiği ifadede bahsedilen "top sakallı" şüpheliyi bulamadı. Bu kişi bir sır olarak kaldı. Ancak bu ifadeler de, soruşturmadaki diğer gelişmeler gibi anında ilçedeki herkes tarafından öğrenildi.

Polisin başta "sıradan ve çözülecek" diye algıladığı kayıp olayı ortaya çıkan bu tanıklarla daha karmaşık bir hal aldı. Saat 18.00 olduğunda ise Merkez Polis Karakolu ve yanındaki kaymakamlık binası önünde hareketli saatler başladı.

Gün boyunca devam eden anonslar ve söylentiler, sinirleri gerilmiş bir kalabalığı kaymakamlık önünde topladı. Halk polisin ciddi çalışmadığını düşünüyordu. Olay hakkında ne yapıldığını öğrenmek için kaymakamdan bir açıklama istiyorlardı. Görevliler kalabalığa "Dağılın! Biz gerekli işlemleri yapıyoruz," yanıtını verdi. Bunun üzerine kalabalık arasından birkaç kişi gece boyunca arama çalışması yapmak için kendilerine görev verilmesini istedi. Avşar'ın birkaç yerde ağlayarak yürürken görüldüğü şeklinde dedikodu niteliğinde bilgiler de yayıldı. Küçük kızın, ailesinin durumu nedeniyle bunalıma girip intihar ettiği dahi söyleniyordu. Halkın kaymakamlık önünde toplanmasından önce polise, şüpheli konusundaki kafa karışıklığını aşmasına yardımcı olacak yeni ve doğru bilgiler ulaştı. Bunlar soruşturma sırasında ortaya çıkan iki zanlı arasında şüphelerin Recep İpek'e kaymasını sağlayan bilgilerdi. Tanıklar Recep İpek'in Susurluk'tan ayrıldığını söylüyordu.

Karakola bu bilgiyi resmen ulaştıran kişi olan Mehmet Poyraz, Recep İpek'in hemşerisi ve eski çalışma arkadaşıydı. Şahinler Dinlenme Tesisleri'nde akaryakıt istasyonunda pompacılık yapıyordu. Polise şu ifadeyi verdi: "Ben tesislerde sabah 08.00'den ertesi gün 08.00'e kadar çalışıyorum. Bugün saat 15.15 sıralarında İzmir'den gelip Yalova'ya giden 77 AT 500 plakalı Lüks Yalova Seyahat çalıştığım tesislerde mola verdi. Saat 15.45 gibi tesisten ayrıldı. Ayrılırken daha önce bizimle birlikte çalışan Recep İpek'in otobüse bindi-

3. S.Y.'nin Susurluk İlçe Emniyet Müdürlüğü, Merkez Karakol Amirliği'ndeki 7.4.2001 tarihli ifade tutanağı.

ğini gördüm. Yanında kimse yoktu. Otobüse yalnız bindi. Otobüsten bana el salladı. Ben de karşılık verdim. Daha sonra kızın kaybolduğunu ve Recep'in evinin arandığını tesislere gelen servisteki insanların konuşmasından duydum. Sonra karakolu arayıp size bilgi vermek istedim."[4]

Mehmet Poyraz küçük kızın kaybolduğunu herkes gibi, servis araçlarının tesislere gelmesinden sonra duymuş, İpek'in yeğeni B.'nin söylediklerini öğrenince de karakola başvurmaya karar vermişti.

Recep İpek'in tesislerden ayrılmasına burada çalışan Dilek Çalkan ve Arap Poyraz da tanıktı. Zanlının Susurluk'tan gitmesine farkında olmadan yardım eden Dilek Çalkan ile diğer tanık Arap Poyraz da polise Mehmet Poyraz'ın verdiği bilgiyi teyit edecek ifadeler verdiler.

Dilek Çalkan polise Recep İpek'in ilçeden ayrılmasını şöyle anlattı: "Avşar Çaldıran isimli kız çocuğunu tanımıyorum. Recep İpek'i tanırım. Kendisi daha evvel benim de çalıştığım tesislerde çalıştı. Tesise yalnız geldi. Bana İstanbul'a gideceğini ve şefime kendisini bedava göndermesini söylememi, şefin benim akrabam olması dolayısıyla bedava gönderebileceğimi söyledi. Ben de 'Tamam İstanbul'a araba var, istersen onunla git,' dedim. Bu sefer 'Hemen değil, biraz sonra gideceğim,' dedi. Ben de 'Bu saatten sonra Yalova Seyahat'in arabaları gelecek,' dedim. Bana Yalova-İstanbul arasının kaç saat olduğunu sordu. Sonra 15.45 sıralarında gelen 77 AT 500 plakalı Lüks Yalova Seyahat otobüsüne binip binmediğini görmedim. Yanında başka birisini de görmedim."[5]

Yıkamacı olarak çalışan Arap Poyraz da şunları anlattı: "Recep bugün tesislere geldi. Tesislerde çalışan Vedat adındaki arkadaşımızla bir süre oturduktan sonra 77 AT 500 plakalı arabaya bindi. Arabaya binmeden önce yanıma gelerek, 'Ben gidiyorum' dedi. Ben de kendisine, 'Yolun açık olsun' dedim. Sonra arabaya binip gitti. Nereye gittiğini bilmiyorum. Daha sonra polis ekibi beni karakola getirdi. Başka bir şey bilmiyorum."[6]

4. Mehmet Poyraz'ın Merkez Karakol Amirliği'ndeki İfade Tutanağı, 6.4.2001.
5. Dilek Çalkan'ın Susurluk Merkez Karakol Amirliği'ndeki ifadesi, 6.4.2001.
6. Arap Poyraz'ın Susurluk Merkez Karakol Amirliği'ndeki İfade Tutanağı, 7.4.2001.

Polis bu bilgilere ulaştığında artık soruşturmayı yalnız yapmıyordu. Kaymakamlık emriyle kayıp kızın aranması için çoğunluğunu gençlerin oluşturduğu arama grupları oluşturulmuştu. Sivil ekipler gece boyunca akla gelebilecek her yeri aradı. Çünkü ilçedeki polis sayısı yeterli değildi. Ancak bu durum, polisin soruşturmada ipleri elinden kaçırmasının temel nedeni oldu.

Gizli yürütülmesi gereken bir soruşturmanın bütün ayrıntıları kasabanın her yerinde anında duyuluyordu. Çünkü polisle ilçe sakinleri arasında bir işbölümü vardı ve sivil arama gruplarına bir polis eşlik ediyordu. Kulaktan kulağa yayılan her yeni bilginin üzerine eklenen dedikodular, durumun çığırından çıkmasına yol açtı. Her Susurluklu bir "polis" gibi olaya dahil olduğu için Recep İpek'in eski işyerinden ilçeyi terk ettiği bilgisi kısa sürede yayıldı ve söylentiler bu kez "Doğuluların" aleyhine dönmeye başladı. Artık herkes zanlının, Diyarbakırlı olduğunu, kavga ettiği eşinin kendisini terk ettiğini biliyordu.

Aslında Avşar Sıla Çaldıran kaybolduktan sadece altı saat sonra, yani saat 17.00 sıralarında, olayın, söylentileri körükleyenler tarafından çatışmaya dönüştürüleceğinin sinyali verilmişti. İpek'in tesislerden ayrıldığını öğrenen Şahinler Dinlenme Tesisi Müdürü Dursun Oruç, yanında Çiftçi Koruma Derneği Başkanı Akif Kahraman ile birlikte tesislerde çalışan Kürtlerin yanına geldi. Bu işçiler hem Diyarbakırlıydı, hem de zanlıyı tanıyorlardı. Oruç, MHP Susurluk İlçe Başkan Yardımcısı, Kahraman ise MHP İlçe Yönetim Kurulu üyesiydi. Tesislerde çalışan birkaç Kürt işçiyle aralarında önce kibar bir konuşma geçti. Oruç ve Kahraman, ilçenin "Doğulular" aleyhine çalkalandığını ve kayıp kızın bir an önce bulunması gerektiğini söylediler. Konuşmanın ilerleyen bölümlerinde sinirler gerildi ve Akif Kahraman sözlerini şöyle bitirdi: "Bu kızı akşama kadar bulup getirin, eğer bulmazsanız Türk-Kürt kavgası çıkar, haberiniz olsun."

Bu arada soruşturma giderek uygunsuz bir hal aldı. Zanlının tesislerden Yalova otobüsüne binip ayrıldığını öğrenen polis hâlâ işi ağırdan alıyordu. Polisin zanlıyla ilgili bu bilgiyi doğrulatmak için Lüks Yalova Seyahat şirketini araması gerekiyordu. Ancak karakolun telefonları şehir dışı aramalarına kapalıydı. Polis bu bilgiyi doğrulatmak için ilginç bir yola başvurdu. Susurluk Garajı'nda bulunan

Uludağ Otobüs Şirketi'ni aradı. Telefona çıkan isim Çaldıran ailesinin hasta kızına İstanbul'da yardım etmeleri için arkadaşlarını devreye sokan Dr. Ali İhsan Güler'di.

Dr. Güler'in görev yeri Balıkesir İl Sağlık Müdürlüğü'ydü, ancak sık sık rapor alıp Susurluk'a geliyordu. Kız kardeşi Neşe Güler'in işlettiği seyahat şirketinin işlerini organize ediyordu.

Ali İhsan Güler polisin ricasını kırmadı. İpek'in bindiği aracın ait olduğu firmayı aradı, firmadan otobüsün sürücüsüne telefonla ulaştı. Araç sürücüsü Sabahattin Üstün, Dr. Güler'in "Susurluk'tan yolcu aldınız mı?" şeklinde üstü kapalı sorduğu soruya "Susurluk'tan kimseyi almadım," yanıtını verdi. Dr. Güler, araç sürücüsünden aldığı bu yanıtı Susurluk polisine, "Bu şoför, Şahinler Dinlenme Tesisleri'ndekilerle birlikte Recep'i koruyor olabilir" yorumuyla aktardı. Aslında otobüs sürücüsü soru açıkça sorulmadığı için böyle bir yanıt vermişti. Çünkü Recep İpek bir yolcu değil, "hatır için arabaya bindirilmiş" bir tanıdıktı.

Otobüsün sürücüsü Sabahattin Üstün olaydan sonra Susurluk İlçe Emniyet Müdürlüğü'nden giden talimat üzerine polise, Recep İpek'i aracına nasıl aldığını polise şöyle anlattı: "Ben seyahat şirketinde şoför olarak çalışıyorum. 77 AT 500 plakalı Mitsubishi Safir marka araba da bana ait. Yani bu firmada kendi arabamı çalıştırıyorum. 6 Nisan Cuma günü bana ait olan bu arabayla saat 12.30'da İzmir'den Yalova'ya seferim vardı. Söylediğim saatte Yalova'ya doğru hareket ettim. Yolculuk sırasında Manisa iline bağlı Akhisar'da terminale girdim. Sanırım buradan beş ya da altı yolcu aldım. Daha sonra Balıkesir'e bağlı Susurluk ilçesinin çıkışında seyahat şirketimizin anlaşmalı olduğu Şahinler Dinlenme Tesisleri'nde 20-25 dakikalık mola verdik. Mola bitimi sırasında hareket etmek üzereyken tesiste kasiyer olarak çalışan bir bayan, tesiste çalışan bir arkadaşlarını İstanbul'a kadar götürüp götüremeyeceğimi sordu. Ben de kendisine İstanbul'a gitmeyeceğimi, fakat Bursa'ya kadar götürebileceğimi söyledim. Daha sonra bayanın yanında bulunan şahıs aracımıza bindi. Bunun dışında ne Balıkesir'den ne de başka bir yerden aracımıza binen oldu. Daha sonra bu kişi Bursa'ya geldiğimizde araçtan indi. Zaten onu şimdi görsem tanımam. Hatırladığım kadarıyla kısa boylu bir şahıstı. Yanında küçük bir kız görmedim. Bu arada söylemeyi unuttum. Ben Susurluk'ta dinlenme tesislerine girdiğimde saat 15.30 sıralarıydı. Tesisten ayrıldığım saat ise takriben 16.00'ydı."[7]

Ağabey İpek Gözaltına Alınıyor

Tesis çalışanları ve sürücüden alınan bilgilerle diğer tanıkların ifadeleri Recep İpek'i birinci derecede şüpheli haline getirmişti. Bu arada oluşturulan "sivil ekipler", Ömer İpek'in evine hiçbir yasal izin olmadan girdiler. İpek ailesinin bütün fertleri o sırada işlerindeydi. Evi arayıp telefon fihristini aldılar ve polise verdiler.

Polis, BOTAŞ Boru Hattı'nda arazi çalışmasında olduğu için ulaşılamayan ağabey Ömer İpek yerine, Tamek Fabrikası'nda çalışan eşi Pembe İpek'i çocuklarıyla birlikte gözaltına aldı. Ömer İpek Balıkesir Havaalanı yakınındaki boru hattında "topograf" olarak çalışıyordu. Saat henüz 17.00'yi gösterirken telefonu çaldı. Arayan Şahinler Dinlenme Tesisleri'nde Recep İpek ile birlikte çalışan Murat Poyraz'dı. "Polis Recep'i arıyor. Seni de sordular. Çabuk gel," dedi.

Telefonunu kapatan Ömer İpek'in aklına işsiz ve parasız durumdaki kardeşinin "hırsızlık yaptığı ya da bir kavgaya karıştığı" geldi. Durumu şefine aktardı ve saat 18.00'de Murat Poyraz'ı bulabileceği Susurluk Garajı'ndaki Yalçınkaya Kahvehanesi'ne gitti. İlçedeki Kürtlerin buluşma yeri olan bu kahvehanede, kardeşinin sivil polisler tarafından arandığını öğrendi. Eve gidip karakolu aradı. Telefona çıkan polis memurunu Ömer İpek "Apo" adıyla tanıyordu. Polis memuruna "Apo ağabey neden beni arıyorsunuz?" diye sordu. Telefondaki memur ise, "Evde misin? Sen bekle biz geliyoruz," dedi. Beş dakika geçmeden sivil ve resmi polislerin bulunduğu oto kapıya yanaştı. Ömer İpek, Merkez Karakolu'na götürüldü. Burada ifadesi alındı. Sorular art arda geliyordu: Recep nereye gitti? Neden gitti? Kimseyle bir husumeti var mıydı? Nerede çalışıyordu?..

Ağabey İpek kardeşi hakkında sorulan sorulara ilk anda, sonradan kayıtlara geçecek olan şu bilgileri verdi:

"Avşar Çaldıran isimli kız çocuğunu tanıyorum. Benim çocuklarımla aynı okula gittiği için devamlı ders çalışmak üzere evime gelirdi. Ben bugün işte bulunduğum sırada da evime gelmiş. Ders çalışmışlar. Sonradan kaybolduğunu öğrendim. Nasıl ve neden kaybolduğunu bilmiyorum. İşteyken sivil ekip beni aramış, ben de karakola neden aradıklarını sordum. Durumu karakoldan öğrendim.

7. Sabahattin Üstün'ün polis memurları Nihat Altunbaş ve Eren Yılmaz'a verdiği ifade tutanağı 11.4.2001.

Bu kız çocuğunun kaybolmasıyla benim bir ilgim yoktur. Kardeşimin nereye gittiğini de bilmiyorum. Kardeşim Recep İpek İstanbul'da çalışan diğer kardeşim Mehmet'in yanına gitmiş olabilir. Burada iş bulamamıştı. Bunalımdaydı. Neden gittiğini bilmiyorum. Eğer bir bilgi alır ya da bir şey öğrenirsem zaten bilgi veririm."[8]

Polis Zanlının Evinde

Polis, Ömer İpek ile birlikte evi aramaya başladığında ilçedeki gerilim, soruşturmadan sızan bilgiler ve bazı grupların olayı Kürtlere yönelik bir tepkiye dönüştürme çabası yüzünden tırmanıyordu.

Ömer İpek ile eşi de bu söylentiler üzerine karakolda tutuldu. Herkes İpek ailesinin gözaltında olduğundan haberdardı. Karakolun önünde kalabalık toplanmaya başladı. Meraklı kalabalık içeriden gelen haberlerle karakolun önündeki bekleyişini sürdürüyordu. Polisin elinde Recep İpek'e ait evin bir anahtarı vardı. Polis anahtarı nereden bulduğunu Ömer İpek'e "Kardeşin anahtarı Susurluk'tan ayrılmadan önce arkadaşı Vedat'a bırakmış," diye kendiliğinden açıkladı.

Esnaf arasında konuşulanların çoğu Kürtler ve onların Susurluk'a geldikten sonra huzurlarının nasıl kaçtığıyla ilgiliydi. Hatta bu tartışmalar hararetlendiği sırada Mustafa Mehmet isimli bir lokanta sahibi Susurluk'un en işlek caddesi üzerindeki işyerinin önüne çıkıp bağıra çağıra bir söylev verdi: "Kürtler buraya geldikten sonra huzurumuz kalmadı. Bu şerefsizlerin yüzünden... Geldikleri yerlere gitsinler. Ne sokağa çıkabiliyoruz, ne de çoluk çocuğumuzu parka gönderebiliyoruz. Hırsızlık onlarda, uyuşturucu onlarda, kara para onlarda. Hepsini önümüze koyup kovalım! Hepimizin çoluk çocuğu var. Hem ekmeğimizi yiyorlar, hem de namusumuza göz dikiyorlar!"

Ömer İpek karakoldan çıkarıldığında akşam olmak üzereydi. Bu arada kayıp çocukla ilgili aramalar da devam etti. İlçe merkezi civarındaki aramalar gecenin ilerleyen saatlerinde ilçe dışına kaydı. Ömer İpek ekip arabasına bindirilerek kardeşinin Sultaniye Mahallesi'ndeki evine getirildiğinde etrafta komşuların meraklı bakışları ve az sayıda bir kalabalık vardı. Polis kapıyı açıp içeri girdi ve arama yaptı. İki katlı binanın birinci katındaki ev yaklaşık 70 metreka-

8. Ömer İpek'in Susurluk Merkez Karakol Amirliği'ndeki İfade Tutanağı 7.4.2001.

reydi. Girişteki kömürlük dışında iki küçük oda, mutfak, banyo ve tuvaletten oluşan evdeki arama uzun sürmedi. Evde önceden çuvallara doldurulmuş eşyalar ve kanepelerin altında birkaç içki şişesi vardı. Ev dağınıktı. Aramaya birkaç polis memuru ve Başkomiser Hüseyin İspir katıldı. Polis kayıp kızın izine rastlayamadığı evden bir süre sonra ayrıldı.

Hava kararmıştı. Karayolu üzerindeki esnaf hariç ilçe merkezindeki dükkânlar yavaş yavaş kapanıyordu. Karakolun önüne gruplar halinde gelenler, polisten sonra Avşar Çaldıran'ın yakınlarını ziyaret edip arama çalışmaları hakkında bilgi alıyordu. Bu sırada Recep İpek'in evinde yapılan aramadan sonuç çıkmadığı bilgisi ulaştı. Çaldıran ailesinin yakınları polisten aramaları sıklaştırmasını istiyordu. Şüpheli hakkındaki ayrıntılı bilgiler de halk arasında dolaşımdaydı.

Recep İpek'in karısını dövdüğü, karnından bıçakladığı, karısının da bu yüzden kaçtığı, polisin kadını kurtarmak için ilçeden kaçırdığı anlatılıyordu. Bu söylentilerle beraber herkes Recep İpek'in bir psikopat olduğuna inandı.

Ömer İpek ikinci kez karakoldan Recep İpek'in evine arama için götürüldüğünde önceki aramanın üzerinden bir saat geçmişti. Ömer İpek bu kez resmi bir ekip otosundaydı. Kardeşinin evi önüne geldiğinde, çevrenin ilk aramanın yapıldığı saatlerden daha kalabalık olduğunu gördü. Ancak bu kez evi aramak isteyen sanki polis değil, Çaldıran ailesinin yakınlarıydı. Ömer İpek ve birkaç polisle birlikte içeri giren Susurluklu sayısı resmi görevlilerden fazlaydı. Soruşturmada bu aramayla ipin ucu biraz daha kaçtı. Polis olayla ilgisiz olanların aramaya katılmasına, arama yapmasına ses çıkarmadı. Evdeki aramaya katılanlar arasında iki isim dikkat çekiyordu: Yaşar Balkan ve Ramazan Balkan. Yaşar Balkan, Susurluk'ta tanınmış bir isimdi. Ramazan Balkan da ailenin üyesiydi ve kayıp kızın babası Salim Çaldıran ile dostluğu herkes tarafından biliniyordu.

Polisin bu usulsüzlüğe ses çıkarmayışının nedeni kasabada kimin yaydığını anlayamadıkları "Polis olayın üzerine gitmiyor" söylentisiydi. Evde yapılan ikinci aramadan da sonuç çıkmadı.

Saat 21.00'i gösteriyor, kasabadaki olağanüstü hareketlilik de devam ediyordu. Bu arada Avşar'ı son gören arkadaşı B., Kaymakam Abidin Ünsal ile görüştürüldü. Kaymakam zanlının evinde yapılan aramalardan sonuç çıkmadığını biliyordu. Ünsal, B.'nin karakolda verdiği ifadeyi yeniden dinledi. Aradan on beş dakika geçtiğinde bu kez Kaymakam ve birkaç polis yine Recep İpek'in kapısının önündeydi. Ev üçüncü kez, bir de kaymakam nezaretinde aranacaktı. Bu arama sırasında öncekinde olduğu gibi eve giren olmadı. Ahali bu sıralarda halktan insanların da katıldığı aramanın bilgilerini değerlendiriyordu, ama aramaya nezaret edenler arasında sadece Avşar'ın teyzesi Meral Sevim vardı.

Polis, evi kontrol ederken B. ile Avşar'ın Recep İpek ile eve geldiği sırada üzerine oturdukları kanepenin hemen altında bir saç tokasına rastladı. Tokayı B.'ye gösterip "Bu senin mi?" diye sordular. B. "Benim değil, Avşar'ın," karşılığını verdi. B.'nin eline alıp incelediği tokayı Meral Sevim aldı. "Evet, bu Avşar'ın," dedi.

Öfke Geceyle Başladı

Merkez Polis Karakolu'nda İpek ailesinin tamamı gözaltında bulunuyordu, ancak polis olayla ilgileri bulunmadığını anladığı için bunu aileye hissettirmemeye çalışıyordu. Saatler gece yarısına doğru ilerlerken, Susurluklu gençlerin aramaları artık el fenerleriyle dere boyları ve mesire yerlerinde sürüyordu. Avşar'ın anneannesi Fatma Özkan'ın evi ve oturduğu Kaykılar Sokak o gece sabaha kadar uyumadı. Sivil ekipler arama hakkında olumsuz haberler getirdi. Özkan ailesinin evinde zaman aktıkça merak, hüzün ve telaş katlanarak arttı.

Aynı saatlerde karakolda Ömer İpek'in eşi ve çocuklarının evlerine gönderilmesine karar verildi. Pembe İpek ve dört çocuğu evlerine döndüğünde Ömer İpek, Ağrılı Başkomiser Hüseyin İspir'e dönüp "Komiserim çocuklar evde yalnız kalacak. Bir şey olmasın," dedi. Hüseyin İspir, "Onlar gitsinler, bir şey olmaz, merak etme. Sen bu gece misafirimizsin. Seni de Recep'i bulunca bırakırız," diye onu yatıştırmaya çalıştı. Ömer ise ısrarla, "Ben de gitmek istiyorum. Yarın gelirim. Bir yere kaçacak halim yok," dedi. Hüseyin İspir ilçedeki gerilimden rahatsız olduğu için Ömer'i bırakmadı. Kürtlerle ilgili söylentiler onu da tedirgin etmişti, ama bunu Ömer'e belli etmedi. Başına bir şey geleceğinden korktuğu için bırakmak istemedi. Ömer ısrarlarını sürdürünce "Boş ver, dışarıda bir sürü zibidi ortalıkta dolaşıyor. Sonra sana bir şey yaparlar. Bırak çocuklar gitsin. Onlara bir şey yapmazlar," dedi.

Başkomiser İspir'in söylediği bu sözler, olayın çığırından çıkmak üzere olduğunun ve İpek ailesine yönelik şiddete dönüşme tehlikesi taşıdığının itirafı niteliğindeydi. Çocuklar anneleriyle birlikte evlerine döndüler. Komşularından hiç kimse o gece İpek ailesiyle konuşmadı. Penceresi sokağa bakan salonda uyumak üzere hazırlık yapıyorlardı. Birden pencereden gelen gürültüyle paniğe kapıldılar. Dışarıda ağır küfürler eşliğinde "Defolun!" diye bağıran ve arama çalışmalarına katıldığı tahmin edilen birkaç genç, evi taş yağmuruna tuttu. Pembe İpek gürültüyü duyunca polisi aradı, durumu anlattı. Evin dış kapısını tekmeleyen kalabalıktan atılan taşlar nedeniyle çocuklarıyla birlikte salondan çıktı. Birden salondan dumanların yükseldiğini gördü. Camdan içeri atılan şeyin ne olduğunu anlayamadılar. Perdeler tutuştu. Eylemci grup birkaç dakika sonra karanlıkta kayboldu. Pembe İpek perdeyi tutuşturan alevi çabucak söndürdü. Biraz sonra B. ve kardeşleri karakola gelip babalarına durumu anlattılar.

Polisin başta düşündüklerinin aksine Ömer'in ailesinin de tehdit altında olduğu ortaya çıkmıştı. Bunun üzerine polis ertesi gün İpek ailesine ait evin güvenliğini sağlayacak bir ekip görevlendirdi. Şiddetin dozunun artabileceği ve Kürtlere yönelik bir şiddete dönüşebileceği düşünülmedi.

Kürtlere Ambargo

Susurluk'ta takvimler 7 Nisan 2001 Cumartesi'yi gösteriyordu. Tatil olmasına rağmen kasabada hava gergindi. Pembe İpek ve çocuklarını korumak üzere bir ekip otosu sokağı gözetliyordu, ama bu gözetim polis sayısının yetersiz olması yüzünden sürekli değildi. Ekip otosunun içindeki resmi polisler sadece belirli aralıklarla sokağa gelip olan biteni kontrol ediyordu.

Avşar Çaldıran'ın kaybolması üzerine önceki gün yapılan tartışmaların merkezinde, kayıplara karışan zanlının kimliği nedeniyle artık tamamen Kürtler vardı. Kız çocuğunun bulunamaması her geçen dakika gerilimi tırmandırıyordu.

İlçedeki Kürtler de işyerlerinde ve kahvehanelerde kendileri için söylenenler yüzünden tedirgindi. Sokakta rahatsız edici bakışlarla karşılaşıyorlardı. Diyarbakırlı oldukları bilinenlere kimse selam bile vermiyordu. O gün babası bir mazot istasyonunda çalışan, ilköğretim okulu öğrencisi küçük bir kız evine ağlayarak döndü. Baba U.C., 1992-1993 yıllarında Cizre'yi savaş alanına çeviren Nevruz olaylarından sonra ilçeyi terk edip Susurluk'a yerleşenlerdendi. Kızının neden ağladığını sordu, "Bakkal bana ekmek vermedi," yanıtını aldı.

Yalçınkaya Kahvehanesi'nde garsonluk yapan Derviş Karakaş gün boyu kahvehanenin üst katındaki Ülkü Ocakları'na yaptığı çay servisinin sonunda almaya gittiği bardakların hepsinin kırıldığını gördü. Ancak bir kavgaya sebep olmamak için bardakların neden kırıldığını bile soramadı. Daha önce de birkaç kez başına gelen bu tavır, o gün mesai bitene kadar sürdü.

Söylentiler birbirini kovalıyordu. Konuşmalarda Kürtlerin PKK'yı desteklediği kanaatinin yanı sıra, Manisa'nın Turgutlu ilçesinde belediye başkanının, ihale vermediği Kürtler tarafından bir traktöre bağlanıp ilçenin içinde dolaştırıldığı anlatılıyordu!

Balıkesir Emniyeti Olaya El Koyuyor

Olayın üzerinden yirmi dört saat geçmesine rağmen sonuç alınamayınca kız çocuğunun kaybolduğu haberi, Susurluk İlçe Emniyet Müdürü Nizamettin Saydam ve Kaymakam Abidin Ünsal tarafından Balıkesir Emniyet Müdürlüğü'ne bildirildi ve yardım istendi. İlçede benzer konularda çalışacak uzman polis bulunmaması, bu yardımın geç de olsa istenmesine yol açmıştı. Balıkesir Emniyet Müdürlüğü Ağır Suçlar Büro Amirliği'nden bir ekip gönderildi. Ekibin başındaki kişi Susurluk'ta herkesin tanıdığı biriydi: Daha önce Susurluk İlçe Emniyet Müdürlüğü yapmış olan Yakup Erdem.

Erdem, kırk yaşını aşmış bir polisti. Susurluk'taki görevinin bitişi tatsız bir olayın sonunda olmuştu. İlçede görev yapan her mülki amir gibi onun da rüşvet yediği, adam kayırdığı, üniformasını kişisel çıkarları için kullandığı iddia edilmişti. Bu iddiaların ayyuka çıktığı günlerde Ramazan Balkan ile ettiği kavganın ardından görevinden alınmıştı. Kavganın nedeni esnaf arasındaki rekabetti. Susurluk Garajı'nda minibüs şirketleri arasında kıyasıya bir rekabet vardı. Yakup Erdem bu rekabette taraf olmakla suçlandı. Olayın taraflarından Ramazan Balkan ile arasında husumet vardı. Balkan, Balıkesir-Susurluk arasında minibüs hattına sahipti. Bu hatta rakiplerinin sahip olduğundan daha büyük bir araç çalıştırmak istiyordu. Ancak diğer hat sahipleri buna karşı çıkmıştı. Sonunda Susurluk Garajı alışık olduğu sopalı kavgalardan birine tanık oldu. Kavgaya müdahale eden polis ekibinin başında İlçe Emniyet Müdürü Yakup Erdem vardı. Olaydan sonra Erdem, Balkan'la bir süre tartıştı. Tartışma kavgaya dönüştüğünde ilk anda yediği darbeler yüzünden Erdem hırpalanmıştı. Balkan çıkarıldığı mahkemede, "görevli memura mukavemet" suçundan birkaç ay cezaevinde yattı. Küçük bir ilçede Balkan ailesine karşı olmak Erdem'e pahalıya patladı. Erdem de bu olaydan bir süre sonra yaklaşık iki yıl kaldığı ilçedeki görevinden alınıp Balıkesir Emniyet Müdürlüğü Asayiş Şube Müdürlüğü'ne atandı.

3 Kürtlere Karşı Şiddet

İlk Gün: Ceset Bulunuyor

Yakup Erdem, 7 Nisan 2001 günü 17.00 sıralarında Susurluk'taki Merkez Polis Karakolu'na ulaştı. Susurluk'ta yerli halkın "yabancıları", yani ilçeye sonradan gelenleri pek sevmediğini görev yaptığı sırada öğrenmişti. Bunların başında Kürtlerin geldiğini de biliyordu. Şark görevini altı yıl boyunca Bingöl'de yapmış olan polis müdürü, önyargıların nedenleri hakkında da fikir sahibiydi.

Erdem'in polis karakoluna geldiği saatlerde Ömer İpek halen dışarıda olan ailesiyle ilgili endişelerini Başkomiser Hüseyin İspir'e anlatıp tedbir almasını istedi. O sırada karakolun önünde toplanan kalabalık büyüdü. Eski Emniyet Müdürü ile birlikte cinayet masası ekiplerinin olayı araştırmak için ilçeye gelmesi, merakları biraz daha artırdı. Tatil gününün etkisiyle yediden yetmişe herkes karakolun önünde toplandı.

Kalabalığın ön saflarında Kürtlerle ilgili tepkileri sıcak tutanlar arasında başı Dr. Ali İhsan Güler'in öğretmenlikten emekli olan kız kardeşi Neşe Sarıbaş Güler çekiyordu. Üniversitede okuyan iki çocuk annesi Neşe Sarıbaş Güler, daha sonra savcılığın yayımladığı provokatörler listesine giren isimlerin başında yer alacaktı.

Yakup Erdem, kalabalığı yarıp girdiği karakoldan Ömer İpek ile birlikte çıktı. Recep İpek'e ait Çömlekçi Sokak'taki ev bir kez daha aranacaktı. Önceki gün sivil ekiplerin yaptığı aramalar artık ümit kesildiği için sona ermişti. Son arama için karakoldan ayrılan dört polis otosu Susurluk Belediyesi önünden geçerek Milli Kuvvetler Caddesi üzerindeki eve kısa sürede ulaştı. Evin önü kalabalık değildi. Ne var ki polis araçlarının gelişinden sonra burada toplanma başladı. Çömlekçi Sokak'ın Milli Kuvvetler Caddesi'ne açılan girişindeki evin önündeki kalabalığı dağıtmak için polis hiçbir çaba göstermedi. Saat 18.00'e gelirken başlayan arama 18.30'da bitti. Arama sonunda evin içinde hareketlenme görüldü. Polis evden, önce Ömer İpek'i çıkardı. İpek polis otosuna bindirilip uzaklaştırıldı. Evin önündeki kalabalık çoğalırken kapıya bir ambulans yanaştı. Avşar'ın cesedi 18.15 ile 18.30 arasında bulunmuştu. Ancak kapı önündeki

Bir Yol Üstü İlçe: Susurluk

Darağacındaki Eşraf

Anzavur, 16 Şubat 1920'de Balıkesir, İzmit ve Adapazarı'nda ikinci kez başlayan isyanın adıydı. İsyancılar, Kuvayı Milliye güçlerine karşı daha önce yapmış oldukları baskınlar sırasında ele geçirdikleri top ve makineli tüfekleri kullanıyordu. Vurkaç taktiğiyle düzenledikleri saldırıların ardından Geyve Boğazı'nda kıstırıldılar ve en büyük kayıplarını burada verdiler. Kurtuluş Savaşı yıllarında Balıkesir ve çevresindeki illerdeki Anzavur isyanına Çerkez İbrahim komuta ediyordu. İsyan hareketi büyük çaplıydı, öyle ki isyancılar Düzce'de bir hapishaneyi basıp boşaltırken, TBMM'nin açılışından iki gün sonra, 25 Nisan 1920'de, isyanı bastırmak için yöreye gönderilen 24. Tümen Komutanı Yarbay Mahmud Bey'i öldürüp tümeni esir almışlardı.

Bu olayın üzerinden üç ay geçtikten sonra yöride Yunanistan'ın işgali başladı. 2 Temmuz 1920'de Balıkesir'in Susurluk ilçesi de işgal edilen yerler arasındaydı. İki yıl boyunca işgal altında kalan Susurluk, "düşman işgalinden kurtuluş günü" olan 5 Eylül 1922'de, ilçe merkezindeki çınar ağacına darağacı kuruldu. İşgal sırasında, Yunanlıları alkışlayan, önemli bir bölümünü eşrafın oluşturduğu 33 kişi idam edildi.

Bugün, hâlâ o çınar ağacının gölgesinde, ilçe esnafının uğrak yerlerinden biri olan Çarşı Camii duruyor ve ilçede son sözü, o gün "alkışlı ihanet" suçunu işlediği gerekçesiyle darağacına çekilen eşraf söylüyor.

Yaklaşık elli yıl önce Susurluk, her taşra kasabası gibi yoksullukla boğuşan, ekmeğini sadece toprak ve hayvancılıktan çıkarabilen bir yerdi. İki saatlik şehirlerarası yolculuğun bile aylarca anlatılacak önemde olduğu günlerde, ilçenin içinden geçen karayolu, yıllarca gurbet imgesinin ilham kaynağı olarak kalırken; tarihe kendisini keşfedilmek üzere bırakıyordu. Yolun 1960'lı yıllarda değişmeye başlayan işlevi, ilçede yaşayanların da kaderini etkiledi. Karayolunun şifresini çözen, adını o zamanlar kimsenin bilmediği Şükrü Bey oldu. Susur-

kalabalık, cesedin bulunduğunu o anda öğrenmedi. Herkes merakla içeriden dışarıya ne çıkacağını beklerken, topluluğu oluşturanlar bin kişiyi aşmıştı. Saatler ilerliyordu.

Kalabalığın arasında kayıp kızın babası Salim Çaldıran da vardı. Kızının kaybolduğu haberini yakınlarından alıp, gece yarısı Susurluk'a gelmişti. Kızının bulunacağını düşündüğü için eşine durumu anlatıp telaşlandırmak istememişti. Kızı Avşar'ı ararken çevresinde en sıkı dostu Ramazan Balkan ile Halim Güngör de vardı. Dr. Ali İhsan Güler de Çömlekçi Sokak'taki kalabalığın ön saflarında bekleyenler arasındaydı. Hem üzerindeki takım elbise ve kravatıyla, hem de davranışlarıyla topluluk arasında en çok dikkat çeken kişiydi. Çevresindekilerle konuşurken sinirli ve gergindi. Ölüm haberi kalabalığa ulaştı. Saatler 21.00'i gösterdiğinde savcı inceleme için İpek'in evine geldi. Savcının incelemesi bittiğinde, ambulans sirenler çalarak kalabalığı hızla yarıp evin önünde durdu. Saatler 22.00'yi gösteriyordu. Ambulanstaki görevliler hızla evin içine girdi. Görevlilerden biri evden hızla tekrar çıktı ve aracın sirenini susturdu.

Avşar Çaldıran'ın cesedi ambulansa bindirildiğinde Milli Kuvvetler Caddesi ve Çömlekçi Sokak girişindeki kalabalık arasında kayıp kız çocuğuna tecavüz edildiği, cesedinin parçalanarak bir çuvala konulduğu söylentisi çoktan yayılmıştı. Polis bu rivayetlerle barut fıçısı haline gelen kalabalığı dağıtmayı yine de düşünmedi. Tam dört saat boyunca kalabalığın toplanmasına anlaşılamayan bir nedenle izin verildi. Herkes cesedin bulunduğunu biliyordu. Son ana kadar, ambulansın Recep İpek'in evine yanaştığı saatlerde bile kızını sağ olarak kurtaracağını düşünen baba Salim Çaldıran sonunda olduğu yere yığıldı. Avşar'ın cesedini taşıyan ambulans 22.30 sıralarında olay yerinden ayrıldı. Cesedin evden çıkarılmasıyla birlikte önü alınamayan olaylar, ilk sloganın atılmasıyla başladı. Kalabalık hep birlikte bağırıyordu: "Susurluk Kürtlere mezar olacak!"

Slogana öncülük eden, herkesin ilçede "Deli Doktor" diye tanıdığı Dr. Ali İhsan Güler'di. Dr. Güler de Kürt kökenliydi. Otuz altı saattir ilçede Kürtlere karşı yayılan söylentiler, sloganlara dönüşmüştü. Grubun önüne geçen Dr. Güler yürüyüş komutu verdi. Kalabalığı yönlendirenlerin arasında Ramazan Balkan ve Yasa Cafe'nin sahibi Ersan Bekmez de vardı. İstikamet Çarşı Meydanı'ydı. Milli Kuvvetler Caddesi üzerinde başlayan yürüyüşe katılanların sayısı katlanıyordu. Çarşı Meydanı bir kişinin tek başına normal yürüyüş

1925'te Çarşı Meydanı... Susurluklular "Tasarruf Haftası"nı kutluyor.

luk'un bir kilometre dışındaki tren istasyonu yakınlarında yaşlı eşiyle birlikte yaşıyordu. Yoldan gelip geçenlerden para kazanmak ilk onun aklına geldi. Yol kenarına kurduğu derme çatma kulübesinde yolculara ayran satmaya başladı.

Şükrü Bey'in ayranı seçmesi tesadüf değildi, çünkü yöre ayranının yüzlerce yıl öncesine uzanan bir öyküsü vardı. Bu öyküye göre, Roma uygarlığı döneminde de yerleşim yeri olan Susurluk, Osmanlı'da Fırt nahiyesi olarak biliniyordu. Susurluk'u güzergâh olarak kullanan Fatih Sultan Mehmet, bir gün sulak bir arazide kurulu olan ilçede konakladı. Arazinin elverişli olması nedeniyle yanındaki eniştesi Zağnos Paşa'ya, burada su sığırı yetiştirilmesini emretti. Rivayete göre Fatih, konaklama sırasında tadına baktığı yoğurt ve ayranı çok beğenmişti. İlçede yüzlerce yıl öncesine dayanan hayvancılığın gelişiminin bir sonucu olarak ortaya çıkan ayran Şükrü Bey'in sanını bile değiştirdi. Herkes onu Ayrancı Şükrü olarak bilir oldu.

O dönemler geri kalmış bir ülke olmanın tüm niteliklerini taşıyan Türkiye'nin, bugün en işlek karayollarından biri yine Susurluk'tan geçiyor. İstanbul-İzmir ve bu iki ilin çevresindeki iller arasında karşılıklı sefer sayısının her geçen gün biraz daha artması, karayolunu binlerce kişinin kazanç kapısı haline getirmiş durumda. Susurluk'u benzer durumdaki diğer ilçeler-

temposuyla üç dakikada ulaşabileceği mesafedeydi. Cadde üzerindeki kahvehanelerde oturan gruplar da yürüyüşe katıldı.

Eylemin başladığı Sultaniye Mahallesi'ndeki Milli Kuvvetler Caddesi üzerindeki sokaklarda Kürtlere ait evler de vardı ve öfkeli kalabalığın ilk hedefi de bu evlerde oturanlar oldu.

Yürüyüşün başladığı anda bu sokaklardan birinde oturan Abbas Çelikkılıç çalıştığı fırından evine dönmek üzere Çarşı Meydanı'nı geçmiş, kalabalığın geldiği yöne, evine gidiyordu. Öfkeli topluluğun sloganlarıyla hareketlerini uzaktan görünce kaçmaya başladı. İlçede bazı kişiler tarafından "Kürtçü" diye damgalandığını biliyordu. Yakınları kendisini, "Kürt olduğunu her fırsatta belli ediyorsun. Böyle yapma," diye birçok kez uyarmıştı, ama o Kürtlerin ikinci sınıf vatandaş yerine bile konulmamasından hep şikâyet ediyordu. Abbas Çelikkılıç kalabalığın kendisini linç edebileceğini düşündü ve Burhaniye Camisi'ne kaçıp tuvalete saklandı.

Yanılmamıştı, çünkü kalabalık arasından bir grup o sırada eşi ve çocuklarının bulunduğu evini taş yağmuruna tutuyordu. Çelikkılıç'ın eşi, çocuklarını banyoya kilitleyip polisi aramayı denedi. Yardım gelmeyeceğini anlayınca da ilçede oturan kayınbiraderi Mehmet Çelikkılıç'ı aradı, ancak o da kendi başının çaresine bakmakla meşguldü.

Abbas Çelikkılıç'ın evini basan grup, eşyaların bir bölümünü tahrip ettikten sonra banyodaki çocukların çığlığı arasında evi terk edip süren eyleme katıldı. Aynı grup bir süre sonra yol üzerinde oturan Kürtlerin evlerini taşlamaya devam etti.

Taşlamadan nasibini alanlar arasında Mehmet Gaffar Poyraz da vardı. O gece evine kapanıp dehşetle ne olacağını beklerken, evinin camlarını kıran taşlar salonun ortasına düştü. O da Abbas Çelikkılıç gibi Diyarbakırlıydı. Şahinler Dinlenme Tesisleri'nde çalışıyordu. Evinin önündeki grup taş atıyor, küfür ve hakaretler yağdırıyordu. Poyraz polisi aradı, yardım istedi, ama aldığı yanıt, "Başınızın çaresine bakın," oldu.

Eylemin küçük bir kızın ölümünü protesto etmekten çok Kürtlere karşı bir saldırıya dönüştüğü sloganlar ve saldırılarla ortaya çıkmıştı. Gün içindeki söylentiler ve kendilerine karşı tepkileri ölçen birçok Güneydoğulu, gece topluca bir arada olmaya karar vermişti. Bunlardan biri de Mehmet Çelikkılıç'tı. Çelikkılıç'ın evinde tam 17 kişi vardı. Saldırıların başladığını duyan evdekiler olayların çığırın-

1937 yılı. Bir başka açıdan Çarşı Meydanı.

den farklı kılan, büyük şehirler arasında yapılan bu yolculukların tam ortasında bulunması; dolayısıyla mola için en uygun yerleşim birimi olması. Ayran ise Susurluk'taki molanın simgesi.

Ayranın bir sektör halini alması, hayvancılığı da geliştirdi. Ayran ve Susurluk birbiriyle anılmaya başlarken, ilçenin ekonomisine canlılık geldi. Yol üstündeki derme-çatma kulübeler yerini modern binalara bıraktı. İlçe, ayranın yanı sıra akaryakıt satışlarının merkezi haline geldi, öyle ki 2000'de trilyonlarca liralık bir hacme ulaşıldı.

dan çıktığını anladıklarında televizyonu da kapatıp elektrikli sobanın ışığında sessizce beklemeye koyuldular.

Eylemci kalabalık Çarşı Meydanı'na geldiğinde sayıları 1500'ü aşmıştı. Atatürk Anıtı önünde gruba İstiklal Marşı okuma talimatı veren yine Dr. Güler'di. İstiklal Marşı okunana kadar sloganların rengi ve çeşidi de artmıştı: "Kürtler Susurluk'u terk edin", "Sapığı bize teslim edin, cezasını biz verelim", "Kanunlar bu sapığa ceza veremez", "Kahrolsun PKK", "Şehitler ölmez vatan bölünmez", "Ya Allah Bismillah Allahu Ekber", "Apo'nun piçleri Susurluk'u terk edin."

İstiklal Marşı'nın ardından her şey tamamen kontrolden çıktı. Eylemci grubun marşın ardından dağılacağını uman yetkililer arasında, eylemi izleyerek zaman zaman göstericilerle konuşup durdurma gayretindeki Kaymakam Abidin Ünsal, İlçe Emniyet Müdürü Nizamettin Saydam, Belediye Başkanı Hayrettin Köroğlu da vardı. Ama bekledikleri olmadı. Topluluğun önünü kesmek için bulundukları her girişimde ağır küfürlerle karşılaştıkları için bir süre sonra bundan vazgeçtiler. Kontrol edilemeyen grubu iyice tahrik eden konuşma o sırada Dr. Güler'den geldi. Polis kamerası bu konuşmayı aynen şöyle kaydetti: "Kürtler Kürdistan'a. Bizim tepkimiz sadece bu münferit olaya değil, yani kamu görevlileri aklını başına almalı."

Dr. Güler daha sonra olayla ilgili resmi kayıtlara geçmeyecek sözler de sarf etti. Şöyle diyordu: "Burada kamu görevlileri esrar, eroin, ne kadar pis iş yapan Kürt varsa, onlara kol kanat geriyor. Susurluk polisi Şahinler'den besleniyor. Hepsi rüşvet yiyor."

Bu sözler oradaki mülki amirlerin itibarını, zaten galeyana gelmiş olan halkın gözünde iyice düşürüp tahriği artıran bir rol oynadı. Böylece hedef tahtasına Şahinler Dinlenme Tesisleri de oturmuş oldu. Gün içinde zanlı Recep İpek'in Susurluk'tan ayrılırken bu tesislerden bir otobüse binerek ilçeden ayrılması, tesis sahipleri ve çalışanlarının zanlıyı koruduğu söylentisinin itibar görmesine zemin hazırlamıştı.

Savcı Kenan Karabeyeser de olup bitenleri izleyenler arasındaydı. Atılan sloganlar onu da ürkütüyordu. Bir süre sonra, İlçe Jandarma Komutanı ile yemek yerken olayı duyup arabasıyla Çarşı Meydanı'na gelen savcı arkadaşı Mustafa Aksu'nun aracına binerek olay yerinden uzaklaştı. Aynı anda bir grup da Merkez Karakolu önünde eylemdeydi. Cesedin bulunduğunu duyan grup o sırada ayrı bir yürüyüş başlattı. Hedefleri devlet karayolunun ilçe merkezine açılan

1970'li yılların ilk yarısına kadar ilçede hem akaryakıt hem de ayran sektörü küçük çaplı girişimlerle ilerlemişti. Bireysel olarak yapılan bu yatırımlar, girişimcilik ruhu gelişmemiş Türkiye'nin taşra ruhunun yapısal özelliklerine ayak uydurdu.

Takvimler 1975 yılını gösterdiğinde adını bugüne taşıyan ünlü seyahat firmaları Varan, Pamukkale ve Kamil Koç gibi şirketler ilçede düzenli mola vermeye başladılar. O yıllarda Susurluk'ta mola veren araç sayısı günde 300'dü. Bu rakamlara özel araçlar eklendiğinde, ayranın yanına, karın doyurmak için özel olarak geliştirilmiş "Susurluk tostu" eklendi. İlçeyi ekonomik olarak geliştiren enstrümanlar böylece tamamlanmış oldu: Ayran, tost, akaryakıt.

Yol üstü ticaretle ilk zengin olanlar arasında Dayıoğlu Dinlenme Tesisleri'nin sahipleri olan Susurluklu Balkan ailesi dikkati çekiyordu. Fırın ve manav gibi daha küçük işletme sahipleri de kazançlarını yükseltirken, daha alt düzeydeki vasıfsız gençler bu tesislerde işçi olarak çalışma şansına sahip oldular. O zamana kadar egemen olan Şeker Fabrikası'nda işçilik rüyasına, yeni bir rüya eklendi. 1980'li yıllarda bu tesisler modernleşme sancıları çekti ve bu yüzden kapasiteleri ölçüsünde istihdam yaratamadılar. 1985'te çokuluslu Nestlé Susurluk'ta bir arazi alıp buraya bir fabrika yapmak istedi; ancak dönemin belediye başkanı, Panayır mevkiindeki, imar ve tapu işlemlerinde sorun çıkarabilecek araziyi şirkete vermekte tereddüt etti. Sonunda şirket yatırımını Bursa'ya taşıdı ve Susurluk 2 bin kişiyi istihdam edecek bir fırsatı kaçırdı.

Özallı Yıllar ve Karayolu Savaşı

1990'lı yıllarda büyük kazanç getiren tesisler modernize olup tam anlamıyla ciddi bir sektöre dönüştüler. Başlangıç yıllarındaki işyeri sahibi ile çalışanlar arasındaki usta-kalfa ilişkisi, patron-işçi ilişkisine dönerken, iki kesim arasındaki sınıf farkı da belirginleşti. Bu yıllarda tesisler arasındaki rekabet de yoğunlaştı. Ayakta kalmak için pastadan en büyük dilimi kapmak gerekiyordu. Bu yarışa ayak uyduramayanlar işyerlerini kapatmak ya da devretmek zorunda kalıyordu.

Yol üstünde "devlerin savaşı" böyle başladı.

bölümünü trafiğe kapatmaktı. Bu grup diğerinden sayıca azdı. Sayıları 500'ün üzerindeydi. Grubu yönlendiren kişi beyaz eşya ticareti yapan Halim Güngör'dü. Karakol bölgesinden eyleme katılanlarla beraber Fikret Caddesi'nden Işıklı Kavşak'a doğru yürüyorlardı. Aynı anda ilçede iki ayrı grup eylemdeydi. Kalabalığın arasındaki Neşe Sarıbaş Güler "Katili Şahinler sakladı. Oraya yürüyelim," diye bağırdı. Kalabalık arasından bu fikre küfürlerle birlikte destek verenler azımsanmayacak bir sayıya ulaşmıştı.

Alkollü Göstericiler

Eylemciler arasında sadece şiddet isteyen baskın bir grup önemli rol oynuyordu. Yürüyüş devam ederken Susurluk'ta hafta sonlarının uğrak mekânı olan, Çaylak diye bilinen mesire alanından minibüslerle gelerek kalabalığa katılanlar olmuştu. Olaylar başlamadan önce birahanelerde şifreli kanallarda maç izleniyordu. Çok sayıda alkollü kişi de eyleme içki sofrasından kalkıp dahil oldu. Alkollü kişilerin oranı eylem sürdükçe arttı. Yıkıcı grubun büyük bölümünü alkollü olan kişiler oluşturdu. Bu kişiler, ne yaptıklarını bilen bir görüntü çizmedikleri gibi, atılan İslami içerikli sloganlara da tereddütsüz uydular. Bazıları olaydan çok sonra olup bitenlerin organize olduğunu söylerken, alkollü kişilerin eyleme katılmalarını iddialarına kanıt olarak gösterecekti.

Çarşı Meydanı'ndaki topluluk, polisin "Yaptığınız kanunsuz bir gösteridir. Dağılın!" uyarısına rağmen dağılmadı. Polisin, uyarıları dikkate almayan kalabalığı zor kullanarak dağıtacak gücü de yoktu. Eylemciler Hatap Deresi'ne doğru yöneldiğindeyse hedefleri belliydi. Kaymakam Abidin Ünsal, Emniyet Müdürü Nizamettin Saydam kalabalığın önüne geçip yürümeye başladılar.

Kalabalık Hatap Deresi'ni geçip İstasyon Caddesi'ne girdiğinde grubun birkaç yüz metre önünde 16 yaşında bir genç, elinde üzerine giyemediği ceketiyle can havliyle koşuyordu. Şahin Karakaş, Yalçınkaya Kahvehanesi'nde garsonluk yapan Bismilli Derviş Karakaş'ın oğluydu. Temizel Lokantası'nda komilik yapıyordu. Yürüyüş başlamadan önce patronu, Recep İpek'in evinin önüne gidip ne olup bittiğini öğrenmek istedi. Şahin Karakaş dükkânda bulunduğu sırada patronu işyerine telefon etmişti: "Hemen oradan çıkıp evine git. Yoksa seni öldürürler."

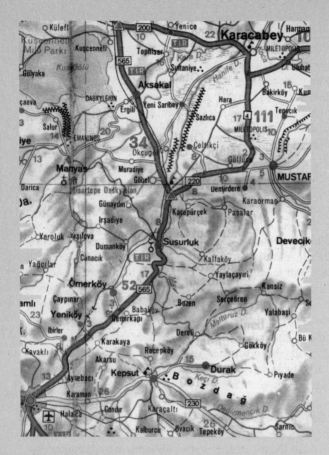

1990'lı yılların sonuna gelindiğinde, karayolunuň Susurluk'taki kısmında, yani 18 kilometrelik alanda, biri büyüklük açısından Türkiye'nin birinci tesisi olmak üzere, toplam 26 dinlenme tesisi kuruldu. Buralarda alışveriş merkezi, lokanta, bar, benzin ve mazot istasyonu ayrı bölümler halinde faaliyet göstermeye başladı, dolayısıyla çalışan sayısı da arttı. 2000 yılında yaklaşık bin kişi bu tesislerde ücretli olarak çalışıyor; ilçenin neredeyse yarısı doğrudan ya da dolaylı olarak geçimini karayolundan sağlıyordu. Bu güç, işletme sahiplerine ilçe iktidarının yolunu da açtı. Ellerindeki gücün farkına varanlar kasabanın hatırı sayılır simaları oldular. Sosyal statülerini güçlendirebilecek her tür siyasal ya da sosyal organizasyonun başına

Şahin Karakaş, Şahinler Dinlenme Tesisleri'ne doğru yürüyen kalabalık çalıştığı işyerine birkaç yüz metrelik mesafedeyken kaçmayı başardı. Bir grup fanatik çalıştığı işyerini bastı. Baskın yapan eylemciler arasında Şahin Karakaş'ın aynı lokantada birlikte çalıştığı Recep Çabuk da vardı. Şahin Karakaş, İstasyon Caddesi'nin yanı başında oturdukları evine koşarak girdi. Babasına panik halinde olanları anlattı. Baba Derviş Karakaş önce polisi aradı. Kalabalığın attığı sloganların sesi her dakika biraz daha yaklaşıyordu. Polisten "Başınızın çaresine bakın," yanıtını alan Derviş Karakaş apar topar evinin hemen önünden geçen tren hattı boyunca Karacabey'e doğru karısı ve yedi çocuğuyla birlikte kaçtı.

Hedef Kürtlerin Dinlenme Tesisleri

Sayıları 4 bini aşan gruba artık bir itfaiye aracı da eşlik ediyordu. Kaymakam ve Emniyet Müdürü'nün itfaiye aracını çağırması, ilerleyen günlerde çok tartışılacaktı. Çünkü bu karar, aynı zamanda eylemcilerin saldırı ve yangın çıkarma ihtimalini de kabul etmek anlamına geliyordu. Çoğunluğu alkollü olan ve etnik şiddete doğru yürüyen kalabalığın güzergâhı aynı zamanda o ünlü Susurluk Kazası'nın[1] meydana geldiği karayolu üzerindeki Şahinler Dinlenme Tesisleri'ydi.

Hedefteki tesiste bir de akaryakıt istasyonu vardı. Kalabalık bir süre daha sloganlarla yürüyerek belediyeye ait Ayranevi önüne geldiğinde devlet karayoluna çıkmalarına sadece 100 metre kalmıştı. Ayranevi önünde İlçe Jandarma Komutanlığı'ndan az sayıda bir jandarma grubu topluluğu durdurmak için barikat kurmuştu, ama binlerce kişinin barikatı aşması zor olmadı. Jandarmanın bu sırada havaya ateş açarak topluğu dağıtmak istediği resmi kayıtlara geçti, ancak bunu doğrulayan herhangi bir tanık yoktu.

Doludizgin hedefine ilerleyen kalabalık, artık devlet karayolu üzerindeydi. Küçük Avşar'ın cesedinin bulunmasıyla başlayan kaos, burada karayolunun trafiğe kapatılmasıyla yeni bir hal aldı. Susurluk'ta saatler gece yarısına vardığında ilçenin tek hareketli noktası olan karayolunda da hayat böylece durmuş, trafik arapsaçına dön-

---

1. 3 Kasım 1996 tarihinde DYP Milletvekili Sedat Edip Bucak, Emniyet Müdürü Hüseyin Kocadağ ve aranmakta olan Abdullah Çatlı'nın geçirdikleri trafik kazası.

geçme şansını elde ettiler, örneğin siyasi partilerin il ve ilçe başkanlıklarını ya da yönetim kurulu üyeliklerini bölüştüler. Siyaseti tercih etmeyenler de partilerle ilişkilerini sıkı tuttu. Belediye başkanlığı ile milletvekili seçimlerinde artık kimse onları göz ardı edemiyordu.

1975 yılında ilçenin nüfusu 16 bindi, yolcu taşıyan 300 seyahat şirketi dinlenme tesislerinde mola veriyordu. 2000 yılında yapılan nüfus sayımında ilçenin nüfusu 22 bin 500, ilçe içinden geçen araç sayısı ise ayda 25 bin ortalamaya ulaştı. İlçede yaz aylarında bu rakam zirveye çıkıp 70 bin araca kadar çıkıyordu.[1] 2000'li yıllara doğru artış devam ederken, karayolunu kullanan seyahat şirketlerine ait yüzlerce aracın taşıdığı yolcular da tesislerin sürekli müşterisi haline geldi.

Susurluk'un büyüyen potansiyeli, bu tesislere yerleşik olarak Susurluklu olmayan, "yabancı" yatırımcı işadamlarını da ilçeye çekmeye başladı. Mavigöl, Şahinler, Karapürçek, Boksör gibi işletmeleri devralan Güneydoğulu işadamlarının ilçedeki nüfuzları arttı. Çok daha önce Susurluk'a yerleşerek Yörsan adlı tesisi kuran İzzettin Yürük, ilçedeki en eski "Doğulu" yatırımcıydı. Yürük, kurduğu tesislere 1990'lı yıllarda, 500 kişinin çalıştığı süt ürünleri fabrikasını ekledi. Ardından dinlenme tesisini modernize edip, yanı başına yaklaşık bin kişinin istihdam edilebileceği Meyve Suyu Fabrikası yaptı.

Ticari Hâkimiyet Kürtlerin Eline Geçti

Susurluk'ta "sonradan gelen", "yabancılar" arasında en az sevilenler Güneydoğululardı. Susurluk halkının Güneydoğu'daki çatışma ortamından kaynaklanan önyargılarının üzerine, bazı Kürt işadamları hakkında çıkartılan "esrarengiz ilişki" söylentileri eklenince olanlar oldu. Bu kişilere yönelik polis operasyonları, mahkeme kayıtlarına geçen iddialar ve aynı zamanda halk içinde yayılan "polisi ve idarecileri satın aldıkları" söylentisi Kürtlerin "istenmeyen kişiler" olarak ilan edilmesine zemin hazırladı.

Bu iddialarla adı sıkça gündeme gelen kişi ise Sadık Çeken'di. Urfalı işadamı Çeken, 1991 yılında Aydoğmuş Dinlen-

---

1. Susurluk Ticaret Odası 2001 rakamları.

müştü. Eylem bir saati aşkın süredir devam ediyordu. Ortada polise destek olan birkaç jandarmadan başka takviye kuvvet yoktu. Şahinler Dinlenme Tesisleri'ndeyse tam bir panik havası egemendi. İşyerinde çalışanlar akaryakıtın tanklardan çıkışını sağlayan şartelleri indirerek tesisi garantiye almıştı. Tesisler boşaltılmış ve yatakhanede kalan işçiler dışında kimse kalmamıştı. Kalabalık yol boyunca saldırı için kullanılacak taşları toplayarak geliyordu.

Önceden Hazırlanmış Molotofkokteylleri

"Avşar'lar ölmez!"

Grup Şahinler Dinlenme Tesisleri'nin önündeki geniş alana girdiğinde bu sloganı atıyordu.

Susurluk'un en büyük tesislerinden birini harabeye çevirecek saldırı, lokanta bölümünün camlarının "Susurluk Kürtlere mezar olacak!" sloganı eşliğinde yerle bir edilmesiyle başladı. Sayıları artırılan jandarma birlikleri tesislerin önünde önlem aldı. Jandarmanın barikatını yaran kalabalık, önüne gelen her şeyi kırıp döküyordu. Artık ne polis ne de jandarma kalabalığın önünde duracak haldeydi. Güvenlik güçlerine ait çalışan tek cihaz polis kamerasıydı ve olayları görüntülüyordu.

Kameraya Ramazan Balkan ve Mustafa Demir'in tesise ait tabelaları kırarken Kürtlere karşı slogan attıkları yansıdı. Saldırganlar tesisin lokanta bölümündeydi. Ersan Bekmez ve beraberindeki bir grup, ellerine aldıkları sandalyelerle lokantanın içinde önlerine gelen her şeyi kırıp döktü. Lokanta, büfe ve alışveriş bölümü tamamen harabeye çevrildiğinde, bu kez olayın organize olduğunu gösteren molotofkokteylleri ortaya çıktı.

Molotofkokteyllerinin yine gün içinde eylemcilerden Hayri Melezoğlu'nun Susurluk Sanayi Sitesi'ndeki işyerinde, eylemcilerden Eyüp Konak ve Zekai Cangül ile birlikte hazırladığı sonradan tespit edildi. Molotofkokteylleri ardı ardına lokantada patlıyordu. Tesisin arkasından dolaşan bir grup, lokantaya buradan da yanıcı madde attı. Harap haldeki lokantada yangın çıktı. Akaryakıt istasyonuna ait tek katlı iki bölümden oluşan küçük bina da tamamen tahrip edildi. Olayların çığırından çıktığını gören Kaymakam Abidin Ünsal ile Belediye Başkanı Hayrullah Köroğlu kalabalığın arasına girip birkaç kişiyi tutmak istedi. Ama tam o anda grubun arasından yirmi beş

me Tesisleri'ni Susurluklu bir işadamından içinde bulunduğu kredi borçları nedeniyle devraldı ve tesisin adını Şahinler Dinlenme Tesisleri olarak değiştirdi.

1999 yılında polis, solventli benzin kaçakçılığı yaptığı gerekçesiyle Çeken'e ait bu tesise operasyon düzenledi. Organize Suçlar Şubesi'nin düzenlediği operasyonda akaryakıt istasyonundan alınan benzin örnekleri temiz çıktı. Açılan davada Sadık Çeken bir buçuk yıl sonra beraat edince yerel mahkeme karara itiraz etti. Çeken hakkındaki tek suçlama bu değildi. Dokuz paravan şirket kurarak naylon fatura yolsuzluğu yaptığı yönündeki iddialar da kayıtlara geçti. Çeken'in kara para akladığı yönündeki istihbarat bilgileri de polisin elindeydi. Çeken'in kardeşi Ahmet Çeken aynı yıl "Beyaz Benzin Operasyonu" adı verilen soruşturma kapsamında tutuklandı.

Boksör Petrol istasyonu işletmecisi Cumali Temuçin, "sigara kaçakçılığı" yaptığı gerekçesiyle 1999 yılında gözaltına alındı; para cezasıyla kurtuldu. Aslında, Diyarbakır'ın Lice ilçesinden gelip Susurluk'a yerleşen İbrahim Türkan'a ait olan tesiste mazot ve uyuşturucu kaçakçılığı yapıldığı yaygın bir söylentiydi. Liselerin önünde esrar satıldığı yolunda ilçede dolaşan her söylentide, bu tesisin adı ortaya atıldı.

Bu söylentiler Kürtleri, "huzur bozan, yasadışı işler yapan, aynı zamanda polise, savcıya ve hatta kaymakama rüşvet veren" düşman yaptı. Söylentileri teşvik edenler daha çok karayolu üzerindeki "Güneydoğu sermayesi"nin artmasından rahatsız olan yerleşik ticaret erbabıydı. Aynı ticaret erbabı, benzer iddialarla bir ilçe kaymakamını görevden bile aldırmıştı. Hem de karakolda biten bir kavgayla. Herkesin ağzında şu hikâye vardı:

"1992 yılında ilçeye atanan Kaymakam Ziya Türkdoğan'a ilçe halkı pek ısınamadı. Kaymakam Türkdoğan'ın bazı tesis sahiplerinden rüşvet aldığı iddia ediliyordu. Türkdoğan hakkında söylenenleri duyup rahatsız oldu, ama belli etmedi. Tepkisini göstermek için yine ticaret erbabının da bulunduğu bir içki masasını seçince kıyamet koptu. Kaymakam Türkdoğan, masada Susurluk halkı hakkındaki görüşlerini beyan edince, meydan dayağı yemekten zor kurtuldu. Türkdoğan, olaydan sonra apar topar Babaeski'ye atandı."

yaşlarında bir gösterici elinde demir çubukla Ünsal'a doğru koştu. Ünsal'ın hemen yanında koruması olan bir polis memuru saldırganı fark ederek, son anda tutmayı başardı. "Ne yapıyorsun sen, o Kaymakam," diyerek eylemciyi itti. Abidin Ünsal demir çubuk darbesinden kurtulmuştu, ama Belediye Başkanı Hayrullah Köroğlu onun kadar şanslı değildi. O arbedede sırtına bir sopa darbesi aldı. Kaymakam Abidin Ünsal'ın bu sırada kalp krizi geçirdiğini ileri sürenler oldu, ancak Ünsal daha sonra bunu yalanladı.

Ortalık tam bir savaş alanıydı, ama tesislerin tamamen tahrip edilmediğini düşünenler vardı. Sloganlar devam etti. Bu kez bir grup tesisin içinde, lokanta bölümüne 30-40 metre uzaklıktaki benzin pompasına yöneldi. Jandarma aynı anda benzinliğin önünde set oluşturdu. Eylemcilerin cinnet geçirdiğini gösteren akıl almaz görüntüler ortaya çıkıyordu. Jandarmanın setini aşanlardan bazıları benzin pompasını tetikleyip, pompadan benzin çıkarmak istiyordu. Dahası aralarında aynı anda ellerindeki çakmakla pompadan çıkacak benzini yakmaya çalışanlar bile vardı.

Tesis çalışanlarının harabeye dönmeden önce benzin tanklarına ait şartelleri indirmiş olması eylemciler dahil onlarca kişiyi olası bir felaketten kurtarmıştı. Güvenlik güçlerinin göstericiler karşısındaki ilk kararlı tutumu, o anda ortaya çıktı. Jandarma benzin pompalarına saldıran grubu dağıtmak için makineli tüfeklerle havaya ateş açtı. Jandarma ve polis aynı anda yüzlerce mermi sıktı. Grup, tesisin bu bölümünden havaya açılan uyarı ateşi üzerine uzaklaştı. Tesisleri yakıp yıkanlar arasında bulunanlardan birinin de Şahinler Dinlenme Tesisleri'nin hemen karşısındaki Çam Petrol İstasyonu'nun sahibi Saffet Çam olduğu resmi kayıtlara ve olayla ilgili soruşturma tutanaklarına geçti. Demokrat Türkiye Partisi Susurluk İlçe Başkanı Aleattin Çam'ın oğlu olan Saffet Çam, olaylarla ilgili "provokatör listesi"ne polis tarafından dahil edildi.

Jandarmanın müdahalesi kalabalığın tansiyonunu düşürdüğünde polis kamerasına MHP İlçe Başkanı Ümit Çanakçı yansıdı. Kaymakam Abidin Ünsal kendisini dinlemeyen topluluğu durdurmak için Ümit Çanakçı'yı öne sürdü. Çanakçı, "Arkadaşlar gerekli mesaj verildi, artık daha fazla burada kalmaya gerek yok," diye topluluğa seslendi.

Susurluk Garajı'nda taksicilik yapan Ayhan Şenli bu sırada eylemcilere yeni bir hedef daha gösterdi: "Bizim derdimiz Kürtlerle.

İlçe halkı genellikle "yabancı" sayılan herkese temkinli yaklaşıyordu. Susurluk bu yapısını uzun yıllar korudu. İçinden her gün binlerce kişinin geçtiği ilçede, misafir sayısı bile çok azdı. Bu yüzden ilçede tek otel bulunuyordu. "Huzur" adlı otel Susurluk'ta ilk dinlenme tesislerini kuran Balkan ailesine ait. Daha çok eski bir hanı andıran otelde, geçmişte İstanbul-İzmir arasında seyahat eden yol yorgunları konaklıyordu. Yıllar sonra onların yerini, ilçede geçici olarak çalışan işçiler ile ilçede çarşamba günleri kurulan pazarda tezgâh kurmak için gelen seyyar satıcılar ve pazarlamacılar aldı.

Çingenelerin İşi Zor

Susurluk'ta uzun yıllar kültürel farklılıklar taşıyan Türkler, Çingeneler, Kürtler, Çerkezler, Lazlar ve hatta Kafkas kökenlilerle birlikte alt kültür grubundan, Yörükler, muhacirler, Aleviler ve Manavlar (yörede Selçuklu döneminden bu yana yaşayan bir topluluğa verilen ad) birlikte yaşadı. Çerkezler ve Çingeneler dışında bu gruplar, etnik özelliklerini belirgin bir şekilde koruyamadı.

Çingeneler için ilçede yaşam zordu, çünkü birçok yerde olduğu gibi önyargılı davranışlara maruz kaldılar. Pek çok kişinin isimlerini anmadan önce "Affedersiniz," dediği Çingenelerin ahlaki değerlerinin bozuk olduğu görüşü yaygın. Örneğin Çingenelerin, "hırsızlık ile eşleri arasında tercih yapmak zorunda kaldığında, hırsızlığı tercih edeceğini" düşünenler sayıca az değil.

İlçede farklı kültürel gelenekleri olan herkes birbirlerini kökenleriyle anıyor ya da ayırt ediyor. İlçe içinde bu konudaki ayrım yerleşim biçimlerinde de görülüyor. Örneğin Yenimahalle'de ağırlıkla muhacirler, Kışla Mahallesi'nde Çingeneler, Orta Mahalle'de Yörükler yaşıyor.

Susurluk Kazası

Devlet karayolunun Susurluk'taki adı "ölüm yolu"ydu. Her gün binlerce aracın geçtiği yola, kazalar yüzünden halk bu adı vermişti. Kazalara trafik yoğunluğundan bir türlü çare bulunamadı. Yetkililerin, kazaların önlenmesi için yaptıkları çağrılar destek bulamadığı gibi, bu kazaların hemen ardından konulan hız sınırının aşılmaması için artırılan tedbirler de çare olmadı.

Karapürçek, Boksör orada."

Şenli'nin Karapürçek diyerek hedef gösterdiği tesis Urfalılara, Boksör ise Diyarbakırlılara ait petrol istasyonuydu. Topluluk alevler içindeki Şahinler Dinlenme Tesisleri'nin önünden Işıklı Kavşak'a doğru yürümeye başladı, yangına müdahaleye gelen itfaiye aracının önünü kesti. İtfaiye aracı, yangın tesisin restoran bölümünü tamamen sardıktan sonra müdahale edebildi.

Emniyet Müdürü Olayları Gazeteciden Öğreniyor

Saatler gece yarısını çoktan aşmasına rağmen Susurluk'ta tansiyon düşmedi. Olaylar devam ederken, Balıkesir Emniyet Müdürü İhsan Yılmaztürk olayı, gece yarısı çalan cep telefonundan öğrendi. Yılmaztürk'ü arayan Ankara'da Terörle Mücadele ve Harekât Dairesi Başkanlığı yaptığı sırada tanıdığı bir gazeteciydi. Aralarında şu konuşma geçti:

Gazeteci: "Müdürüm gece yarısı rahatsız ediyorum kusura bakmayın. Ama Susurluk'ta olaylar olmuş. 4-5 bin kişi sokağa dökülmüş. Bir tesis ateşe verilmiş."

İhsan Yılmaztürk: "Orada bir şey yoktu. Bize bir çocuğun kaybolduğunu söylemişlerdi. Onun haricinde bir şey yoktu."

Gazeteci: "Müdürüm çocuğu kaçıran Diyarbakırlıymış. Öyle olunca halk galeyana gelmiş. Tesisleri ateşe vermişler."

Parçaları birleştiren İhsan Yılmaztürk duydukları karşısında küplere bindi. Hemen telefona sarıldı. Aradığı kişi yardımcılarından Ali Rıza Atak'tı. Meslekte yirmi beşinci yılını dolduran Atak, benzer büyüklükteki birçok olaya müdahale tecrübesine sahipti. Son olarak Malatya'daki türban olaylarına müdahale etmişti. Ali Rıza Atak, Emniyet Müdürü İhsan Yılmaztürk ve takviye Çevik Kuvvet ekipleri Susurluk'a vardığında karayolu kapalıydı. Şahinler Dinlenme Tesisleri üzerindeki kalabalık Işıklı Kavşak'taki yol kesme eylemine katılmadan önce güzergâhı üzerindeki Boksör Petrol İstasyonu'nu da taşa tuttu. O sırada istasyonun çalışanları ve sahipleri de bazıları maskeli olan 300 kişilik bu grubun taşlamasını sadece izlemekle yetindi. Çatışmanın baskın tarafı Işıklı Kavşak'a vardığında yol çift taraflı olarak trafiğe kapalıydı. Yolun kapatılmasında plakaları belirlenemeyen bir traktör, bir de kamyonet kullanıldı. Bu araçların kime ait olduğu öğrenilemedi.

Milletvekili Sedat Bucak, polis şefi Hüseyin Kocadağ ve ülkücü lider Abdullah Çatlı'nın içinde bulunduğu Mercedes'in yaptığı kaza, Susurluk adını siyaset-mafya-polis ilişkisinin simgesi yaptı. (Milliyet arşivi)

Bursa-Susurluk-İzmir arasındaki yol, birbirinden bariyerle ayrılmayan türden bir yoldu. Karayolunun Bursa yönündeki bir bölümü ise adeta sürücülerin hız yapmalarına davetiye çıkarıyordu. Susurluk, Milli Savunma Bakanlığı'nın en büyük mühimmat depolarından birine ev sahipliği yapıyordu ve depoyla havaalanı arasındaki sevkıyatlar için yolun bir bölümü genişletilmişti. Araç trafiğini rahatlatmak için genişletilen yolun bu bölümünün adı, "Uçak Yolu" olarak değişti. Bir süre sonra, Uçak Yolu Susurluk'u bir anda Türkiye'nin en ünlü ilçesi yapacak kazaya sahne oldu:

"... Kuşadası'ndan hareketle, İstanbul iline seyir halindeyken, Susurluk ilçesi Uçak Yolu mevkiinde olay yerinin sol tarafındaki benzinlikten yola çıkan, aynı istikamette seyreden Hasan Gökçe idaresindeki 20 RC 721 plaka sayılı kamyona saat 19.15 sıralarında, sağ arka yan tarafından çarpmıştır. Bu çarpma sonucunda 06 AC 600 plaka sayılı otomobil içerisinde bulunan ve sağ ön koltukta oturduğunu ifade eden Sedat Edip Bucak yaralanmış, otomobilin arka koltuğunda oturmakta olan Mehmet Özbay sahte kimlikli Abdullah Çatlı ve Gonca Us isimli kişi, otomobilin sürücüsü Hüseyin Kocadağ, olay mahallinde ve kaldırıldıkları hastanede ölmüşlerdir. Bu kişiler dışında ayrıca kaza yapan otomobilin arkasında, seyir halinde olan ve kazanın akabinde olay yerine ilk gelen Mercedes marka otomobilde de Sedat Edip Bucak'a koruma olarak verilen, Emniyet

Emniyet Müdürü İhsan Yılmaztürk elinde megafonla öfkeli kalabalığı sakinleştirmek için konuşma yaptı. Yılmaztürk eylemcilere polise güvenmelerini, katilin mutlaka yakalanacağı ve adalete teslim edileceğini, eylemlerin kanuna uygun olmadığını, Susurluk'a ve halkına zarar vereceğini söyledi. Yılmaztürk kitle psikolojisini, uzmanlık alanı gereği biliyordu ve yaptığı konuşma, seçtiği sözcükler etkili oldu. Zaman zaman eylemci grup içinden "Sesimizi Ankara'ya duyurmadan gitmeyiz. Kürtler defolup gitsinler, onları istemiyoruz!" gibi itirazlar gelirken, "Yuh!" çekerek protesto edenler de oldu. Ama bu protestolar cılız kaldı.

Yılmaztürk'ün tepkilere aldırmadan sürdürdüğü konuşmaları kısa süre sonra sonuç verdi. Gruba önderlik eder durumdaki Dr. Güler, Yılmaztürk ile yaptığı kısa bir görüşmeden sonra, İstiklal Marşı söyleyip dağılma çağrısında buldu. Kalabalıktan yaklaşık bin kişi marşın okunacağı Atatürk Anıtı önüne kadar yürümeye karar verdi. Göstericilerin sayısı yavaş yavaş azaldı. Marşın okunmasından sonra geride kalanlar, "Kıza tecavüz edip parçalamışlar, nereye gidiyorsunuz?" diyerek dağılan kalabalığa tepki gösterdi.

Ali Rıza Atak bu gruba, "Tecavüz olup olmadığını kimse bilmiyor. Adli Tıp raporundan sonra belli olacak. Polise güvenin, şimdi evlerinize gidin," diye seslendi. Bir süre sonra kalabalık, gruplar halinde dağılmaya başladı. Eylemin sürmesini isteyenler, dağılırken slogan atmaya devam ediyordu. Polis fanatik eylemcilerin dağılmasını uzaktan izledi. Eylem başladığında 18 ile 60 yaş arasında olan topluluğun yaş ortalaması 20-35 arasına indi. Yani daha dinamik ve yıkıcı bir grup eylemleri sürdürmek istiyordu. Dağılma sürerken polis telsizlerinden "Karayolu üzerindeki Yasa Cafe önünde 150 kişilik bir grup toplandı" anonsu duyuldu.

Polis gruba yaklaştığında bir süre daha slogan atmayı sürdürdüler. Aralarından bazıları polisin geldiğini görünce herkesin dağıldığını söyleyip artık eylemi bitirme çağrısı yaptı. Dağılıp dağılmama konusunda grup içinde başlayan tartışma birden kavgaya dönüştü. Olayı izleyen Emniyet Müdür Yardımcısı Ali Rıza Atak, Çevik Kuvvet'e o anda müdahale emri verdi. Polisi gören kalabalık kaçışarak ara sokaklarda izini kaybettirdi. Altı kişi gözaltına alındı.

İlk gece her şey bittiğinde tahrip edilen işyerleri arasına iki giyim mağazası da katılmıştı.

Genel Müdürlüğü Özel Harekât Dairesi'nde görev yapmış polis memurları Ercan Ersoy, Mustafa Altınok, Enver Ulu ile Sedat Edip Bucak'ın şoförü ve sivil koruması Abdülgani Kızılkaya ile Abdullah Çatlı'nın arkadaşı Haluk Kırcı bulunmaktadır.

... 06 AC 600 plaka sayılı otomobil içerisinde iki adet MP-5 otomatik silah, bir adet 9x19 mm çapında Tarig tabanca ve bir adet 22 kalibre susturuculu Baretta marka tabanca, bu tabancaya ait iki adet susturucu ile çeşitli çap ve miktarda özel nitelikli mermiler bulunmuştur. Bu silahlar ile özel nitelikteki mermiler, savunma ve koruma amaçlı silahlar olmayıp saldırı ve suikast silahlarıdır. Özellikleri miktar ve mahiyetleri itibariyle de vahim niteliktedir. Ayrıca otomobil içerisinde çok sayıda mermileri bulunmasına rağmen, bir kısım silahların bulunmadığı görülmüştür. Bulunamayan silahların kazanın akabinde olay yerine gelen korumalar tarafından araçtan alınması mümkün bulunmaktadır. Sanıklardan Korkut Eken tarafından Abdullah Çatlı'ya çok sayıda silah verildiği, bunların bir bölümünü Çatlı'nın evinde bizzat gördüğünü, özellikle bir adet Mikro Uzi silahı Çatlı'nın yanından hiç ayırmadığı, çanta içerisinde yanında silah bulunması gereken bu silahın olay yerinden alınmış olabileceğini açıkladığı görülmüştür."[2]

3 Kasım 1996'da Uçak Yolu'nda yaşanan bu kaza, İstanbul Devlet Güvenlik Mahkemesi kayıtlarına bu cümlelerle geçti. Susurluk'taki bu kaza, ilçenin kaderini değiştirmedi, ama Türkiye'de bir dönem yaşanan siyasi olaylarla birlikte ortaya çıkan organizasyonların devleti de içine alarak girdiği kirli ilişkileri gün ışığına çıkardı. Konu yıllarca Türkiye'nin gündeminden inmedi.

Kitabın amacı Susurluk Kazası ve sonrasında ortaya çıkan ilişkileri incelemek olmadığı için bir soruyla devam ediyoruz: Susurluk bu kazadan nasıl etkilendi?

3 Kasım 1996 akşam saatlerinde meydana gelen kaza, neredeyse ilçe sınırları dışında oldu. Ünlü Mercedes'in sürücü mahallindeki Emniyet Müdürü Hüseyin Kocadağ, ortalama 180-200 kilometre hızla geçtiği ilçe sınırları içinde bir kamyo-

2. İstanbul Devlet Güvenlik Mahkemesi Cumhuriyet Savcılığı'nın 1997/180 esas No'lu Susurluk Davası mütalaası.

"Sivas ve Çorum Olaylarından Daha Kötü Olabilirdi"

İlk gecenin bilançosu: Ayrımcı sloganlar, yakılıp yıkılan Şahinler Dinlenme Tesisleri, tahrip edilen Boksör Petrol, evleri taşlanan ve ölümle tehdit edilen Kürtler ve son olarak göstericilerin kaçarken camlarını kırdığı Erdel ve Rüya Giyim mağazaları oldu.

Aslında işyerlerinin tahrip edilmesinin altında yatan, genel olarak muhafazakâr ve milliyetçi eğilimlere sahip ilçe halkının sadece yabancıları ya da Kürtleri istememesi değildi. Zarar verilen işyerleri ve sahipleri, özellikle de Şahinler Dinlenme Tesisleri, yerli ticaret erbabına oranla ilçenin atardamarı durumundaki karayolundan daha fazla kazanç elde ediyordu. Küçük bir kızın öldürülmesi, yıllardır süren ve giderek ciddi bir düşmanlığa dönüşen bu rekabetin ortaya dökülmesine vesile olmuştu.

İlçedeki üst düzey bir devlet görevlisi bu durumu daha sonra şöyle açıkladı: "Bir taşla iki kuş vurmak istiyorlardı. Avşar Sıla Çaldıran'ın kaybolması ve ardından Güneydoğu kökenli bir kişinin evinde ölü olarak bulunması, onlar için bulunmaz bir fırsattı. Bu fırsatı da değerlendirdiler. Bu fırsatı verenler de, eylemlerde başı çeken insanlara müsamaha gösteren bazı resmi görevliler oldu. Etnik temizlik yaparken, kendilerine göre etnik kökeni farklı olan sermayeyi de buradan kovmak istiyorlardı. Olaya geç müdahale edilmesi başlı başına bir soru işaretidir. Ama baştan sona bakın, zaten her şeyin bir soru işareti olduğunu görürsünüz. Burada Sivas ve Çorum olaylarından daha kötü şeyler olabilirdi. Organize davrandılar. Bence olaylar bir provokasyon değil, provaydı. Eğer basit bir infial olsaydı, daha önce Umudeli Köyü'nde bir Liceli vatandaş Susurluklu bir köylüye tecavüz ettiğinde olurdu. O zaman herhangi bir olay çıkmadı, şimdi neden çıktı?"

İkinci gün: Her Şey Bitmedi

8 Nisan 2001 Pazar...

Susurluk, tatil gününe beklenenin aksine oldukça sakin ve tatil havasında girdi. İlçenin caddelerinde mesire alanına gitmek üzere arabalarını yüklemiş piknikçi aileleri taşıyan arabalar yola koyulmuş, Çaylak mesire alanı dolmaya başlamıştı.

Sabahın erken saatlerinde Balıkesir'in hatırı sayılır bir futbol tana çarptı. Eğer araç iki dakika daha bu hızla ilerleyebilmiş olsa, kaza bir buçuk kilometre uzaklıktaki Bursa'nın Kemalpaşa ilçesi sınırlarında olmuş sayılacaktı.

Susurluk'ta yaşayanlar ilk anda jandarmanın müdahale ettiği kazayla ilgili bilgilerden herkes gibi ertesi gün haberdar oldu. İlçe sakinleri olayın medyatik ve skandal tarafını öğrendiğinde, kazanın artık yaşamını yitirmiş aktörleri Susurluk Devlet Hastanesi'nden çıkarılıyordu.

İlçe halkı ilk günlerini iri kıyım ve pahalı takım elbiseleriyle ortalıkta dolaşan esrarengiz adamların kim olduğuna kafa yormakla geçirdi. Abdullah Çatlı, Hüseyin Kocadağ ve Gonca Us'un cenazeleri hastane morgunda beklerken, ilçe merkezinde volta atan bu kişiler, haklarında onlarca cinayet ve yasadışı ilişkiler yumağı içinde olduğu sonradan ortaya çıkan Haluk Kırcı, "Drej Ali" gibi isimlerle bazı özel tim mensuplarıydı.

"Drej Ali" lakaplı Ali Yasak, 1978 yılından bu yana tanıştığı Abdullah Çatlı ile MİT'in 1987-1988 yıllarında Avrupa'da PKK'ya karşı yürüttüğü faaliyetlerde görev almıştı. Drej Ali on sekiz yıllık arkadaşı Çatlı'nın cenazesini almak üzere ertesi gün ilçeye gelenlerden biriydi. Cenaze işlemlerinin bir an önce tamamlanması için dönemin Cumhuriyet Savcısı İmdat Kaçan'a karşı "ağırlığını" koyma yolları ararken, ummadığı bir tepkiyle karşılaştı. Drej Ali adliye binası içinde işlemlerin hızlandırılmasını talep ettiği Savcı Kaçan tarafından kovuldu.

Drej Ali'yi Susurluk'ta bulunduğu sırada Şahinler Dinlenme Tesisleri sahibi olan Sadık Çeken'in misafir ettiği iddia edildi. Ardından halk arasında, kazada hayatını kaybeden Çatlı, Kocadağ, Us ile sağ kurtulan Sedat Bucak'ın, tesislerde mola vermiş olduğu iddiaları geldi. Susurluk halkı, bir süre bu iddialar yüzünden cumhuriyet tarihinin en önemli skandallarından birini, olayın merkezine ilçedeki bir Kürt işadamını alarak tartıştı.

Olaydan sonra kurulan "Yasadışı Örgütlerin Devletle Olan Bağlantıları ile Susurluk'ta Meydana Gelen Kaza Olayının ve Arkasındaki İlişkilerin Aydınlığa Kavuşturulması Amacıyla Kurulan Meclis Araştırma Komisyonu", "Susurluk Komisyonu" olarak adlandırıldı. Böylece Türkiye'nin sancılı bir döneminin muhakemesi bu küçük taşra ilçesinin adı etrafında yapıldı.

kımı olan Susurlukspor'un kendi sahasında maçı vardı. Bu yüzden polisin o sabah, olası bir gösteri ihtimaline karşı tedbir aldığı tek yer Susurluk Stadı'ydı. Maçı izleyenler her zamanki gibi kalabalıktı. Maç bittiğinde olay çıkmasına izin vermeyecek sayıda takviye Çevik Kuvvet ekipleri stadın önünde bekliyordu. Homurdanma bile olmadı. Maçı izleyenler, sakin bir biçimde stadı terk ettiler. Önceki gece tahrip edilen Şahinler Dinlenme Tesisleri'nin önünde ise gazeteciler vardı. Polisin tesislerin önünde günlerce sürecek nöbeti de o gün başladı.

Kasabada en çok rağbet gören kahvehanelerde, sabahın erken saatlerinden beri, önceki gece yaşananlar tartışılıyordu. İlçede 60 kahvehane vardı. Balıkesir Emniyet Müdürlüğü'nden gelen İstihbarat Şubesi'nde görevli altı polis memuru ilçenin tek oteli olan Dayıoğlu Otel'de gece birkaç saatlik uykudan sonra, birkaç kahvehane dolaştılar. Aralarında Güneydoğu'da PKK'ya karşı savaşmış olanlar vardı. Sivil giyimliydiler, ama Susurluk halkı yabancıları hemen ayırt ettiği için polis oldukları anlaşılmıştı. İlçede tansiyonu ölçmeye çalıştılar, bu hava içinde edindikleri izlenim her şeyin normal olduğuydu.

Gizli Güvenlik Toplantısı

Gece olayların sona ermesinden sonra İlçe Emniyet Müdürlüğü'nde üst düzey bir güvenlik toplantısı yapıldı. İlçe Emniyet Müdürü Nizamettin Saydam'ın odasındaki toplantıya Saydam ile birlikte Balıkesir Emniyet Müdür Yardımcısı Ali Rıza Atak, İlçe Jandarma Komutanı Mehmet Ercan ve Kaymakam Abidin Ünsal katıldı. Toplantıda olaylar ve alınacak tedbirler masaya yatırıldı. Atak eylemci grubu genel olarak "amaçsız saldırgan ve çoğunluğu alkollü bir grup" olarak niteledi. Ancak olayların cenazenin defni sırasında tekrar edebileceğini, bu nedenle tedbirlerin cenazeye kadar devam etmesi gerektiğini söyledi. Toplantıda ilçede yaşayan Kürtlerin sayısı, sahip oldukları işyerleri ve olayları kimlerin yönlendirdiği tek tek konuşuldu. Provokatörlerin yeniden bir olay çıkarma ihtimaline karşılık evlerinden gözaltına alınmaları önerisi de ortaya atıldı. Ama bu görüş itibar görmedi. Kayıp kızın üç kez arandığı evde dördüncü aramada bulunmuş olması ve güvenlik güçlerine açıkça gösterilen tepki de göz önüne alınarak gözaltı operasyonundan vazgeçildi.

Bir saatten fazla süren toplantının sonunda olay, "Küçük bir kızın

Ardı Ardına Mitingler

Kamuoyunun, ilçenin adı etrafında yaptığı tartışmalara, ilçe sakinleri de katıldı. İlçede kaza etrafından yapılan politik tartışmalar ilk günlerde, Türkiye'nin siyasi atmosferinden de birinci dereceden etkilendi. Araçtakilerin eylemlerinin ortaya çıkmasından sonra, DYP lideri Tansu Çiller'in başını çektiği "Devlet için kurşun atan da, ölen de şereflidir" kampanyası ilk meyvesini Susurluk'ta verdi.

İlçede, "Çatlı ve arkadaşlarının devlet adına eylem yapan vatanseverler" olduğu rüzgârı esti. Onlara atfedilen, ASALA ve PKK'ya karşı faaliyetler ilçede çoğunluğun gururunu okşadı. Özellikle gençler arasında Çatlı bir sembol olarak, polis ve asker olmak isteyenlerin sayısını artıracak ölçüde sivrildi. PKK ile çatışırken hayatını kaybeden her askerin cenazesi, Çatlı ve arkadaşlarına karşı duyulan ilgiyi katladı.

Bu arada Halkın Demokrasi Partisi (HADEP), Özgürlük ve Dayanışma Partisi (ÖDP) ve Sosyalist İktidar Partisi (SİP) ile çok sayıda sivil toplum örgütü kazanın ortaya çıkardığı ilişkileri protesto etmek amacıyla Susurluk merkezinde miting düzenleme kararı aldı. Bu karar ilçe halkı ve özellikle esnaf arasında, büyük bir rahatsızlık yarattı.

Esnaf, televizyon ekranlarından gördüğü mitingler sırasında yaşanan, cam ve çerçeve kırma ya da dükkân yağmalama olaylarının ilçede de yaşanacağını düşünüyordu.

Mitinge katılacakların sayısının ve İstanbul, Ankara, İzmir, Yalova, Bursa gibi kentlerden katılım oranının çok olacağına dair söylentiler, esnafın "büyük olaylar çıkar" kaygısını artırdı.

3 Kasım 1997'de miting günü, Susurluk'a yüzlerce araç, konvoy halinde sabah saatlerinde giriş yaptı. İlçe halkından da mitinge katılanlar oldu, ancak çevre illerden gelmiş olan 25 bin kişiye karşılık sayıları oldukça azdı. Esnaf miting sırasında dükkânlarını açmadı. Polis karayolu üzerinde mitinge katılmak üzere gelenleri tek tek aradıktan sonra ilçeye aldı. Miting, benzerlerinin aksine kısa sürdü. İlçenin en fazla 6-7 bin kişiyi alabilecek meydanı dolduktan bir süre sonra başlayan miting, konuşmaların ardından olaysız bitti. Eylemciler geldikleri gibi otobüslerine binerek ilçeyi akşam saatlerine doğru terk etti.

ölü olarak bulunmuş olmasının yarattığı infial haliyle Kürtlere yapılmış, ancak münferit nitelikte bir saldırı" şeklinde değerlendirildi. Herkes olayın tekrar etme ihtimalinin bulunmadığı görüşündeydi.

Bu arada ortada cinayet suçu nedeniyle aranan tek zanlı için Balıkesir Emniyet Müdürlüğü Ağır Suçlar Büro Amirliği bünyesinde 22 kişilik ekip oluşturuldu. Ekibin başına Yakup Erdem getirildi. Hazırlık soruşturmasını yapacak olan ekibin ilk işi Recep İpek'in yakınlarının adreslerine ulaşmak oldu. Ağabeyi Ömer İpek'in sorgusundan Recep İpek'in parasız olduğu ve birinin yardımına ihtiyaç duyacağı ortaya çıkmıştı. Zanlının bütün yakınları ve adresleri tek tek saptandı.

Fısıltı Gazetesinin Mesaisi Sürüyor

İlçede saatler ilerledikçe yeni söylentiler baş gösterdi. Hiç kimse kızın nasıl öldürüldüğünü bilmiyordu. Tecavüz kanısı güçleniyor, resmi bir açıklama da gelmiyordu. Yetkililer cinayetle ilgili Adli Tıp raporu gelmeden açıklama yapmamayı kararlaştırmıştı.

Fısıltı gazetesinde polise yüklenenler çoğunluktaydı. Cesedin tecavüzden sonra parçalara ayrılarak bir çuvalın içine konduğu, bu yüzden küçük kızın evin içinde bulunmasının zorlaştığı ileri sürülüyordu. Bu arada bir gece önce Kürtlerin evlerini taşlayıp, bir tesisi yakan, bir tesisi de tahrip edenler ilçede rahat rahat dolaşıyordu. Halk benzer bir olayla karşılaşmaları ihtimalinden duyduğu tedirginlikle çocuklarının sokağa çıkmasına izin vermedi. Bu durum uzun süre devam edecekti. Akşam saatlerinde ilçe merkezinde farklı plakalı araçların dolaşması ve kahvehanelerdeki hararetli tartışmalar haricinde olağanüstü bir durum yoktu. Gece yapılan gizli güvenlik toplantısındaki değerlendirmenin doğruluğunu kanıtlayacak bir ortam oluşmuştu. Fakat bunun fırtına öncesi bir sessizlik olduğu, akşam saatlerinde kimler tarafından yayıldığı anlaşılamayan yeni bir söylentiye herkesin inanmasıyla ortaya çıktı.

Söylentiye göre katil zanlısı Recep İpek yakalanmıştı ve polis, evinde kendisine cinayet tatbikatı yaptıracaktı. Saatler 21.00'i gösterirken Recep İpek'in evinin önünde 100-150 kişilik bir grubun toplandığı haberini alan polis olay yerindeydi. Tatbikat bahanesiyle kalabalık yeniden toplanıyor ve sayı giderek artıyordu.

Kalabalık "Katili bize verin!" diyerek linç istedi. Sloganlar bir

Mitingden hemen sonra DYP'li Belediye Başkanı Fahrettin Tan, "radikal sol" muhalefetin bu gövde gösterisine karşı bir miting düzenlemeye karar verdi. Tan, alışık olmadığı görüntüler, sloganlarla parti sembollerine sahne olan ilçede düzenlenecek yeni mitinge "Bayrak Mitingi" adını verdi ve herkesin meydana Türk bayrağıyla gelmesini istedi. DYP'nin bu önerisine MHP de destek verdi. DYP ve MHP mitinge katılmak için, ANAP, DSP ile birlikte siyasi yelpazenin sağında yer alan BBP gibi partilere de çağrı yaptı. Tertip Komitesi içinde MHP ve DYP'nin görüşleri örtüşürken, diğer partiler bu ittifaktan rahatsız oldu ve görüşmeler olumsuz sonuçlandı. Mitingi DYP ve MHP birlikte yapmayı kararlaştırdı. Miting "radikal sol" muhalefetin mitingi yanında sönük geçti, ama küçük bir ilçe için katılım yine de yüksekti. Yaklaşık 4 bin kişi bayraklarıyla mitinge katıldı.

Kazanın ikinci yıldönümünde bu kez üniversite öğrencileri Susurluk'a eylem düzenlemek için geldiler. İstanbul Üniversitesi Öğrenci Koordinasyonu'na üye iki otobüs dolusu öğrenciyi jandarma ve polis ilçeye sokmadı. Öğrenciler, karayoluna çıkıp pankartlar açtı ve slogan attı. Yolu trafiğe kapatan öğrenciler, jandarma zoruyla araçlarına bindirildikten sonra ilçeyi terk etti.

gece önce atılanlarla hemen hemen aynıydı. Polis kalabalığa yine müdahale etmedi. Ancak bu kez eylemcilerle yapılan pazarlık daha sertti. Alkollü olanların sayısı yine az değildi. Susurluk'un Türkiye' de nüfus oranına göre en çok alkol tüketen üçüncü yerleşim yeri olduğuyla övünenlerin hepsi oradaydı. Eylemciler arasında daha sonra alkolün dozunu kaçırıp ne yaptığını hatırlamayanlar bile çıkacaktı.

Balıkesir'den takviye gelen Çevik Kuvvet ekibi 150 polisten oluşuyordu. Eylemcilerin toplandığı evin önüne giden Emniyet Müdür Yardımcısı Ali Rıza Atak, ilçe merkezindeki Çarşı Meydanı'na yürüyüş başladığında takviye ekiplerin olay yerine gelmesini istedi. Göstericilerle polis arasında sert tartışmalar yaşanırken, grup Çarşı Meydanı'na ulaştığında kahvehaneler ve birahanelerden eylemlere katılanların yanı sıra Susurluk'a bağlı köylerden onlarca kişinin ilçeye gelmiş olduğu anlaşıldı. Susurluklular bilmiyordu, ama ilçeye bağlı küçük yerleşim birimlerinde sanki birileri düğmeye basmıştı. Neredeyse bütün köylerden eyleme katılmak için onlarca kişi harekete geçmişti. Anlaşılan köylülerden mobil vurucu güç olarak yararlanılacaktı. Aslında güvenlik güçleri düğmeye basıldığını o gün ilçeye bağlı bir yerleşim yerinde yaşananlar sırasında anlamış, ancak olay örtbas edilmişti.

Susurluk'a bağlı Göbel beldesinde jandarmaya, yaşları 16 ile 25 arasındaki gençlerin bazı evlerin duvarlarına "Susurluk Kürtlere mezar olacak" gibi sloganlar yazdığı ihbarı gelmişti. İhbar üzerine Göbel'e giden jandarma on yedi yaşındaki bir genci duvarlara yazı yazarken suçüstü yakaladı. Eylemci genç sorgusunda birkaç saat sonra Susurluk'ta olacaklar hakkında ipuçları verdi. Bu eylemcinin ifadesine göre organizatörler Susurluk'a bağlı köyleri arayıp şunları söylemişti: "Dün gece olanları duymadınız mı? Uyuyor musunuz? Akşam Susurluk'tan Kürtleri kovacağız. Siz de bir şeyler yapın."

İddiaya göre bu genç MHP'li bir ailedendi. Ama kendisine refakat eden ve yakalanan diğer arkadaşları da DYP, ANAP gibi partilere mensup ailelerin çocuklarıydı. Soruşturma sonunda eylemciler hakkında hiçbir işlem yapılmadığı gibi birkaç saat sonra da serbest bırakıldılar. Jandarma eldeki gençlere nasihat edip dosyayı kapattı. Jandarmanın üzerine gitmediği bu olay, Susurluk'un köylerinden birçok eylemciyi 8 Nisan gecesi Recep İpek'in evinin önünde topladı. Bir gece önceki gösteriler sırasında sayıları az olan Susurluk köylüleri artık eylemin tam ortasındaydı.

Ali Rıza Atak'ın yanında eylemcileri durdurmaya çalışan bir polis müdürü daha vardı: Fikri Özsoy. İkna yoluyla kalabalığı dağıtmak için uğraş veriyordu. Özsoy yürüyen kalabalıktan birkaç kişinin önünü kesip durdurmak istedi, ama sonuç alamadı. Çarşı Meydanı'nda İstiklal Marşı okuyan kalabalık iyiden iyiye coşmuştu. Kalabalıktaki bazı kişiler bu kez hedef olarak Yörsan, Mavigöl gibi yine "Doğulular"a ait tesisleri gösterdi.

Bu tesisler önceki gece yakılan Şahinler Dinlenme Tesisleri'nin bulunduğu karayolunun tam tersi yönünde, İzmir-Ankara yolu üzerindeydi. Tesislerden ilki Vanlı, ikincisi Diyarbakırlı bir işadamına aitti. Yörsan ilçe merkezine bir kilometre, Mavigöl'e ise birkaç kilometrelik mesafedeydi.

Meçhul Silah

Göstericilerin sayısı 2 bini aştı. Atatürk Caddesi'nin devlet karayoluyla birleştiği Işıklı Kavşak'a geldiler. Karayolunu yeniden trafiğe kapattılar. Jandarmadan istenen takviye ekipler de eylemcilerin önündeydi. Yürüyüş tam hız devam ederken eylemciler kısa süre sonra yolu aşıp Yörsan Dinlenme Tesisleri'nin görüneceği yokuşa vardılar.

Polis müdürü Ali Rıza Atak'ın defalarca "Dağılın!" uyarısı yaptığı ancak durduramadığı kalabalık, ilçenin en büyük işletmesine, İzzettin Yürük'e ait 700 kişinin çalıştığı bir fabrika, bir dinlenme tesisi ve bir akaryakıt istasyonundan oluşan tesise saldırmak üzere ilerliyordu. Atak, kararını verdi ve planını Çevik Kuvvet amirine anlattı. Plana göre grup önce ikiye bölünecek, ardından iki ayrı yönde dağıtılacaktı. Grup içinden elebaşı olanlar ise ilk anda gözaltına alınacaktı. Polis önlerini kestiği göstericilere iki ayrı noktadan sert bir şekilde copla müdahale etti. İlk anda merakla eyleme katılanlar dağıldı. Geriye kalanlar polise taşla karşılık verdi ve kovalamaca başladı.

İlçe girişine kadar süren kovalamaca sırasında jandarma da polisle birlikteydi. Güvenlik güçleriyle eylemciler arasındaki çatışma göstericilerin organize olduğuna dair ipuçları veriyordu. Özel olarak hazırlanmış sopalar, molotofkokteylleri ve bir göstericinin kaçarken düşürdüğü silah, bunun göstergeleriydi. Polis sonradan bu silahın kurusıkı tabanca olduğunu açıkladı, ama kime ait olduğu sorusu ortada kaldı ve kayıtlara geçmedi. İlk müdahale sırasında birkaç kişi gözaltına alındı. Ancak asıl çatışma göstericilerin kaçarken karşılık vermeye devam ettikleri ilçe merkezinde ve ara sokaklarda yaşandı. Dağılan kalabalık ilçe meydanına giden yollarda Kürtlere ait işyerlerinin camlarını kırıp döktü.

Taşlanacak işyeri kalmayınca Vahit Aksoy ve Murat Kahraman adlı iki Diyarbakırlıya ait evler ateşe verildi. Bu iki evde de kimse yoktu. Ev sahipleri bir gece önce yaşadıkları korkuyla evlerini terk ettikleri için kimse zarar görmedi. İki ev de tamamen kullanılamaz hale geldi. Daha sonra ilçeyi terk edecek Kürtlere ait sekiz ev taş yağmuruna tutuldu. Polisin saldırgan grupları zaptetmesi saatler aldı. Yaş ortalaması 20 ile 35 arasındaki gruplar oldukça saldırgandı. Çatışmalar özellikle katil zanlısı Recep İpek'in evinin bulunduğu Sultaniye Mahallesi ve çevresinde sabah 03.00'e kadar devam etti.

Polis tam olay yerinden ayrılmaya niyetlenirken sokak aralarında toplanan gruplar kendilerine tekrar taş atıyordu. Bu durum uzun süre zanlı İpek'in evinin civarındaki sokakların tümünde yaşandı. Polis müdürü Ali Rıza Atak eylemler bitmek bilmeyince bu sokaklardaki evlerin basılmasına karar verdi. Polisin her girdiği evde ortalama 10-15 kişi çıkıyordu. Bazı evlerde bu kişilerin ayaküstü sorgularını Atak yapıyordu. Atak bu ayaküstü sorgular sırasında hayli ilginç yanıtlar aldı. Örneğin polisin girdiği bir evde 11 gençle ev sahibesine rastladı. Polise "Bunlar benim misafirim," açıklaması yapan kadının, işe gittiğini söylediği kocası aynı sokaktaki başka bir evde benzer bir manzarayla polisin eline geçecekti. Atak girdiği bir başka evde 2'si kadın, 8'i erkek 10 kişiye rastladı. Kadınların yanıtları benzer olunca, "Siz ya yalan söylüyorsunuz ya da kocalarınızı aldatıyorsunuz. İkisi de kötü bir şey," deyip evdekilerin tamamını gözaltına aldı. Olaylar tamamen sona erdiğinde saatler 04.00'ü gösteriyordu. 100'ün üstünde gösterici gözaltına alınırken, ikisi asker, altısı polis, sekiz güvenlik görevlisi yaralanmıştı.

Etnik ve Ticari Düşmanlar

8 Nisan 2001 gecesi tahrip edilen işyerleriyle ilgili "Neden?" sorusunun bir yanıtı da o gece ortaya çıktı. Bir önceki gece Kürt işyeri sahiplerini hedef seçen eylemciler, polisten kaçarken Ankara'nın öte tarafından geldiğini bildikleri herkesi hedef aldı. "Doğulu" diye bilinen Erzurumlu ve Malatyalılarınki de dahil bütün işyerleri taşlı sal-

dırıya uğradı. İki gece boyunca dinlenme tesislerine yönelik yürüyüşte başı çekenlerden Ersan Bekmez, hem "ilçenin huzurunu bozan Kürtler"e karşıydı, hem de saldırıya uğrayan iki tesisin ticari rakibiydi. Kendisi Bekmez Dinlenme Tesisleri'nin sahibiydi. Biri Bursa, diğeri İzmir yolundaki Şahinler ve Yörsan adlı tesisler güçlenince, bunların tam arasında kalan kendi işletmesinin gelirleri azalmıştı.

Susurluk üzerinden geçenlerin önemli bir bölümü, daha modern oldukları için, Bursa'dan geldiklerinde Şahinler, İzmir yönünden geldiklerinde ise Yörsan Dinlenme Tesisleri'nde mola verip alışveriş yapmayı tercih ediyorlardı. Yolcu otobüsleri de çoğunlukla bu iki tesise yanaşıyordu. Zaten Ersan Bekmez'in, "Bir taraftan Şahinler, bir taraftan Yörsan. İki tane Kürt, bizim memleketimizde ekmeğimizi elimizden alıyor," diyordu.

Çarşı Meydanı'na açılan 5 Eylül Caddesi üzerindeki, Malatyalı bir aileye ait Köroğlu Mobilya adlı ticarethane de taşlanarak tahrip edildi. Köroğlu Mobilya'yı tahrip eden kişilere dükkânı hedef gösteren kişi Halil Hasbi Altunbaş'tı. Altunbaş'ın, bu işyeri büyürken iflasın eşiğine geldiği, rakibinin "Doğulu" olmasından duyduğu hoşnutsuzluğu sürekli dile getirdiği biliniyordu.

İlçede Sıkıyönetim

Soruşturma dosyası polisten savcılık aşamasına geldiğinde "provokatör" listesine TRT, İHA ve Karesi TV televizyonlarının çektiği olay görüntülerinin incelenmesinin ardından yeni isimler eklenmişti. İlk başladığında, "küçük bir kızın ölümüne duyulan tepkiden dolayı münferittir" denilen olayların ertesi gün daha büyük çapta devam etmesi, polisin bu kez işi daha sıkı tutmasına neden oldu. Olayların bittiği gecenin sonuna doğru Susurluk'ta birçok eve baskın düzenlendi. Gözaltına alınanların sayısı 180 kişiye ulaştı. Polis bu gözaltılar sayesinde olayların Avşar'ın cenazesinde tekrar etmesini önlemeyi amaçlıyordu.

Yetkililer listede bulunan her eylemcinin evine gün ağarıncaya kadar baskın yaptılar. Gerginliğin en azından Avşar Sıla Çaldıran'ın cenazenin defnedilmesi ya da katil zanlısı Recep İpek'in yakalanıp mahkeme önüne çıkarılmasına kadar süreceğine kesin gözüyle bakılıyordu. Balıkesir ve Bursa'dan ilçeye getirilen Çevik Kuvvet Şubesi'ne bağlı 350 polis ile 180 jandarma, evlere yapılan operasyonlarla birlikte teyakkuz durumuna geçti. Özellikle Kürtlerin oturduğu mahallelerde her köşe başında bir polis vardı. Polis ertesi gün bu mahallelerde gece kimsenin sokağa çıkmaması için megafonla çağrı yaptı. Aynı gün ilçede bir de kriz masası oluşturuldu. Susurluk 12 Eylül döneminin sıkıyönetim görüntülerini yaşıyordu. Olaylara katılan alkollü provokatörlerin sayısının çokluğunu dikkate alan yetkililer, içki satışına üç gün süreyle yasak koydu. Kararı Belediye Başkanı Hayrullah Köroğlu açıkladı. Buna göre içki satış yasağı, sadece bu ürünleri satan yerlerde değil, içkili restoranlarda da geçerli olacak, bu işyerlerinin tamamı üç gün süreyle kapatılacaktı.

Kriz masasının toplantısına Susurluk'ta teşkilatı bulunan siyasi partilerin tümü davet edildi. Polis ve idare eyleme hemen her partiye üye vatandaşların katıldığını dikkate alarak başta ANAP, DSP, DTP, DYP, FP ve MHP gibi partiler olmak üzere CHP, ÖDP gibi partileri de davet etti. Yetkililer toplantıda ilçe başkanlarına, cinayetin yarattığı infiali etnik bir çatışmaya dönüştürmek isteyen gruplar bulunduğunu, bu durumun partililere anlatılmasının, olası olayların önüne geçilmesinde önemli olduğunu söylediler.

Üçüncü Gün: Soruşturma

9 Nisan 2001... Olay çıkaran zanlıların sabah saatlerinde başlayan polis sorgusu bitmek üzereydi. Ertesi gün Avşar Sıla Çaldıran'ın cenazesi kaldırılacaktı. Bu arada Bursa Cumhuriyet Savcısı Cemil Kuyu, Avşar'ın cesedi üzerinde Bursa Adli Tıp Kurumu Morg İhtisas Dairesi'nin yaptığı otopsinin ilk sonucunu açıkladı. Kuyu, "Çaldıran'ın cesedi üzerinde darp ve cebir iziyle birlikte tecavüz izine rastlamadıklarını" küçük kızın "iple boğularak öldürüldüğünü" duyurdu.

Ancak bu açıklama ilçe halkını ikna etmedi. Büyük çoğunluk, yetkililerin tepkileri yumuşatmak için böyle bir "numara" yaptığını düşündü ve bu kanaat olaydan aylar sonra bile değişmedi.

Olaylar bittikten bir saat sonra Susurluk İlçe Emniyet Müdürlüğü'nde olaylı iki günün özetini yapan, altında üç başkomiser ve on yedi polis memurunun imzasının bulunduğu "Olay Tutanağı" hazırlandı. Tutanakta, olaylarla ilgili ayrıntılar olmaksızın iki günün seyri iki sayfada özetlendi. Tutanağın ikinci sayfasında saldırganların adları "Provokatör" başlığı altında liste halinde yer aldı. Polisin elindeki diğer "Tutanak" başlıklı yazının altında ise biri komiser altı polis memurunun imzası vardı. Bu belge de ilk günkü olaylar sırasında yapılan kamera çekimlerinden hareketle hazırlanan "provokatör" listesiydi. İki liste de oluşurken polislerin tanıklıkları ve kamera çekimlerinin yapılan bant çözümlerinden yararlanıldı. Bu iki listedeki isimler bir araya getirildiğinde eylemci profiline ilişkin ipuçları veriyor. Bazılarının lakapları, meslekleriyle birlikte listede yer aldı.

1. Dr. Ali İhsan Güler (Balıkesir İl Sağlık Müdürlüğü'nde doktor); 2. Neşe Sarıbaş Güler (Emekli öğretmen); 3. Ertan Aka (Şehir Kulübü arkasında büfe işletir); 4. Halim Gündüz (Kurucaoluklu); 5. Halil Hasbi Altunbaş (Esnaf); 6. Ramazan Balkan (Esnaf); 7. Ender Konak; 8. Arif Uçar; 9. Ümit Başol; 10. Lemi Nazım Gül; 11. Mesut Kural; 12. İbrahim Yakın; 13. Çekici Nejdet (Manyaslı); 14. İsmail Yıldırım; 15. Gürsel Kutlu; 16. Ahmet Gönül; 17. Nuri Aygörmüş; 18. Tarkan Günay; 19. Cüneyt Günay; 20. Halim Güngör; 21. İbrahim Yaşar; 22. Elektronikçi İbrahim (Şeker Fabrikası'nda çalışır); 23. Saffet Çam; 24. İbrahim Güneş; 25. İsmail Şanver; 26. Ergin Kocaer; 27. Nuri Çaylak; 28. Fahrettin Gülşen; 29. İdris Köse; 30. Ersan Bekmez; 31. Hakan Bekmez; 32. Sabahattin Ertürk; 33. Cevdet Par; 34. İlhan (Boyacı); 35. Nedim Şentürk (Dayıoğlu Dinlenme Tesisi'nde çalışır); 36. Şeref Başa (Muhtar); 37. Fikri (Meydan Taksi); 38. Lokantacı Seyfi (Yörük Seyfi); 39. Ayhan Şenli (Garaj Taksi); 40. Bülent Karakılıç; 41. Rüştü Can (Bakkal); 42. Aydın Can (Rüştü Can'ın oğlu, öğrenci); 43. Sezai Sağdıçoğlu; 44. Mustafa Targal (Emekli zabıta); 45. Keserci Ahmet; 46. Recep Çabuk (Temizel Lokantası'nda işçi); 47. Ünal Sezer; 48. Münir Aydoğmuş (Aydoğmuş Züccaciye'nin sahibi); 49. Fedai Avcı; 50. Nedim Şentürk (Beyköylü); 51. Ahmet Gönül (Köpekçi Ahmet veya Manyak Ahmet olarak tanınır); 52. Ünal Sezer (İşsiz); 53. Ahmet ..... (Videocu Ahmet olarak tanınır. Şeker Fabrikası'nda çalışır, kameramanlık yapar); 54. Ahmet ..... (Keserci Ahmet, Yeni Sanayi'de kesercilik yapar)[2]

2. Susurluk İlçe Emniyet Müdürlüğü 8.4.2001 tarihli "Olay Tutanağı" ve "Tutanak".

Avşar Sıla Çaldıran'ın en iyi arkadaşı, Recep İpek'in ağabeyi Ömer İpek'in kızı B.'ydi. Ömer İpek, Bismil'den eşi ve çocuğuyla göçüp Susurluk'ta harap bir eve yerleşmişti. Pencerelerini naylonla örten bu yoksul Kürt ailesi, içe kapanıklılığı ve görüntüsüyle mahallelinin tepkisini çekiyordu. Avşar ise başlangıçta İpeklerin evine gitmesini istemeyen annesine, "Zaten fakirler. Niye onları kimse sevmiyor, konuşmuyor? B. benim arkadaşım," diye karşı çıkmıştı. (Fotoğraf: AA)

"Avşar'lar ölmez" sloganıyla başlayan gösteriler, "Susurluk Kürtlere mezar olacak", "Kahrolsun PKK" sloganlarıyla farklı bir içerik kazandı. İki gün süren eylemlerin ardından 9 Nisan'da küçük Avşar, kalabalık bir cenaze töreniyle Susurluk Mezarlığı'nda toprağa verildi. Cenaze günü olaylar yatışmış, Balıkesir'den takviye gelen polis ve jandarma güçleri ilçede sükûneti sağlamıştı. Ancak olayın yankıları, söylentiler, aylar boyunca Susurlukluları meşgul etti. (Fotoğraf: AA)

Recep İpek ilk duruşmaya 19 Mayıs 2001 tarihinde çıkarıldı. Olayın mağduru Çaldıran çiftiyle üç yakını ve avukatları dışında duruşmaya gelen olmadı. Bir ay öncesinde gösteriler yapan, ev ve işyerlerini tahrip eden binlerce Susurlukludan hiçbiri duruşmaya ilgi göstermemişti. Cezaevinde tek kişilik hücrede tutulan sanık Recep İpek'in yakınlarından da kimse yoktu.

Cinayetin işlendiği ev, Recep İpek'in, gösterilerde başı çeken Dr. Ali İhsan Güler'in halasından kiraladığı bir evdi. Recep İpek ifadesinde, cinayeti işledikten sonra cesedi kömürlüğe götürdüğünü ve burada bir çuvalın içine koyarak gizlemeye çalıştığını söyledi. Polis cesedi üçüncü aramada bulabildi. (Fotoğraf: Zülfikâr Ali Aydın)

Emniyet yetkililerine göre, olaylar bir grup "provokatör" tarafından kışkırtılmıştı. Gös-tericilerle ilgili iddianameyi hazırlayan savcı da şu değerlendirmeyi yaptı: "Cinayet olayını bahane eden kalabalık, gösterilerin başlamasıyla talep ve söylemlerini değiş-tirmişler, olayı siyasal ve etnik bir yöne kaydırmışlardır." (Milliyet ve NTV arşivi)

İlçenin en önemli kazanç kapısı karayolundaki dinlenme tesislerinin çoğunun Doğulu-lara ait olması saldırıların ekonomik nedenlerini açıklıyordu. Burada Doğuluların sa-hip olduğu tesisler taş, sopa ve molotof kokteylleriyle tahrip edildi ve yakıldı. Gösteri-cilerden bazıları, "Bizim derdimiz Kürtlerle... Şahinler, Boksör, Karapürçek orada" diye-rek, karayolu üzerindeki işyerlerini hedef olarak sıralıyordu. Bir yetkilinin değerlendir-mesiyle, "Etnik kökeni farklı olan sermayeyi buradan kovmak istiyorlardı". (NTV ve Mil-liyet arşivi)

Kürtler, saldırılar henüz başlamadan önce, ilçedeki söylentilerden ürkerek bir arada bulunmaya karar verdiler ve belli evlerde toplandılar. Göstericiler, önceden hazırladıkları molotof kokteylleriyle bazı evlere saldırı düzenledi. Yanan evlerde kimsenin olmaması can kaybını önledi. (Fotoğraf: Zülfikâr Ali Aydın)

Savcılık 53 kişi hakkında Toplantı ve Gösteri Yürüyüşleri Yasası'na muhalefet ve kundakçılık suçlarıyla dava açtı. Sanıklar, olayları başından sonuna kayda geçen polis kamerasıyla kolayca tespit edilmişti. Gösterilerde aktif rol oynayanların hemen hepsi, il-, çenin ekonomik ve siyasi yaşamında etkili olan kişilerdi. İfadelerinde, gösterilere katıldıklarını, ancak herhangi bir suç işlemediklerini söylediler. (Fotoğraf: AA)

4 Olay Sonrası Susurluk

Avşar'ın Cenazesi

Olaylara katılan sanıkların cezaevine gönderilmesinden sonra Susurluk'un önünde gerginliği yeniden tırmandırabilecek iki olağanüstü gün vardı. Biri cenaze töreni, diğeri firardaki katil zanlısı Recep İpek'e yakalanması durumunda yaptırılacak tatbikat... Aksini düşünenler az değildi, ama ilçedeki çoğunluk, gösterilen "haklı tepki" karşısında eylemcilerin cezaevine gönderilmesini ağır bir karar olarak değerlendirdi. Tutuklananların ilçede etkin kişiler olması, hem bu görüşün hem de sorunun gündemde kalmasına neden oldu.

Avşar Sıla Çaldıran için cenaze töreni 10 Nisan 2001 Salı günü düzenlenecekti. İlçe merkezinde yapılacak tören nedeniyle çevre illerden gelen takviye ekipler Susurluk'ta "olağanüstü hal" görüntülerine neden olurken, halk gergin bir sessizlik içinde cenazeyi beklemeye başladı. Polis hemen hemen bütün mahallelerde güvenlik tedbiri almıştı. Bu yüzden sabah saatlerinde yaşanan bir tek olay dışında ilçede hiçbir şey olmadı. Sinir krizi geçiren Avşar'ın annesi Nihal Çaldıran, sabahın erken saatlerinde kimseye görünmeden evden çıkıp birkaç yüz metre ötedeki anneannesi Fatma Özkan'ın komşusu olan Ömer İpek'in evine girmişti. Evdeki eşyaları sağa sola atmaya başlayan Nihal'i evden çıkmaya, olay yerine gelen kocası Salim Çaldıran güçlükle ikna etmişti.

Avşar'ın cenazesi Bursa Adli Tıp Kurumu'ndan saatler 13.45'i gösterirken çıktı. Cenazeyi almak üzere baba Salim Çaldıran ve üniversite yıllarından tanıştığı arkadaşı Taner Akyaz, Adli Tıp önüne geldiler. Cenaze Akyaz'a ait araca konduğunda baba Çaldıran ayakta güçlükle duruyordu. Bu yüzden gazetecilerin sorularını arkadaşı Akyaz yanıtladı. Akyaz, Çaldıran ailesi adına polise karşı oluşan tepkiyi şöyle dile getirdi: "Polis Avşar'ın cenazesini ancak üç-dört kez arama yaptıktan sonra bulabiliyor. Üstelik Balıkesir'den gelen polisler bulmuşlar. Böyle arama, böyle görev yapma olur mu?"

Susurluk'a doğru yola çıkarılan cenaze aracına bir de polis eskortu eşlik etti. Bu arada Çarşı Camisi ve Çarşı Meydanı tamamen cenazeyi bekleyenlerle doldu. Avşar'ın okul arkadaşları, genç-yaşlı bütün Susurluk cenazedeydi. İlçe Emniyet Müdürü Nizamettin Saydam ise caminin karşısındaki Şehitlik Anıtı'nın bulunduğu noktadan kalabalığı izlemeyi tercih etti. Saydam'ın etrafında çok sayıda sivil polis neredeyse bir etten duvar ördüler.

İkindi namazı saatinde cami avlusunda kılınan cenazede gözyaşı vardı. Avşar'ın kaybolmadan önce giyemediği okul önlüğü ve yakası tabutunun üzerine kondu. Kalabalık haklarını helal ederken, Çaldıran çifti hâlâ ameliyat ettiremedikleri kalbi delik kızları Nazlıcan kucaklarında olduğu halde tabuta sarılmış ağlıyorlardı. Törene Balıkesir Emniyet Müdürü İhsan Yılmaztürk ile Kaymakam Abidin Ünsal ve Belediye Başkanı Hayrullah Köroğlu da katıldı. Arkadaşları Avşar'ın fotoğrafını cenazenin önünde taşıyorlardı. Binlerce kişinin sessizliğini Çaldıran ailesinin feryatları böldü. Yeşil örtüye sarılı tabut omuzlara alındığında bu kez tekbir sesleri yükseldi. Ardından kalabalık mezarlığa doğru yürümeye başladı. Çevik Kuvvet ekipleri kalabalığın iki yanında çember oluşturup yürüyüşe eşlik etti. Törene katılmayanlar evlerinin balkonlarından hüzünle küçük kızın son yolculuğunu izlediler. Avşar'ın cenazesi Susurluk Mezarlığı'nda toprağa verildi.

Büyüklere Dostluk Örneği

On bir yaşındaki Avşar'ın kısacık yaşamı hakkında çok fazla söz söylenemez belki ama, onu yaşıtlarından ayıran en önemli özelliğinin, akranlarından daha olgun düşünmesi olduğu bir gerçek. Yakın arkadaşı B. ve ailesine, mahallelinin tepkisine rağmen gösterdiği yakınlık pekâlâ ayrımcılığa karşı bir tutum olarak görülebilir. Avşar'ın, Ömer İpek'i ve Kürtleri kastederek "Onların evine gitme," diye uyaran annesinin telkinlerine, "Niye onları kimse sevmiyor? Zaten fakirler, kimse onlarla konuşmuyor. Ben B.'yi seviyorum, beraber ders çalışıyoruz. Kötü bir şey yapmıyorum ki," sözleriyle karşı çıkıyor.

Annesinin anlattıklarına göre Avşar'ın bu ısrarı, zamanla kendisinin önyargılarının da kırılmasını sağladı ve Avşar'ın artık büyüdüğü için giyemediği elbiselerini Ömer İpek'in küçük kızına göndermeye başladı. Bu küçük yardımlar, İpek ailesinin gözle görülür fakirliği karşısında diğer mahallelilerin de katıldığı küçük bir kampanyaya dönüştü. Avşar, Han Mahallesi'nin pek sevilmeyen "yabancılar"ına ilgi ve sevgi duyan, iki yıl boyunca sürekli bu "yabancılar"ın evine giden tek yerleşik Susurlukluydu. Büyüklerden bağımsız iki küçük kızın okulda kurup Han Mahallesi'ne taşıdığı arkadaşlık, aynı zamanda mahallenin eski sakinlerinden olan anneanne Fatma Özkan'ın İpek ailesiyle diyalog kurmasını sağladı.

Nihal-Salim Çaldıran çifti küçük kızlarının tedavisi için İzmir-Bursa-İstanbul arasında mekik dokurken Fatma Özkan, yanında kalan torunu Avşar'ı ilk önce İpek ailesinin fertlerinden sorar hale gelmişti. Avşar ile B. gün boyu birlikte oynuyor, ders çalışıyorlardı. Ancak Recep İpek'in işlediği cinayet, bu küçük dostluk köprüsünü yıktı. Sadece mahallede değil tüm ilçede var olan önyargılar cinnet düzeyinde su yüzüne çıktı. Öyle ki, B. ile Avşar'ın kurduğu arkadaşlığa ev sahipliği yapan Ömer İpek'in evinin yıkılmasına karar verildi. Belediye Başkanı evin kundaklanmasından korktuğu için binanın sahibinden de izin alarak evin yıkılmasını emretti.

Salim Çaldıran: "Arkadaşlarımı Bırakın"

Eylemcilerin hapse konulmasının ardından, Susurluk Adliyesi'ndeki hareketli saatler sona ermişti. Takvimler 10 Nisan 2001 Çarşamba gününü gösterirken, sabah saat 08.00 sıralarında Savcı Kenan Karabeyeser'in kapısının önünde Avşar Sıla Çaldıran'ın babası Salim Çaldıran bekliyordu. Savcı Karabeyeser bir süre sonra Salim Çaldıran'ı odasına aldı ve acılı babaya ne istediğini sordu. Salim Çaldıran'ın talebi Savcı Karabeyeser'i oldukça şaşırttı.

Çaldıran, olaya halkın gösterdiği tepkinin haklı olduğunu söyledi. Ardından sözü tutuklanan arkadaşları Ramazan Balkan ile Halim Güngör'e getirdi ve bu iki arkadaşının serbest bırakılmasını rica etti. Savcı Karabeyeser, bu talebe karşılık, kanunların gereğini yerine getirdiğini, yapılanların suç olduğunu, bu suçlara karışan Balkan ve Güngör'ün de kanunların emrettiği biçimde tutuklandığını söyleyerek kibarca bu talebi geri çevirdi. Baba Çaldıran bu yanıta sinirlendi. Kızının ölümü karşısında kendisine sahip çıkan, ancak polisin "provokatör" dediği iki arkadaşını kurtarmak istiyordu. "Siz meseleye hep bir taraftan bakıyorsunuz, biraz da bizim gözümüzden bakın, hep kendi bildiğinizi yapıyorsunuz," diye çıkıştı. Çaldıran'ın el kol hareketleriyle gösterdiği sinirli tepkiyi Savcı, kızını kaybeden babanın acılı haline bağlamayı tercih etti, ama görüşmeyi de fazla uzatmadı.

Salim Çaldıran istediği yanıtları alamadan kızı Nazlıcan'ın ameliyatı için İstanbul'a gitmek üzere evine döndü. Aslında 20 milyar liraya yapılan ameliyat ailenin başına gelen faciadan sonra 3 milyar liraya kadar düşürülmüştü. İlçe esnafı bu parayı bir günde toplayıp Çaldıran ailesine iletti. Nihal ve Salim Çaldıran çifti İstanbul'daki Memorial Hospital'ın yolunu tutarak ilçeden ayrıldılar.

Ayrımcılığı Kim Yaptı?

Sanıkların cezaevine gönderilmesinden sonra ilçede hareketli günler sona ermişti, ancak konu kapanmamıştı. İlçenin Susurluk kazasından sonra ikinci kez gazetelerin manşetine taşınması ve gazetelerde çıkan her haber sohbetlere yeni malzeme sağlıyordu. *Hürriyet* gazetesi olayı 9 Nisan 2001 tarihinde manşetten şöyle duyurdu:

"PKK yapamadı, bir sapık yaptı."

Bu haber, olaydan sonra tartışmaların seyrinde önemli bir rol oynadı. Bu manşetle ardından gelen kaynağı belirsiz, "Recep İpek PKK'ya yardım ettiği için koruculuktan atılmış" haberi, "Recep İpek PKK'lıymış," söylentisine neden oldu. Söylentiler bir anda bütün Kürtleri şüpheli duruma getirdi. Gazetenin manşeti böyle diyordu, ancak aynı gazetenin yazarı Emin Çölaşan köşesinde olayı şöyle değerlendirdi: "İnsanları kökenine göre ayırmak, onlardan biri suç işleyince onun kökenine hakaretler yağdırmak, Anadolu insanına yakışmaz... Doğu'dan pek çok vatandaşımız çeşitli nedenlerle Anadolu'nun dört bir yanına göçmüş. Çoğu ekmek parası peşinde. Yurdun dört bir yanı bugün o bahtsız insanlarımızla dolu. Trakya'dan Rize'ye, İzmir'den Mersin'e, İstanbul'dan Ankara'ya her tarafta varlar. Bundan sonra da olacaklar. Bundan daha doğal bir şey olabilir mi? Türkiye'nin şu pamuk ipliğine bağlı ortamında bir sapık tarafından işlenen suçu Türk-Kürt sürtüşmesine dönüştürmeye kalkışmak ya da belli bölgelerden ekmek parası için göç etmiş insanlarımızı hedef gösterip 'Kahrolsun PKK' sloganları atmak sadece PKK ve onun yandaşlarının ekmeğine yağ sürer. Bilelim ki bazı yörelerimizde istenmeyen o insanların büyük çoğunluğu PKK'lı falan değil. Onlar ekmek peşinde. Bizi soyanlar, Türkiye'yi bu duruma getirenler arasında her kökenden birileri olduğunu unutmayalım. Soyulanlar arasında etnik köken farkı gözetilmediğini iyi bilelim... Lütfen biraz bilinçli olalım. PKK'nın yapamadığını, biz yapmaya kalkışmayalım. Zararı yine bize olur."

Pazardaki Kürt Esnafın Kovuluşu

10 Nisan 2001... Olaylardan sonra en gergin gün. İlçede herkes yeni olaylar çıkacağına kesin gözüyle bakıyor. Günlerden çarşamba ve pazar kurulacak. Susurluk'ta sadece haftada bir kez çarşı merkezinin tamamında pazar kurulmaktadır. Pazarı renkli kılan, sadece ilçede yaşayanların değil, Manyas, Yahyaköy, Balıkesir ve Bursa'dan gelen esnafın da tezgâh kurması.

İşportacılar arasında Kürtler de vardı, ama sayıları fazla değildi. O gün yıllardır yaptıkları gibi pazara girme şansı bulamadılar. Çünkü gazetelerde, pazarın kurulmasından bir gün önce çıkan bazı haberlerde, "isimlerini vermeyen bazı kişiler"in, "Onları pazara sokmayacağız. Gelirlerse fena olur," dedikleri yazıyordu. Gazete haberiyle gerilimi tırmandıran gruplar, bunu daha sonra Kürtler aleyhine bir kampanyaya dönüştürdü. İçten içe yürütülen kampanya "Kürtlere ev vermeyin. İşyerlerinden alışveriş etmeyin" çağrıları üzerine kuruldu. Belediye Başkanı Hayrullah Köroğlu, bu durumda olası bir saldırıyı önlemek için yapılacak tek şeyin esnafı pazara sokmamak olduğuna karar verdi. Kararı uygulaması için zabıtaya bildirdi. Kararda tehditleri savuranların ülkücü olması etkili oldu. Bu kişiler ilçe içinde dolaşıp pazara Kürtleri sokmayacaklarını ve tezgâhlarını dağıtacaklarını duyurdular.

Sabahın erken saatlerinde çevre ilçelerden tezgâh açmaya gelen pazarcılar işlerine daha başlamadan karşılarında zabıtaları buldular. Zabıtalar Kürt esnaftan kendi güvenlikleri için tezgâh açmamalarını istedi. Esnaf, önce buna direndiyse de çevredeki diğer pazarcılardan bu direnişe hiçbir destek gelmedi. Yapayalnız kalmanın ötesinde düşmanca bakışlarla karşılaştılar. Durumu savcıya ve kaymakama anlattılar, ancak onların da telkinleriyle herhangi bir olay çıkmasına yol açmamak için ilçeyi terk ettiler. Kürt esnafın Susurluk'a dönmesi aylar aldı.

Emniyet Müdürü Görevden Alınıyor

Susurluk'ta güvenlik önlemleri devam éderken cami avlularından kahvehane sohbetlerine kadar her yerde olayların muhakemesi yapılıyordu. Balıkesir Emniyet Müdürlüğü'nden gelen sivil ve resmi ekiplerle takviye edilmiş Susurluk İlçe Emniyet Müdürlüğü'nde ise hareketli saatler yaşanıyordu.

Balıkesir Emniyet Müdürü İhsan Yılmaztürk'ün olaylarda ihmali olduğunu düşündüğü ve ilçe halkının da kayıp çocuğun cesedini geç bulmakla suçladığı Nizamettin Saydam için beklenen karar çıktı. Yılmaztürk, Saydam'ı görevden aldı. Mesleğinin sınırlarını aşan ilişkileri olduğu yönünde hakkında şikâyetler de bulunan Saydam resmi bir yazıyla makamını terk etti. Ama Saydam'ın görevden alınma gerekçesi ilişkileri değil olaylardaki ihmaliydi. Yılmaztürk, gerekçeyi "olaylardan önce iyi istihbarat ve analiz yapamaması ve vakayı zamanında merkeze bildirmemesi" olarak açıkladı.

Saydam hakkındaki bir diğer söylenti de Şahinler Dinlenme Tesisleri'nin sahipleriyle rüşvet ilişkisi içinde olduğuydu. Aslında buna dair bir delil yoktu. Üstelik olaylar sırasında tesisler yakılıp tahrip edilirken Saydam sadece izlemekle yetinmişti.

Dahası tesisin sahibi Sadık Çeken'in kardeşi Ahmet Çeken, Türkiye'nin günlerce konuştuğu en önemli davalardan biri haline gelen Beyaz Benzin Operasyonu'nda tutuklanmıştı, kendisi de aranıyordu. İddiaya göre Çeken kardeşler aynı operasyon kapsamında tutuklanan İzmit Emniyet Müdürü Erdinç Sarıalp ile yasadışı ilişkiler kurmuş ve solventli benzin kaçakçılığı yapmıştı. Yani Çeken kardeşler büyük oynuyordu, ama Saydam'ın bu ilişkiler zincirinde bir halka olduğunu gösterecek bir delil yoktu. Susurluk polisiyle adı geçen dinlenme tesisi arasındaki tek rüşvet kanıtı, birçok polis memurunun yıllardır bu tesislerden bedava yemek yemesine yapılan tanıklıklardan ibaretti.

Saydam'ın yerine atanan isim, Yılmaztürk'ün Susurluk'taki olayları duyunca yardımcısı Ali Rıza Atak ile birlikte ilçeye gönderdiği, Koruma ve Özel Güvenlik Şube Müdürü Fikri Özsoy oldu.

Terörle Mücadele Şubesi'nde uzun yıllar görev yapan ve olaylar sırasında polisi organize eden ve mesleğinde yirmi beşinci yılına giren Özsoy, Susurluk'ta çokça görülen "sarhoş saldırganlık" vakalarını kısa sürede azaltmayı başardı.

Saydam'ın görevden alınması ilçede olumlu karşılandı. Yılmaztürk bu kararla polise tepki gösteren halkın güvenini yeniden sağlamayı amaçlıyordu ve Özsoy'un icraatıyla amacına ulaştı. Görevden alınma kararının olumlu bir hava yaratmasının nedeni sadece Saydam'ın değil onunla birlikte, Merkez Karakol Amiri Başkomiser Hüseyin İspir'in de görevden alınmasıydı. İspir'in yerine de Bölge Trafik İstasyonu Amiri Başkomiser Mustafa Yaşar getirildi. İspir de

Saydam ile benzer gerekçelerle görevden alınmıştı. İlçe halkı Başkomiser İspir'in rüşvet aldığını düşünüyordu. İspir hakkında "görevi kötüye kullanmak suçu"ndan açılmış bulunan dava da bu yargıyı güçlendiriyordu. İspir görev sırasında alacak verecek sorunu yüzünden çıkan bir kavgada taraflardan birine sahip çıkmak ve olayı adliyeye intikal ettirmemekle suçlanmıştı.

Tansiyonu Yükselten Atışma

Sabah gazetesinde 10 Nisan 2001 günü yayımlanan bir haber Susurluk'ta tansiyonu yeniden yükseltti. Habere göre Sadık Çeken'in kardeşi Ömer Çeken harabe halindeki tesisin önüne gelerek açıklama isteyen gazetecilere, "İşi Türk-Kürt meselesine dökmeye çalışıyorlar. Herkes kendi cezasını kendisi veremez. Öyle olsa bir telefonumuzla Susurluk'u dağıtalım o zaman," diyordu.

İşte bu açıklama kulaktan kulağa yayıldı, ilçe halkı bunu açık bir tehdit olarak algıladı. Polis bu açıklamadan sonra demecin sahibi Ömer Çeken'le görüşüp benzer sözlerden kaçınmasını istedi.

Ancak bu açıklamanın üzerine atlayan bir kişi tartışmayı yerel medyaya taşıdı. İlçede çıkan haftalık iki gazeteden biri olan *5 Eylül* gazetesinin sahibi Orhan Durmaz, Çeken'in bu açıklamasına dört sayfalık gazetesinde geniş yer verdi.

Durmaz, Susurluk'a on bir yıl önce gelip dinlenme tesislerini aldığında Sadık Çeken'le sıkı ilişki kuran kişilerdendi. Kendi matbaası vardı. 1992 yılında gazetesini kurdu. Susurluk'un kurtuluş günü sayılan 5 Eylül'ü gazetesine ad olarak seçti. 1994 yılında Sadık Çeken'in her geçen gün büyüttüğü işlerinden önemli bir kazanç elde etti. Tam beş yıl boyunca Çeken'in tesislerine ait ajans ve tanıtım işlerinin yanı sıra resmi faturalardan irsaliyelere, gelir gider makbuzlarından özel günlere ait promosyonlara, hatta yılbaşı tebrik kartlarına kadar her işini matbaasında yaptı. Çeken'e ait son baskı işini 10 Ekim 1997'de yaptıktan sonra araları bilinmeyen bir nedenle açıldı. Dostluk ve alışveriş yerini düşmanlığa bıraktı. Bundan böyle gazetesinde her fırsatta Sadık Çeken'in paravan şirketlerle naylon fatura işi yaptığını, kara para akladığını, polisi ve kaymakamı etkisi altına aldığını yazar oldu.

Orhan Durmaz, 12 Nisan 2001 tarihli gazetesindeki yazısına "Susurluk'ta Türk-Kürt kavgası yok" başlığını attı. Yazının devamında, aslında Kürtlere karşı değil, kanunsuz iş yapanlara duyulan tepkinin olayları büyüttüğünü söylüyordu:

"Avşar Çaldıran'ın hunharca boğularak öldürülmesi olayı Susurluk'u gene dünya gündemine taşıdı. Gazeteleri okudukça, görsel basını seyrettikçe sinirlerim bozuldu. Türkiye ve dünyaya tanıtılmak istenen Susurluk bu olmamalıydı. Birkaç provokatörün 'Susurluk Kürtlere mezar olacak' sözü bütün Susurluklulara mal edilmemeliydi. Bu katil Türk vatandaşı olan herhangi bir ırktan olabilirdi. Önemli olan on bir yaşında bir kız çocuğunun öldürülmüş olmasıydı. Bunun için gereken tepki zaten verildi.

Şahinler Tesisi'nin kırılması ise halk arasında yaptığımız araştırmaya göre, Kürt olmasından değildi. Çünkü Sadık Çeken 'Ben Kürt değil Arap'ım' diye her zaman söylüyordu. Yalnız 10 Nisan 2001 tarihli *Sabah* gazetesinde Ömer Çeken'in talihsiz bir açıklaması vardı. Aksine bir tekzip şu ana kadar görmedim. Diyordu ki, 'İşi Türk-Kürt meselesine dökmeye çalışıyorlar. Herkes kendi cezasını kendisi veremez. Öyle olsa bir telefonumuzla Susurluk'u dağıtalım o zaman.'

Sayın Ömer Çeken, hiç Susurluk halkının arasına girip de sizin Sadık Çeken'e tepkiniz niye diye sormak aklınıza geldi mi? Ben size Türk-Kürt kavgası istemeyen Susurlukluların söylediklerini aktarayım:

1. Sadık Çeken yaklaşık bir buçuk aydır güvenlik güçlerince neden aranıyor? (Herkes biliyor.)

2. Kaymakamımız bile bir korumayla dolaşırken, o niye iki korumayla dolaşıyordu? Hem de silah ruhsatı olduğu halde.

3. İlçede geçmiş yıllarda kaymakamın, emniyetin, adliyenin üzerinde niye hâkimiyet kurmaya çalışıyordu?

Bunların cevabını ararsanız gerçek Susurluklunun Kürt düşmanı olmadığını anlayabilirsiniz.

Bir de şu var; Susurluk'ta kırk-elli yıldır akaryakıt istasyonu işleten insanlar var. Bir tanesi daha geçen yıl silah ruhsatı aldı. Son beş yıldır Susurluk çevresinde Doğu, Güneydoğu kökenliler akaryakıt istasyonu inşa etti veya satın aldı.

Kırk yıldır olmayan şeyler olmaya başladı. Kaçak benzin ve mazot satışı, sahte para, naylon fatura, kaçak cereyan kullanımı, silahlı saldırı. İşte Susurluklunun tepkisi alışamadığı kanunsuz hareketlereydi."[1]

İlçe halkının tamamı tarafından Çeken'in demecinin tehdit olarak algılanmasını sağlayacak içerikteki bu yazının yer aldığı gazete herkese bedava ulaştı. Çünkü gazetenin o günkü sayısı sembolik bir fiyata, "1 kuruş"a satıldı. *Sabah* gazetesinde çıkan haber, okumayan ya da duymayanların eline böylece geçti.

Çeken'in Yanıtı: "İçinizden Biriyim"

Sadık Çeken kendisini ilçeden kovma niyeti taşıyan olayların bitmesinden hemen sonra *5 Eylül* gazetesinde ortaya atılan bu iddialara yazılı bir açıklamayla yanıt verdi. Şöyle diyordu:

"Saygıdeğer Susurluk halkına duyuru

Gazetenin 12 Nisan 2001 tarihli sayısını üzüntüyle okudum. 'Yıllardır karşılıklı harcanan emekler bir an heba mı oldu?' dedim. Çünkü şahsımızın, tesiste çalışan emekçilerin şahsında Susurluk halkının hukuku da yerden yere vurulmuş. Avşar'ımız, on bir yaşındaki yavrumuz, küçük şehidimiz, zaten ciğerimizi tarifsiz yakmış. Halkımızın içi zaten yanmış...

İlaveten ekonomik varlığımız olan tesisimiz harap olmuş, ama inanın önemli değil. Önemli olan basın ve haber objektifliği ve etiğine basarak taraflı yayın yapılmasıdır. Biz senelerdir, tasada kıvançta, düğünde cenazede, doğumda ölümde, bağışta yardımda beraberiz. Biz Susurluklu olmuşuz. Allah'ın takdiriyle bu hal böyle sürecek.

Bizce katilin ırkı ne olursa olsun fark etmez. Bir can alan tüm insanlığı katletmiştir. Benim kökenim Arap da olsa, Kürt de olsa Türk bayrağı altında ve Susurluk'ta olmakla iftihar duyuyorum. Gerisi yalan. Ben de, yazıda adı geçen kardeşim Ömer Çeken de hem bu yerel yayında, hem diğer mevkutelerdeki yazıları tekzip ettik ve yakında yasal gereği kamuoyunca duyulacaktır.

Edipler edepli olmalı ve meslek ahlak kaidelerine uymalı. Sayın Orhan Durmaz her tür şaibeden münezzeh tutulması gerekli adliyenin manevi şahsiyetine kadar uzanmış maalesef; güya ben onların emniyet ve sayın kaymakamın üzerinde geçmişte hâkimiyet tesisine uğraşıyormuşum! Doğruysa eğer aranılır mıydım?! Öyle değilse bu yargısız infaz neden? Kanuni açıdan itham ne olursa olsun herkes anayasal masuniyet karinesi altında değil midir sanık olunca...

1. *5 Eylül*, 12 Nisan 2001.

Eğer Susurluk halkına karşı bir kusurumuz ve kanun önünde bir hatamız varsa Orhan Durmaz yedi yıldır neredeydi? Gazetecilik yapmak aklına yeni mi geldi?...

Yörsan'da, Şahinler'de biz de başkaları da Güneydoğulu oluyor diye suçlu muyuz? Bizden daha çok kim Susurluk âşığıdır? Güya halkı kaynak yapan bu açıklamaları talihsizlik olarak görüyorum. Gazeteye karşı kanuni gereği yapılıyor ve tazmin haklarımız da saklıdır. Ancak bu kötü vesileyle ilçemizdeki sağduyulu sayın Susurluklu tüm hemşerilerimize şunu arz etmeyi görev biliyorum: Allah'ın takdir ettiği helal rızkımızı bu nadide topraklardan kazanıyoruz. Susurluk'a her zaman minnet ve şükran borçluyuz. Provokatörler boş durmuyor. Ve biz onları kardeş hemşerilerimizden ayırmayı çok iyi biliyoruz. Sonsuza kadar barış ve kardeşlik içinde, birimiz hepimiz için bu mekânda Allah nasip ederse yaşayacağız ve bu ülkeyi elbirliği ile layık olduğu yüksek noktaya taşıyacağız. Saygılarımla tüm Susurluk halkına selamlarımı arz ediyorum."[2]

Bu açıklamaya karşı Orhan Durmaz'ın yazısı daha yumuşak bir üsluptaydı ve bu kez havayı yumuşatmayı amaçlıyordu:

"Konuları daha fazla deşmenin gereği yoktur. Bundan sonra yapılacak olan Susurluk halkının Türkiye ve Avrupa basınına yansıdığı gibi olmadığını, yıllardır olduğu gibi bundan böyle de kardeşlik içinde yaşayacağını anlatmalıyız. Maddi sıkıntıların had safhada olduğu şu günlerde siftah etmeden dükkân kapatan esnaf, bir de mahkeme kapılarında günlerini geçirecek, yazıktır bu insanlara..."[3]

Kaymakam'ın Özlü Sözleri

Gazetelere yansıyan tartışmalar, esnafın pazardan kovulması ve tansiyonun bir türlü düşmemesi Kaymakam Abidin Ünsal'ın canını sıkıyordu. Olayların izlerini silmeye uğraşıyordu. İlçe içinde bazı grupların Türk-Kürt ayrımını körükleyen kampanyayı sürdürmesi gerginliğin üstüne tüy dikiyordu. Kaymakam Ünsal'ın, gazetelerde çıkan "Olayları bir grup çakal çıkardı," şeklindeki demeçle MHP'yi kastettiği söylentisi de cabasıydı.

Ünsal, Susurluk'a gelmeden önce dört yıl boyunca Şanlıurfa'da vali yardımcılığı yapmıştı. İlçede sert yüz hatları yüzünden halk ta-

2. *5 Eylül*, 19 Nisan 2001.   3. *5 Eylül*, 19 Nisan 2001.

rafından "aksi ve korkutucu" bulunuyordu. "İdare felsefesini" hep özlü sözlerle anlatıyordu. "Özlü sözler"i kaydettiği bir bloknotu bile vardı. Kaymakam Ünsal'ın en çok üzerine eğildiği mesele eğitimdi, bu yüzden sık sık okullara gider, öğrenciler arasında oturup onlarla konuşurdu. Çocuklar ve gençlerden Türkçenin doğru kullanılmasına dikkat etmelerini isterdi.

Şiire meraklı olduğunu sürekli çevresine anlatırdı. Bir okul ziyaretinde Türkçe dersinde bir sınıfa girdi. Çocukların okuduğu şiirler ve şairlerine baktı. Orhan Veli, Nâzım Hikmet gibi isimleri gördü. Sinirli bir saatinde değildi. Öğretmene dönüp "Hocam bunları öğretiyorsunuz, ama bunlar sadece bir tarafı temsil ediyor. Neden bu şairler arasında Necip Fazıl yok?" diye sordu. Ünsal'ın tepkisi her zaman böyle yumuşak olmuyordu.

Çoğu zaman ne tepki vereceği de bilinemiyordu. Sert tepkilerinden İlçe Milli Eğitim Müdürü Süleyman Şafak bile nasibini aldı. Üstelik bu azarın işitildiği yer Susurluk Stadı'ndaki bir resmi törendi. Ünsal'ın resmi törende günün anlam ve önemini anlattığı konuşması, dinleyen öğrencileri sıkınca kendi aralarında konuşmaya başladılar. Bir süre sonra bu konuşma büyük bir uğultu halini alınca Kaymakam Ünsal sinirlendi ve hoparlörden Şafak'ı azarladı.

Kaymakam Ünsal, Susurluk'ta etnik ayrım olmadığını, olaylar sırasında topladığı siyasi partilerin ilçe başkanlarıyla ilan etti, ama bir olay kendisinin de Kürtlere karşı bir önyargıya sahip olduğunu gösteriyordu. Olayın mağdur kahramanı ise Mehmet Dayı'ydı. Dayı, Susurluk Emniyet Müdürlüğü'nde görevini tamamlayıp emekliye ayrılmayı bekleyen bir başkomiserdi.

Aslen Kürt'tü ve kimliğini herkes biliyordu. Memuriyetten kaynaklanan kaygıları yüzünden bu konuda konuşmamayı tercih etti. Ancak Kaymakam Ünsal'ın, kendisinin de bulunduğu bir toplantıda sarf ettiği sözler, kanına dokundu. Susurluk İlçe Jandarma Komutanı Recep Akkaya, bir üsteğmen, emniyet müdürü, Başkomiser Dayı ile Kaymakam Abidin Ünsal'ın odasında bulunuyorlardı. Toplantı Susurluk'un güvenliğiyle ilgiliydi. Toplantının sonuna doğru söz karayolundaki tesislere geldi. Kürtlerin Susurluk'taki tesislerden önemli kazançlar elde etmesi tartışılırken, Kaymakam Ünsal, Mehmet Dayı'ya doğru dönerek, "Bu Kürtlerin hepsi aynı kaba işer," dedi ve ekledi: "Susurluklular memleketlerine sahip çıksaydı böyle olmazdı, olacağı budur."

Dayı'nın yüzü gerildi. Ne söyleyeceğini bilemedi. Toplantıdan dışarı çıktı. O gece evinde, yaklaşan emekliliğini, yaşayacağı sıkıntıları düşündü. İncinen gururu karşısında sürpriz bir kararla adliyenin yolunu tuttu. Savcıya, Kaymakam'ın sözlerinden duyduğu rahatsızlığı anlattı ve şikâyetçi oldu. Şikâyetin polisler arasında duyulması gecikmedi. Durum anlaşılınca daha sonra Hatay Emniyet Müdürlüğü'ne gönderilecek olan bir polis amiri, Mehmet Dayı'ya şikâyetinden vazgeçmesi yönünde telkinde bulundu. Dayı yaklaşan emekliliğini de düşünüp tekrar savcılığın yolunu tutup şikâyetini geri aldı.

"Olay Münferit"

Kaymakam Abidin Ünsal ilçedeki gerilimin artık bitmesini sağlayacak tek şeyin Recep İpek'in yakalanması olduğunu düşünürken beklediği haber geldi: "Recep İpek Diyarbakır'da yakalandı!"

Kaymakam Ünsal zanlının yakalanmasından sonra yaptırılacak tatbikat sırasında bir olay çıkmaması için toplumsal uzlaşma mesajı vermek amacıyla ilçedeki siyasi parti ve sendikaları bir toplantıya çağırdı. Toplantı sonunda ortak bir metnin hazırlanarak halka duyurulmasına karar verildi. Duyurunun altında Susurluk Belediye Başkanı Hayrullah Köroğlu, ANAP İlçe Başkanı Ramazan Babaç, CHP İlçe Başkanı Orhan Özden, DSP İlçe Başkanı Kutlay Şenli, DTP İlçe Başkanı Alaettin Çam, DYP İlçe Başkanı Ahmet Eroğlu, FP İlçe Başkanı Muzaffer Kuş, MHP İlçe Başkanı Ümit Çanakçı, ÖDP İlçe Başkanı Cihat Yörükalp, Eğitim-Sen Şube Başkanı Gürdal Ergen ve Şeker-İş Sendikası Şube Başkanı Hasan Güzel'in imzaları vardı.

"Kamuoyuna" başlıklı açıklamada olayların söylentilerle tırmandığı, cinayete tepki göstermek isteyen halkın kardeş kavgasını hedeflemediği, olayların da "münferit" olduğu belirtildi. 18 Nisan 2001 tarihli açıklama aynen şöyleydi:

"İlçemizde meydana gelen menfur cinayet sonucu on bir yaşında bir evladımızın ölümü herkesi derinden yaralamıştır. Cinayet her zaman nefretle ve şiddetle kınanacak bir eylem olmakla birlikte cinayet mağdurunun tamamen masum ve savunmasız on bir yaşındaki bir evladımız olması nefretimizi daha da çoğaltmıştır. Bu menfur cinayetin akabinde ilçemizde yaşanan istenmeyen olaylar bir anda güzel ilçemizin huzur ve sükûnunu tehdit eder hal almıştır. Cinayete duyulan öfkenin yanı sıra cinayetin oluş biçimine yönelik spekülasyonların etkisiyle katile yönelik eylem genişleyerek bazı yurttaşlarımıza zarar veren münferit olaylar şeklini almıştır. Bu olayları onaylamamakla birlikte bunları etnik bir kavga olarak göstermeye yönelik çalışmaları ülkemizin bölünmez bütünlüğüne yönelik çabalar olarak düşünüyoruz.

Bilinmelidir ki; cinayet kim tarafından işlenirse işlensin nefretle kınanacak, asla tasvip edilmeyecek bir insanlık suçudur. Cinayet işleyenin etnik kökeni ne olursa olsun durum değişmez. KATİLİN ETNİK KÖKENİNİN NE OLDUĞU ÖNEMLİ DEĞİLDİR. KATİL KATİLDİR.

Her türlü etnik kökenden yurttaşlarımız, yıllardan bu yana ilçemizde huzur içinde yaşamaktadırlar. Hepimizin dostu, kardeşi, akrabası, komşusu, iş arkadaşı olmuşlardır. Halkımız insanın kanını donduracak bu menfur cinayete tepkisini gösterirken asla bir kardeş kavgasını hedeflememiştir. İstemeden bu olaylara karışmış olan masum insanlarımızın da gerçek suçlulardan ayırt edilmesi konusunda yüce adalete yürekten inanıyoruz. Başta mülki amirlerimiz olmak üzere idarecilerimiz ve güvenlik güçlerimiz tarafından gösterilen çabaların neticesinde olayların hiç kimsenin burnu kanamadan ve en az zararla atlatılmasını da sevinçle karşılıyoruz.

Bir kez daha tekrar ediyoruz ki; Susurluk halkı ülkemizin bölünmez bütünlüğünden yanadır. Ülkemizi ve bizleri bölmeye ve kardeş kavgasına sürüklemeye kimsenin gücü yetmeyecektir. Susurluk'ta her türlü etnik kökenden yurttaşımız bir hemşerilik sevgisiyle bundan sonra da kardeşçe, dostça yaşayacaklar ve 7 Nisan'da açılan yaraları elbirliği ile saracaklardır."

5 Recep İpek İtiraf Ediyor

İpek Nasıl Yakalandı?

Recep İpek yakalanmıştı, ama on gün boyunca, ülke çapında emniyet birimleri kendisi için alarma geçmişken nasıl saklandığı merak konusuydu.

Polis bu süre içinde İpek'in izine birkaç kez rastladı. Balıkesir Emniyet Müdürlüğü'ne bağlı 22 kişilik özel ekip, zanlı İpek'in yakınlarının bulunduğu illerdeki emniyet müdürlüklerine yazı yazarak bu kişilerin sorgulanmasını istedi. Parasız olduğu, yakınları ya da eşiyle temas kuracağı ihtimalini düşünen özel ekip, İpek'i kısa sürede yakalayacağını umuyordu. Zanlının gidebileceği iller, ağabeyinin bulunduğu İstanbul ve üç kız kardeşinin oturduğu Batman ve Diyarbakır'dı.

Polis ilk önce İstanbul ihtimali üzerinde durdu. Recep'in ağabeyi Mehmet İpek, Fikirtepe'de oturuyordu. Üç kişilik polis ekibi ağabey Ömer İpek'i de yanlarına alarak Mehmet İpek'in evine gitti.

Polis 7 Nisan 2001 Cumartesi günü akşam saatlerinde kayıp çocuğu ararken Recep İpek geceyi bu ağabeyinin evinde geçirmişti. Zanlının izine de ilk olarak bu evde rastlandı, ancak polis geldiğinde Recep burayı terk etmişti.

Ağabey Mehmet İpek, polise kardeşiyle ilgili şunları söyledi: "Kardeşim bana kavga ettiğini, onun için Susurluk'tan kaçtığını söyledi. Ben de bir arkadaşımın yanına yerleştirdim. Televizyonda haberlerden olayı öğrendim. Bana kızı öldürmediğini, suçsuz olduğunu söyledi. Ben de inandım. Saklamamı istedi. Ben de bir arkadaşımın evine götürdüm. Ertesi gün arkadaşımın evinden çıkıp gitmiş. Eğer o yapmışsa ben kendi ellerimle onu size teslim ederim. Nereye gittiğini bilmiyorum."

Aslında Mehmet İpek kardeşinin nereye gittiğini tahmin ediyordu. Polis zanlının gidebileceği bilinen bütün yakınlarını sorguya aldı. Bu yönde kaleme alınan talimat yazıları doğrultusunda Batman ve Diyarbakır emniyet müdürlüklerinin cinayet bürolarında İpek ailesinin fertleri ifade verdi. Recep'in kız kardeşi Meryem Uluyer ile yakınları Halil İpek, Mehmet Şah İpek, Şehmus Sevdi sorgularında Recep'in nerede olduğunu bilmediklerini, uzun süredir de görmediklerini söylediler. Polis, 1980 yılından önce Batman'da terzilik, sonra da kuyumculuk yapan Ali İhsan Dal adlı emekli öğretmeni bile uzaktan yakınlığı olduğu gerekçesiyle buldu.

Sırra kadem basan Recep, Bismil'de ortaya çıktı. İpek'i ortaya çıkaran kişi yine ağabeyi Mehmet İpek oldu. Mehmet İpek bunalıma giren kardeşiyle yeniden irtibat kurmuştu. Polise kardeşinin teslim olmak istediğini, ancak bir şartı olduğunu telefonla bildirdi. Recep'in şartı ailesiyle görüşmesine izin verilmesiydi. Polis bu şartı kabul etti ve Mehmet İpek kardeşini Bismil ilçe çıkışındaki Diyarbakır yolunda polise teslim etti. Ancak polislerin Recep'i ailesiyle görüştürmeye niyeti yoktu. Zanlı İpek, Diyarbakır Emniyet Müdürlüğü'ne doğru yola çıkarılırken, ağabey Mehmet İpek polise, söz verildiği gibi kardeşinin ailesiyle kısa bir süre görüştürülmesi için yalvardı. Yalvarmaları sonuç vermeyince kardeşinin apar topar bindirildiği otoyu tekmeledi. Recep İpek Diyarbakır'a doğru yola çıkarıldı.

Polis Sorgusu

Recep İpek artık polisin elindeydi, ama bilgi vermiyordu. Soru sorulduğunda yanıt veriyordu, ancak yanıtları birbiriyle çelişiyordu. Diyarbakır Emniyet Müdürlüğü'nde verdiği sözlü ifadede cinayet nedenini "Bunalıma girmiştim. Ağabeyimle sürekli kavga ettiğim için aslında onun kızı B.'yi öldürecektim. Yanlışlıkla Avşar'ı öldürdüm," dedi.

Recep cinayetle ilgili kayıtlara geçmeyen ve gazetelere yansıyan bu ifadesini, daha sonra değiştirdi. Ancak prosedüre uygun olarak önce poliste, sonra savcılıkta ve nihayet sorgu hâkimliğinde cinayeti işlediğini kabul etti ve ayrıntılarını anlattı. Bu ifadelerinin bazı bölümlerinde çelişkili bilgiler de verdi. Fakat bunlar cinayeti işlemediğine dair herhangi bir kuşku uyandıracak şeyler değildi.

Recep cinayetle noktalanan yaşam öyküsünü ilk önce Balıkesir Emniyet Müdürlüğü Cinayet Masası'nda görevli polislere anlattı. Recep'in 17 Nisan günü saat 12.00 sıralarında Diyarbakır'dan getirildiği Balıkesir Emniyet Müdürlüğü'ndeki ifadesi aynı zamanda "silik" karakterinin nasıl değiştiğinin de özetiydi.

Polis sorguda İpek'e önce avukat isteyip istemediğini sordu. İpek, "Yok ağabey," yanıtını verdi. Polisin kendisine kötü davranacağını düşündüğü için korkarak ve ezilerek konuşuyordu. Verdiği ifade Susurluk'ta herkesin üzerinde binlerce senaryo ürettiği cinayetin nasıl işlendiğini de ortaya çıkardı. İpek'in anlattıkları toplam dört sayfadan ibaretti. Yirmi dört yaşındaki İpek'in özgeçmişi bu ifadenin bir, cinayet ise üç sayfalık bölümünü işgal etti.

Polis önce illegal bir örgüte üye olup olmadığını sordu. "Yok ağabey," diyen İpek özgeçmişini anlatırken "Kendim ayrıldım," dediği Fide Konserve Fabrikası'ndaki işi için, sorgunun ileriki safhalarında "Ekonomik kriz nedeniyle kovuldum," açıklamasını yaptı. Bu küçük ayrıntılarda ortaya çıkan çelişkili anlatımları tüm sorgu boyunca sürdü.

Susurluk'ta ne iş yapıyordun?

Şahinler Dinlenme Tesisi'nde çalışırken kumara alıştım. Kazancımın hepsini kumarda kaybetmeye başladım. İşe gidemez oldum. Düzenim bozuldu. Sonra işimden oldum. Bir daha da çalıştırmadılar. Sonra Bandırma Yolu üzerindeki Fide Fabrikası'nda bir buçuk ay çalıştım, paramı vermeyince iyice ekonomik bunalıma girdim. Para alamayınca işten ayrıldım. Aydın'ın kahvehanesinde kumara alıştım. Bu arada evimin televizyonunu bile satıp kumara verdim. Evin ihtiyaçlarını gideremeyince karımla aram açıldı. Sonra Fide Fabrikası'ndan aldığım az bir parayı da kumara yatırdım. Sonra ekonomik kriz yüzünden beni işten çıkardılar. Sonra eşim iki çocuğumu alıp evi terk etti. Bismil'e gitti.

Avşar Sıla Çaldıran sana ait evin kömürlüğünde bir nevresime sarılı ve boğazından iple boğulmuş olarak bulundu. Ne diyorsun? Sen mi yaptın?

Eşim evden ayrıldıktan sonra bunalım içindeydim. Bazen ağabeyim Ömer İpek'ten para istiyordum. O da bana hakaret edip vermiyordu. Kendi evinde telefonu vardı. Ben birkaç kez eşimle konuşmak için param olmadığı için onun evinden telefon etmek istedim. Ama bana telefonu kullandırtmadı. Parasız ve bunalım içerisindeydim. Olay günü saat 10.00'du. Ağabeyimin evine gittiğimde kızı B.'nin yanında o kızı gördüm. Sonra kızı eve götürmek için plan yaptım. Bunun için benim evimde bulunan elektrikli ekmek pişirme sacını benim evime gelerek kendi evlerine getirmesini yeğenim B.'den istedim. B.'ye "Sacı yalnız taşıyamazsın. Arkadaşını da al gel," dedim. Yeğenime böyle söyledikten sonra onlardan ayrılıp direkt evime gittim.

Onları beklemeye başladım. Ben eve ulaştıktan sonra B. ile Avşar Sıla Çaldıran evime geldiler. Avşar Sıla Çaldıran'la yalnız kalmak için B.'ye 125 bin lira verip sacın temizlenmesi için tel almaya gönderdim. Özellikle de gidip gelmesi "uzun sürsün" diye uzaktaki Burhaniye Camisi'nin yanındaki bakkal dükkânına gitmesini söyledim. Evde benle Avşar kaldık. Kendisine karşı içimde birtakım cinsel istek uyandı. Bu arada Avşar Sıla Çaldıran oda içinde bana sırtı dönüktü. Ona arkadan sarıldım. Bağırdı, ben ağzını kapattım. Bu arada zorla üzerindeki elbiseleri çıkardım. Sonra pantolonumu indirip cinsel organımı dışarı çıkardım. Kızın vücuduna sürterken boşaldım. Boşaldıktan sonra pişman oldum. Ondan sonra Avşar kendiliğinden giyindi.

Önce öyle göndermeyi düşündüm. Sonra olayı anne babasına anlatır diye öldürmeye karar verdim. Elimle boğazını sıkarak öldürmeye çalıştım. Yere düştü ama halen ses çıkarıyordu. Can çekişiyordu. Duvarda asılı duran çocuklarımın salıncağının ipini bıçakla kesip boğazına sardım. Sonra sıkıp boğdum. Tamamen hareketsiz kaldı. Önce evde bulunan şeker torbasını başına geçirdim. Ancak torbaya sığmadı. Vücudu dışarıda kaldı. Ben de nevresimi alıp, kızı içine yerleştirip sardım. Baş tarafını iple bağladım. Evin içindeki holden dışarıya açılan kömürlüğün olduğu yere götürdüm. Odunları kenara çekip kızın cesedini oraya koydum. Sonra çuval içindeki odunları da kızın cesedinin üzerine koydum. Sonra kaçmaya karar verdim. Dışarı çıktıktan sonra yeğenim B. ile karşılaştım. Bana bakkalda tel olmadığını söyleyip paramı geri verdi. Arkadaşını sordu. Kendisine arkadaşının evine gittiğini söyledim. Ona "Sen de eve git," dedim. Param olmadığı için ben de parasız Susurluk'tan çıkabileceğim Şahinler Dinlenme Tesisi'ne gittim. Mehmet Poyraz, Vedat Aslan ve Efrahim isimli arkadaşlarımdan borç para istedim. Onlar da paraları olmadığını söyledi. Bunun üzerine daha önceden tanıdığım Susurluk içindeki Sözer Giyim mağazasına geldim. Mağazadan şimdi üzerimde olan 60 milyonluk takımı aldım. Parasını mağaza sahibinin de tanıdığı Aydın adındaki arkadaşımın ödeyeceğini söyledim. Mağaza sahibi siftah istedi, ben de üzerimde 500 bin lira vardı, onu verdim. Elbiseleri alıp mağazadan ayrıldım. Elimde elbiselerimin poşetiyle yine Şahinler Dinlenme Tesisleri'ne gittim. Vedat Aslan'dan yine borç istedim. Bana borç olarak 5 milyon verdi. Amacım Diyarbakır'a gitmekti. Önce İstanbul'a giden arabalara baktım. Üzerimde 5 milyon liradan başka para yoktu. O arada tesise gelen Lüks Yalova Seyahat arabasına binip Bursa'ya kadar gittim. Bursa Otogarı'ndan başka bir otobüse binip İstanbul'a gittim.

Gece 24.00'te Kadıköy Fikirtepe'de ağabeyim Mehmet İpek'in evine gittim. İki gece orada kaldım. Ağabeyime olay hakkında bir şey bahsetmedim. Üçüncü gecenin sonunda evde televizyon izlerken Susurluk'taki olaylar ve benim adım geçti. Ağabeyim bana kızdı ve beni evden kovdu. Sonra bana 20 dolar para verdi. Buradan ayrılıp Aydın Yaprak adındaki Bismilli hemşerimin evine gittim. Daha doğrusu bu eve beni ağabeyim Mehmet İpek yerleştirdi. Bir gece Aydın Yaprak'ın evinde kaldım. Sabahleyin evden çıkıp trene bindim. Adapazarı'na gittim. Buradan başka bir trene binip Diyarbakır'a gitmeyi düşünüyordum. Bütün gün Adapazarı ile Arifiye tren istasyonu arasında gidip gelip tren aradım. Tren bulamayınca oradan bir arabaya binip İzmit'e gittim. İzmit Otogarı'ndan bir otobüse binip Gaziantep'e oradan da yine bir arabaya binip Diyarbakır'a gittim. Oradan da Bismil'e gittim. Annemin evine gittim. Onlar bana arandığımı söylediler. Bismil'de de polis beni arıyordu. Eve, akrabalarıma gitmedim. Geceleri arazide fide yetiştirilen naylon seralarda kaldım. Gündüzleri sürekli çay kenarında oturuyordum. Bu arada karımı, çocuklarımı görmek istedim, ama karımın bulunduğu evde polis kontrolü vardı. Onlarla görüşemedim. 16.4.2001 günü saat 10.30 sıralarında Bismil ilçesi tren garına gitmiştim. Orada beklerken görevliler beni görüp yakaladılar.

Avşar Sıla Çaldıran'ın dudaklarında morluklar olduğu görülmüştür. Bu konuda ne söyleyeceksin?

Kızı soymuştum. O arada dudaklarından öptüğümü hatırlıyorum.

Evinde bir toka bulundu. Onun kime ait olduğunu biliyor musun?

Bilmiyorum, kıza ait olabilir.

Başka bir diyeceğin var mı?

Ben yaptıklarım yüzünden pişmanım.[1]

---

1. Recep İpek'in 17.3.2001 tarihli Balıkesir Emniyet Müdürlüğü Ağır Suçlar Büro Amirliği'ndeki "İfade Verme Tutanağı".

Gerçek Tatbikat

Recep İpek'in yakalandığı haberini Susurluk, televizyonların haber bültenlerinden öğrendi. Bu hem gerilimi tırmandırabilecek, hem de sinirlerin tamamen aşağıya çekilmesini sağlayacak son gelişmeydi. Recep, polis ifadesinden sonra 17 Nisan'da saatler öğleden sonra 16.00'yı gösterirken Susurluk'a girmek üzereydi. Polisin aldığı tedbirler hiçbir olaya izin vermeyecek türdendi. Recep'in evine giden yol Susurluk Çarşı Merkezi'nden geçiyordu, ama polis kalabalık olan bu yol yerine, başka bir yoldan eve gitmeye karar verdi. Çünkü bu, halkın ilgisini çekebilir, yeni olaylara yol açabilirdi. Recep polis otosundan çıkarıldığında üzerinde çelik yelek vardı. Etrafına değil önüne bakıyordu. Kafasını hiç kaldırmadı. Susurluk cumhuriyet savcıları Kenan Karabeyeser ve Mustafa Aksu da cinayetin işlendiği eve geldiler. Halktan da tatbikatı izlemeye gelenler vardı, ama bu kez, hayali tatbikattakinin aksine herhangi bir taşkınlık olmadı, herkes sessizce izlemekle yetindi. Bu, Kürtlere karşı yapılan saldırıların neden kaynaklandığı konusunda ilk işaret oldu.

Olayların etnik ayrımcılık gözetmediğini öne sürenler, küçük bir kız çocuğuna tecavüz edilmesinin dizginlenemeyecek bir infiale neden olduğu; Kürtlere saldırı niyeti taşınmadığı görüşünü ortaya atıyordu. Tatbikat sabahı Balıkesir şehir merkezinde sağlık kontrolü için hastaneye götürülen Recep İpek'e çevredekiler kız çocuğunu öldürdüğü gerekçesiyle "Yuh!" çekerek tepki göstermişti. Oysa Susurluk zanlıya tatbikat yaptırılırken böyle bir tepki bile vermedi.

Tatbikatı izleyenler arasında Avşar'ın dedesi Osman Çaldıran ile teyzesi Meral Sevim de vardı. Onlar da sessizce gözyaşı dökerek olayı izlediler. Recep İpek, cinayeti polis kamerası önünde savcılara yer göstererek tekrar anlattı.

Savcılık İfadesi

Recep İpek aynı gün savcının karşısına çıkarıldı. İfade verirken yanında bu kez Balıkesir Barosu'nun müdafi olarak gönderdiği avukatı Engin Doğan vardı. Verdiği ifadenin cinayetle ilgili ayrıntıları polisteki ifadesiyle neredeyse aynıydı:

"Şahinler Tesisleri'nde çalıştım. Burada yolcu otobüslerini yıkıyordum. Çevremdeki arkadaşlarımın yönlendirmesi ile kumara alıştım. 'Katlama' adlı oyunu oynuyordum. Aileme bakamıyordum. Kumar alışkanlığımın anlaşılması üzerine Şahinler'deki işimden çıkardılar. Daha sonra Fide Konserve Fabrikası'nda çalıştım. Buradan da ayrıldım. İki küçük çocuğum var. Eşim Sema kumar yüzünden olaydan bir hafta önce evi terk edip memleketim Bismil'e gitti. Kumar oynamak için televizyonumu sattım. Yanlış oldu; daha doğrusu Bismil'e gitmek için sattım. 6 Nisan 2001'de saat 09.30'da ağabeyim Ömer'in Han Mahallesi'ndeki evine gittim. BOTAŞ'ta çalışan ağabeyim eve geldi. Kendisinden para istedim, vermedi. Para istemek için Bismil'deki annemi aramak istedim. Yengem 'Burası postane değil' deyip bana izin vermedi.

Sonra arkadaşım Aydın Poyraz'ın evine gittim. Ondan 1 milyon lira para aldım. Bu parayla postaneden anneme telefon ettim. Annem 'Sana para göndermiyorum,' dedi. Tekrar ağabeyimden para istedim, yine vermedi. Bunalıma girdim. Zaten bunalımdaydım. Aklıma kötü şeyler gelmeye başladı. Ağabeyimin kızı B. bir arkadaşıyla oynuyordu. B.'yi yanıma çağırdım. Kız arkadaşıyla birlikte elektrik ocağını alıp evime gelmelerini istedim. Sonra eve gittim. Bir süre sonra yeğenim B. yanında arkadaşıyla geldi. B.'ye para vererek uzak bir bakkala bulaşık teli almak için gönderdim. B. gittikten sonra adını bilmediğim B.'nin arkadaşına arkadan sarıldım. 'İmdat!' diye bağırdı. Ağzını kapatıp giysilerini çıkardım. Daha doğrusu korkunca kendisi giysilerini çıkardı. Cinsel organımı bacaklarına sürttüm, boşaldım.

Cinsel organımı kızın cinsel organına sürdüğümü hatırlamıyorum. Amacım kızın ırzına geçmek değil yalnızca boşalmaktı. Ayrıca çocuğun dudaklarından öptüm. İlkin çocuğu öyle bırakmayı düşündüm. Sonra 'Büyüklerine haber verir' diye korktum. İlkin ellerimle boğdum. Can çekişirken, çocuklarımın salıncağının tavanda asılı olan naylon ipini bıçakla kesip boynuna geçirdim. Sonra çektim. Öldüğünden emin olunca bir çuvala koymaya çalıştım. Çuvala sığmayınca yatak nevresimi olarak kullandığımız bir başka torbaya koydum. Torbanın ağzını iple bağladım, götürüp odunluğa bıraktım. Çuvalın görünmemesi için, içinde odun olan çuvalları da üzerine koydum. Daha doğrusu merdiven boşluğunun ağzına koydum. Susurluk'tan kaçmak için dışarı çıktım. Bu sırada B. bakkaldan geri dönüyordu. 'Arkadaşım nerede?' diye sordu. 'Evine gitti,' dedim. O da evine doğru giderken ben Şahinler Tesisi'ne gittim. Buradaki eski iş arkadaşlarımdan para istedim, vermediler. Geri döndüm, daha önce arkadaşlarımla alışveriş için gittiğimden beni tanıyan Sözer Giyim mağazasına girdim. Elbise aldım, para olmadığı için 'siftah olsun' diye 500 bin lira verdim. 'Parasını Aydın Poyraz verecek,' dedim. Onlar da kabul etti. Buradan çıktım. Şahinler Tesisi'ne gittim. Bir-iki saat araba bekledim. Akşama doğru 15.30-16.00 sıralarında Lüks Yalova Firması'na ait bir otobüse bindim. Bursa'da indim. Oradan da İstanbul'a gittim. İstanbul'da Mehmet ağabeyimin yanına gittim. İki gece orada kaldım. Olayın televizyonda yer alması üzerine ağabeyim bana kızdı. 'Teslim ol,' dedi. Ancak 'Bismil'deki ailemi göreyim, ondan sonra teslim olurum,' dedim. Ağabeyimin evinden ayrıldım. Aydın ismindeki hemşerimin evinde bir gece kaldım. Oradan da Adapazarı'na gittim. Buradan Güney Ekspresi'ne binecektim. Ancak Güney Ekspresi İzmit'ten kalkıyormuş. Oraya gittim. Seferin iptal edildiğini söylediler. Ben de otobüsle Gaziantep'e, oradan Diyarbakır'a, oradan da Bismil'e gittim. Aileme telefon ettim, ama beni kabul etmediler. 'Sorumluluk istemiyoruz,' dediler. Ben de üç-dört gün çay kenarında yattım. Seralarda yattım. 16 Nisan 2001'de tren istasyonuna gittim, orada asayiş ekibine teslim oldum."[2]

"Savcıya Yalan Söyledim"

Recep İpek, cinayet suçundan cezaevine konulmadan önceki son ifadesini, savcının tutuklama talebiyle gönderdiği, başkanlığını genç hâkim İzzet Durak'ın yaptığı nöbetçi mahkemede verdi. İpek, hâkimin sorularını yanıtlarken cinayeti işlediğini bir kez daha itiraf etti. Benzer ifadeler verdi. Olayın bazı detaylarıyla ilgili çelişkili ifadeleri ise sürüyordu. Recep İpek, hâkime cinayetle ilgili poliste ve savcılıkta verdiği ifadeden farklı şeyler söyledi. Savcıya ve polise "Avşar'ın giysilerini zorla çıkardım," derken Hâkim İzzet Durak'a "Kendiliğinden çıkardı," dedi. Hâkimin çelişkiyi hatırlatması üzerineyse "Savcıya o konuda yalan söyledim," diye açıklama yaptı.

"Avşar Sıla Çaldıran'ı ben öldürdüm. Olayı yaptığım gün işsizliğin ve karımın beni terk etmesi yüzünden bunalıma girmiştim. Yeğenim B. ile Avşar Sıla Çaldıran'ı satmış olduğum elektrikli ocağı, sattığım kişiye göndermek üzere eve çağırdım. Her iki çocukla birlikte benim evime girdik. Yeğenimi uzaklaştırıp Avşar'a tecavüz et-

2. Recep İpek'in 17.4.2001 tarihli Susurluk Cumhuriyet Savcılığı'nda verdiği ifade.

meden boşalmak istiyordum. Bu düşünce oraya gitmeden aklıma gelmişti. Avşar'ı ağabeyimin evinin önünde gördüm. B.'ye 'Şu kızı çağır,' dedim. İsmini bilmiyordum. B. de 'Avşar'ı mı?' dedi. Ben de 'Evet, Avşar'ı çağır,' dedim. Onu gördüğüm anda tecavüz etmeden boşalma fikri oluşmuştu. Bunu yapmak için elektrikli sacın taşınmasını bahane ettim. Yeğenim B. 'geç gelsin' diye uzak bir bakkala gönderdim. B. bakkala gitmek için evden çıkınca Avşar benim yanımda kaldı. Sonra Avşar'ı ağzını kapatarak diğer odaya götürdüm. Ona saldırınca niyetimi anladı. Bağırmaya başladı. Bir elimle ağzını kapattığım için sesi kesildi. Sonra korkup giysilerini çıkardı. Sonra bana 'Beni bırak,' dedi. Ben de 'İşimi bitirdikten sonra seni bırakacağım,' gibi bir şeyler söyledim. Korkusundan giysilerini çıkarttı. Ben bu konuda savcıya yalan söyledim. Hatırladığım kadarıyla sadece pantolonunu çıkarttı. Külotunu çıkartmadı. Ben de cinsel organımı bacaklarına sürerek boşaldım. Yanaklarından ve dudaklarından öptüm. Çocuğun ırzına geçmek amacım yoktu. Sadece boşalmak istiyordum. Çocuğun üzerine boşalıp boşalmadığımı bilmiyorum. Boşaldıktan sonra çocuğun durumu büyüklerine anlatacağından korktuğum için kızı öldürmeye karar verdim. Ellerimle boğmaya çalıştım. Bu şekilde öldüremediğimi anlayınca, salıncak ipini mutfaktan getirdiğim bıçakla keserek yerde can çekişen kızın boynuna geçirip düğüm attım. Biraz daha can çekiştikten sonra öldü. Benim kızın ailesi ya da başka bir kişiyle bir düşmanlığım yok. Cinayeti de bir amaçla yapmadım. Öldürdükten sonra çuvala koymaya çalıştım, ama sığmadı. Nevresimin içine koyarak evin kömürlüğüne bıraktım. Kömürlükte odunlar vardı. Oradaki çuvalı kaldırıp cesedin bulunduğu çuvalı oraya koydum. Görünmesini engellemek için diğer çuvalları da ön tarafına koydum."[3]

İfadelerden Geriye Kalanlar

İzzet Durak, İpek'in tutuklanmasına karar verip dosyayı Balıkesir Cumhuriyet Savcılığı'na gönderdi. İpek, Balıkesir Kapalı Cezaevi'nde can güvenliği nedeniyle konulacağı özel hücresine doğru yola çıkarken, verdiği üç ayrı ifadede içinde bulunduğu durumu anlamaya yardımcı olacak şu çelişkileri bırakmıştı: Polisteki sorgusunda

---

3. Recep İpek'in Susurluk Sulh Ceza Mahkemesi'ndeki 17.4.2001 tarihli "Sorgu Zaptı".

ağabeyinde üç gün kaldığını söyledi, savcıya "İki gün kaldım," dedi. Yine polisteki ifadesinde önce "Kendim ayrıldım," sonra da "Kriz yüzünden işten çıkardılar," dediği Fide Konserve Fabrikası'ndaki işi için savcıya "Kendim ayrıldım," dedi.

Recep İpek polisteki ifadesinde, bunalıma girmesinde rolü olduğunu ima ettiği ağabeyi Ömer İpek için "Olay günü annemden para isteyecektim, bana telefonu kullandırtmadı," dedi. Savcıya ifade verene kadar, o sıra evde olup olmadığından hiç bahsetmediği yengesi Pembe İpek'in kendisine telefonu kullandırmadığını "Burası postane değil," dediğini söyledi. İpek, kaçtıktan sonra sığındığı ağabeyinin kendisini evden kovduğunu, ancak 20 dolar para verdiğini söyledi. Kendisini evden kovduğunu söylediği ağabeyinin bir arkadaşının evine yerleştirdiğini de ekledi. Başka bir ifadesinde "O eve ben kendim yerleştim," dedi.

İpek, polise ve savcıya "Avşar Çaldıran'ı eve getirmek için kullandım," dediği elektrikli sac için mahkemede "Satmış olduğum," diye bahsetti. İpek polise "Üzerindeki elbiseleri zorla çıkardım," diye ifade verdiği Avşar Sıla Çaldıran için mahkeme karşısında "Korkusundan giysilerini çıkardı," dedi. İpek, yeğeniyle Avşar'ı evine çağırdıktan sonra tek başına evine gidip beklediğini, iki küçük kızın daha sonra evine geldiğini söyledi. Ancak mahkemede yeğeni ve Avşar ile birlikte kendi evine gittiklerini söyledi.

Şüphesiz tüm bunlar aynı gün içinde yapılan üç sorguda hatırlanmayacak yanıtlar değildi. Bu ayrıntılarla ilgili çelişkili bilgiler veren İpek, ifadelerinde sadece cinayeti nasıl işlediğini polis, savcı ve hâkim karşısında neredeyse hiç çelişkiye yer bırakmadan ortak bir dille anlattı. Bu yüzden soruşturma kısa sürdü. Recep İpek ile yapılan tüm işlemler gözaltında kaldığı bir gün içinde bitti ve aradan yirmi dört saat geçmeden Balıkesir Cumhuriyet Savcısı Kemal Sağlam tek sayfadan oluşan iddianamesini hazırladı. Sağlam, sanığın ifadeleri ve eldeki deliller ışığında İpek'in Türk Ceza Yasası'nın 450/9 ve 415/2. maddelerini ihlal etmek, yani "İşlenen tasaddi suçunu saklamak için adam öldürmek ve ırza tasaddide bulunmak" suçundan idam cezasına çarptırılmasını istedi.[4]

4. Balıkesir Cumhuriyet Savcısı Kemal Sağlam'ın sanık İpek hakkında hazırladığı 18.4.2001 tarihli iddianamesi.

6 Cinayet Sonrası İddialar

Duruşma Günü

18 Mayıs 2001 tarihinde Balıkesir Adliyesi'nin önünde herkesin beklediği kalabalık yoktu. Avşar Sıla Çaldıran cinayeti nedeniyle bir ay önce sokağa dökülen Susurluk halkının katile tepki göstermek, en azından Çaldıran ailesine destek vermek için duruşmayı izlemeye geleceğini düşünen polis, adliye kapısında üst araması yapıyordu. Polis işi sıkı tutup sabahın erken saatlerinde girenleri bile dışarı çıkarıp iki katlı adliye binasını boşalttı. Ardından yeniden üst araması yaparak gelenleri içeri almaya başladı. Bu sırada adliye avlusunda bir minibüs dolusu Çevik Kuvvet polisi bekliyordu. Saatler duruşma vaktine doğru ilerlerken, Çaldıran ailesi avluya girdi.

Polis Susurluk halkının duruşmaya büyük "ilgi" göstereceğini düşünmüştü, ama ortalarda kimse yoktu. Bu Susurluk'ta Kürtlere yapılan saldırılar konusunda Çaldıran ailesinin başına gelenlerin sadece bir fırsat olarak değerlendirildiğinin tatbikattan sonraki ikinci kanıtıydı. Anne Nihal ve baba Salim Çaldıran ile üç yakını dışında duruşmaya Susurluk'tan gelen tek kişi, Salim Çaldıran'ın cinayet davası için görev verdiği avukat Ayfer Bayarslan'dı. Polisin aldığı tedbirler de biraz sonra gevşemeye başladı.

Recep İpek cezaevine ait ring aracından askerler tarafından indirildiğinde başı öne eğikti. Etrafına hiç bakmadı, çünkü hiçbir yakınının duruşmaya gelmeyeceğini biliyordu. Askerler araçtan indirdikleri sanığa bir saldırı bekledikleri için telaşlıydı. İki koluna sarıldıkları Recep İpek'i ayaklarını yerden kesercesine koşturarak adliyenin ikinci katındaki ağır ceza mahkemesi salonuna giden merdivenlerden çıkardılar. İpek ve askerlerin peşinden koşanlar sadece gazetecilerdi. On dakika sonra başlayacak duruşma salonuna sadece baba Salim Çaldıran girdi. Anne Nihal Çaldıran gözyaşları arasında "Görürsem dayanamam," dedi ve yanındaki üç yakınıyla koridorda kalmayı tercih etti.

Recep İpek, üzerinde Susurluk'tan kaçmadan önce aldığı kahverengi takım elbise ve siyah gömlekle sanık sandalyesine oturdu. Hâkim kimlik tespiti sırasında sanığı kayıtlara "gayriresmi evli" diye geçirdi. Savcının okuduğu tek sayfalık iddianame bir dakika bile sürmedi. Hâkim, "İddianameyi duydun, savunma yapacak mısın?" diye sordu. Recep İpek duruşma boyunca sadece kendisiyle konuşan hâkime doğru baktı ve "Ben savunmamı yazdım," dedi. Hâkim, "Peki oğlum, ver bakalım," dedi. İpek biraz sonra salonda şaşkınlık yaratacak savunmasını uzatırken, umutsuzdu. Okumak için ısrar etmedi. Hâkim, İpek'in savunma dilekçesini yazılı olarak aldığını kayda geçirdikten sonra okumaya başladı.

İpek savunmasının kendisi ve ailesiyle ilgili bölümleri daha önceki ifadeleriyle benzerdi, ama özellikle işlediğini itiraf ettiği cinayetle ilgili söyledikleri öncekilere hiç benzemiyordu.

"Kumar Yüzünden Yuvam Yıkıldı"

"Mutlu bir yuvam, bir ailem vardı. Geçinip gidiyordum. Sadece işimi yapıp çalışıyordum. Boş zamanları evimde oturup ailemle, çocuklarımla geçiriyordum. Bazı kötü insanlar beni kumara alıştırdılar. Kumarda her şeyimi kaybettim. Çünkü beni ortaya alarak her şeyi kaybettirdiler. Yaklaşık bir buçuk sene boyunca Şahinler Dinlenme Tesisleri'nde çalıştım. Kumar beni öyle bir duruma getirmişti ki anlayamadım. Kumarı çok kez bırakmak istedim. Her şeye rağmen kumarı içimden söküp atamadım. Bütün bedenimi kumar sarmış, bir türlü bırakamıyordum. Kumar yüzünden benim ve ailem arasında tatsız olaylar çıktı. Kaynanam Hasibe ve oğlu Ferit Tuncay benden eşimi boşamamı istediler. Ben hiçbir zaman eşimi boşamayı istemedim. Çünkü eşimi ve çocuklarımı çok seviyor ve sayıyordum.

Benim iki tane kız çocuğum var. Gamze dört, Beyda bir buçuk yaşlarında. Kumar yüzünden işimden de oldum. Bir süre boyunca işsiz kaldım. İş aradım ama bulamadım. Hep bana sordukları soru 'Nerelisin?' Ben ise hiçbir zaman aslımı inkâr etmedim. 'Diyarbakırlıyım,' dedim. 'İş yok,' veya 'İşçi tuttuk,' diyorlardı. Aradım ama çok aradım. En sonunda Fide Fabrikası'nda asgari ücretle iş buldum. Ayda 102 milyon. Fabrikada mal yükleyip boşaltıyorduk. Yaklaşık bir aydan fazla çalıştım. Hasibe ve çocukları Ferit, Devran, Şükran, eşim Sema'yı bana karşı kışkırttılar. Birçok tatsız olaylar çıktı. Hasibe ve Ferit Tuncay bir akşam eşim ve çocuklarımı alarak başkasının evine gidip o gece orada kaldılar. Bunlar Diyarbakır'a gideceklerini söylediler.

"İntihar Etmeyi Düşündüm"

Benim durumun iyi değildi. Onlardan biraz alacağım vardı. Onu istedim. Bana 'Vermiyoruz ve biz yiyeceğiz,' dedi. Ertesi gün öğle saatlerine doğru ben ağabeyimin evinde dış kapıda oturuyordum. O anda Ferit Tuncay geldi. Bana şöyle dedi: 'Sen kimsin beni kızdırma ve senin başına olaylar getireceğim.' 'Ben sadece alacağımı istiyorum,' dedim. Sonra Ferit Tuncay küfürlü konuşmaya başladı. Ben kalkıp sadece onu iteledim. Yengem bizi ayırmaya çalıştı. O anda ağabeyim yatıyordu. O da uyandı. 'Ne oluyor?' dedi. O sırada Ferit Tuncay o akşam kaldıkları evdekilerin bıçağını alarak ağabeyim Ömer'in koluna vurarak kaçtı ve şöyle dedi: 'Siz göreceksiniz pek yakında.' Bizi emniyete götürdüler. İfadelerimizi aldılar. Ben işsizdim ve bunalımdaydım, ama kendi halimde yaşayıp gidiyordum. Tuncay ailesi o akşam 8.30 civarında benim eşimi, çocuklarımı benden habersiz alarak götürdüler. Günler gittikçe daha da bunalıma giriyordum. İntihar etmeyi bile düşündüm. O anda çocuklarım aklıma geldi. Onun için yaşamak istedim. Tek istediğim iyi bir iş bulup kaybetmiş olduğum yuvamı tekrar kurmaktı. Aradım iş bulamadım. İş bulamamamın tek sebebi benim Doğulu olmamdı. Çevrede hiçbir iş bulamadım. Diyarbakır'a gitmek için televizyonu sattım. Eşimi ve çocuklarımı görüp tekrar bir yuva kurmak için. Televizyonumu sattığımı öğrenenler beni Memurlar Lokali'ne götürüp 'Biraz eğlenelim,' dediler. 'Zevk olsun diye bir-iki el katlama yapalım,' dediler. Bunlar Akın ve Tahsin. Beni ortaya alarak bütün paramı kaybettim. Onlarla biraz tartıştım.

"Kahvehaneye İki Yabancı Geldi"

Olaydan iki gün önce garaj kahvesinde oturuyordum. Hiç tanımadığım iki kişi gelip beni sordu. 'Nerelisin?' dediler. 'Diyarbakırlıyım' dedim. 'Yani Doğulusun?' dediler. 'Evet, Doğuluyum,' dedim. Çaylarını içip kalktılar. Olay günü saat 10.00'a doğru aynı şahıslar evime gelerek beni tehdit ettiler. Ben daha yeni uykudan kalkmış ne olduğunu bilmiyordum. Sanki bir hayal görmüş gibiydim.

Ne istediklerini sordum. Benden birisini benim evime getirmemi istediler. 'Kim ve ama nasıl?' dedim. Bana konuşmamamı istediler. 'Sadece biz ne dersek onu yapacaksın,' dediler. Kendisini takip etmemi istedi. Biri önde ve diğeri arkadaydı.

Beni ağabeyim Ömer'in oturduğu mahalleye getirdiler. Tam o sırada ağabeyim geldi. Bana 'Ne yapıyorsun?' dedi.

Korku içindeydim, 'Bir şey yok,' dedim. Çünkü onlar az yakınımızdaydı. Bana o kızı göstererek eve getirmemi istediler. Neden istediklerini sordum. 'Seni ilgilendirmez,' dedi. 'O bizim sorunumuz,' dedi. Ama nasıl getireceğimi sordum. 'Hiç tanımıyorum,' dedim. O anda yeğenim B. evden çıktı. Benden 'Yeğenin B. ile eve gelmesini söyle,' dediler. Arada bir silahı göstererek tehdit ediyorlardı. Yeğenime söyledim. 'Tamam,' dediler. O şahıslar 'Çabuk eve gidelim,' dedi.

'Onlardan önce eve gitmeliyiz,' dedi. Eve geldik. Benden yeğenim B.'yi uzak bir bakkala göndermemi istediler. Nedenini sordum. Benim susmamı ve konuşmamamı istediler. Beş ile on dakika arasında yeğenim ve o kız geldi. Ben korku içindeydim. Yeğenimi bakkala yolladım. Benim 125 bin lira param vardı. Onu verdim. Temizlik teli almasını istedim.

"Onu Kızım Gibi Öptüm"

O gittiği an bu şahıslar kızı öldürmemi istediler. Yalvardım onlara 'Ama neden bu kız?' dedim. Ama bana 'Bizim aramızdaki bir mesele,' dedi ve öldürmemi istediler. Öldürmeden önce ona kötü şeyler yapmamı istediler. Ama ölümü dahi gözüme koydum ve bir şey yapmadım. Yaptırmaya çalıştılar. Başıma silah dayadığı halde içimden kötü bir his geçmedi. Çünkü benim de iki tane kız çocuğum vardı. Bana 'Bizim istediğimiz sen değilsin,' dediler ve kızı öldürmemi istediler. Yalvardım, ama hiç dinlemediler. Kız da onlara yalvararak 'Amcalar benim bir küçük kardeşim var kalbi delik,' dedi. Her şeye rağmen ne beni, ne de kızı dinlediler. Silah zoruyla hemen kızı öldürmemi istediler. Kız öldükten sonra boğazına ipi geçirmemi istediler ve elle bir kez havaya kaldırmamı istediler. Kızı öldürmeden önce ona elimden bir şey gelmediğini söyledim. 'Amca,' deyip onu kurtarmamı istedi. Bana sarıldı ve beni öptü. Ben de bir kızım gibi onun yanaklarından öptüm. Çırpındım, yalvardım, ama elimden bir şey gelmedi. Ama o kız hiçbir zaman iple boğulmadı. Kızı bir çuvala koymamı istediler. Çuvalı getirdim, çuvala sığdıramadım. İçinde eşya bulunan yatak nevresimini boşaltıp içine koymamı istediler. Tuvaletin yanındaki odunluğa bırakmamı istediler.

"Yukarıda Allah Var, Öldürmedim"

Beni de öldüreceklerini zannettim. Ama öldürmediler. Bana 'Nereye gidersen git, seninle artık işimiz bitti,' dediler. Ben korku içinde kaçtım. Nereye gideceğimi bilmiyordum. Tanıdıklardan para istedim 'Yok,' dediler. Sonra Şahinler Dinlenme Tesisleri'ne gittim. Kimseye bir şey söylemedim. Çünkü korkuyordum. Ve her şey benim ellerimle olmuş. Delil ve ispatlayacak bir şeyim yoktu. Adamları sadece olaydan iki gün önce garaj kahvesinde ve olay günü görmüştüm. Tesiste sadece 5 milyon bulabildim. Kaptanlara bakan arkadaştan beni İstanbul'a yollaması için rica ettim. 'Olur,' dedi. Saat 15.30 civarında Lüks Yalova Seyahat geldi. İstanbul tarafına araba olmadığı için Lüks Yalova'yla Bursa'ya kadar gittim. Bursa'dan başka bir arabayla İstanbul'a gittim. İstanbul'da Mehmet ağabeyimin evine gittim. Ona da hiçbir şey söylemedim. Çünkü dilim varmıyordu anlatmaya. Aradan iki gece geçti. O da öğrenince 'Neden oldu?' dedi. Ona da anlattım. Ama adamları hiç tanımıyordum ve görmemiştim. Kim olduklarını bilmiyordum. Elimde bir delil, ispatım yoktu. Diyarbakır'a gitmek istedim. Param yoktu. Ağabeyimden istedim. Bana 20 dolar verdi.

Diyarbakır Bismil'e gittim. Annemi, eşimi, çocuklarımı, ailemi görmek için. Ve gerçekleri anlatmak için. Ama nasip değildi. Sadece annemi görebildim. Benim bir delil, ispatlayacak bir şeyim olmadığı halde kendi isteğimle Diyarbakır Bismil Emniyeti'ne teslim oldum. Ben yakalanmadım, teslim oldum. Yukarıda Allah vardır ki ben kendi isteğimle onu öldürmedim ve kötü bir şey yapmadım.

"Doğuluları Kovmak İçin Yaptılar"

Önce ifademde söylemedim, çünkü korkuyordum. Adamları tanımıyordum ve daha önce görmemiştim. Sadece iki gün önce görmüştüm. İspatlayacak bir delilim yoktu. Sayın hâkim dünyada en güzel şey bir yuva ve ailedir. En güzeli de yuvanın gülü ve çiçekleri çocuklardır. Benim iki tane kız çocuğum, canımdan çok sevdiğim eşim, annem, bir ailem var. Ben işsiz ve bunalımdaydım. Kendi halimde yaşayıp gidiyordum. Biliyorum, benim kötü bir alışkanlığım vardı. O da kumar oynamamdı. Ama kötülüğü banaydı. Ben yirmi dört yaşındayım. Şu ana kadar hiç kimseye bir kötülüğüm dokunmamıştı. Ama adamları tanımıyorum. Ama onlar, kötü insanlar beni de kötü yaptılar. Benim Doğulu, yani Kürt olmamdı. Yalnız şunu anladım. Beni bir hedef seçmeleriydi. Bana çocuğu öldürüp Doğuluların adını bozmak ve hakarete uğramaları ve oradan gitmeleriydi. Ben hiçbir zaman kendi isteğimle o kızı öldürmedim ve kötü bir şey yapmadım."

Recep İpek'in önce polis, sonra savcı, ardından tutuklandığı mahkemede kabul ettiği cinayetle ilgili bu anlattıkları herkesi şaşırttı. Recep İpek neden böyle bir ifade verdi? Söylediği iki kişi gerçekten var mıydı?

İpek'in bir an için polis sorgusunda baskı gördüğünü ve bu yüzden cinayeti kabul ettiğini varsayalım. Recep İpek karşılarına çıkarıldığında hiçbir baskı görmediği savcılar Mustafa Aksu ve Kenan Karabeyeser'e ya da Hâkim İzzet Durak karşısında neden bunları anlatmadı?

Recep'in mahkemede cinayeti kendisine iki yabancının zorla işlettiği iddiası çelişkili. Çünkü Recep kimliği meçhul iki kişinin isteği ve nezaretinde Avşar'ı kaçırmak için ağabeyinin oturduğu mahalleye gittiğinde, aynı anda ağabeyinin de geldiğini söylemişti. Ancak ağabey Ömer İpek kardeşini cinayet günü, kaza nedeniyle döndüğü evde, yalnız gördüğünü, yanında kimse olmadığını söyledi.

Aslında duruşma salonunda Recep'in savunmasını duyan hiç kimse anlatılanlara inanmadı. Mahkeme başkanı da bunlara inanmamış olacak ki ifadeyi okuduktan sonra İpek'e bu iki kişinin eşkâliyle başka belirgin özelliklerini sormak yerine "Peki senden cinsel saldırıda bulunmanı da istediler mi?" sorusunu yöneltti. İpek bu soruya "O iki kişi benden cinsel saldırıda da bulunmamı istediler. Ben de cinsel organımı kızın bacaklarını sürüp boşaldım," diye yanıt verdi. Hâkim, Recep İpek'e "Peki bunları daha önce niye anlatmadın?" diyerek bir soru daha sordu. Recep İpek "O zaman korkuyordum, elimde bir ispatım yoktu," dedi.

Mahkeme Başkanı sanığın anlatımlarından sonra, baba Salim Çaldıran'a dönüp talebini sordu. Salim Çaldıran başıyla işaret edip "Bu adam duygu sömürüsü yapıyor. Bunların hepsi düzmece. Kendisini kurtarmak için yalan söylüyor," dedi. Mahkeme Başkanı bu sözleri tutanaklara "Sanıktan şikâyetçiyim," diye geçirdi.

Davanın görüldüğü mahkemeye Batman'dan gelen bir dilekçe de vardı. İpek'in yakınları kendilerine gelebilecek bir saldırı ve can güvenliği nedeniyle duruşmaya katılamadıklarını ve mahkemenin başka bir ile nakledilmesini talep ediyordu. Mahkeme "Can güvenliği problemi yoktur" görüşüyle talebin Adalet Bakanlığı'na iletilmesine karar verdi. Mahkemenin bildirdiği bu görüş davanın başka bir ile nakledilmeyeceği anlamına geliyordu.

Recep İpek yine askerler eşliğinde cezaevine dönerken, mahkeme koridorunda arbede yaşandı. Recep İpek koridorda askerler arasında, ring aracına doğru ilerlerken baba Salim Çaldıran, sanığa küfür ederek saldırdı. Bu saldırıya aynı anda Nihal Çaldıran ve yakınları da katıldı ama polis desteğinde, askerlerin sanığı kaçırması uzun sürmedi. Recep İpek hücresine, Çaldıran ailesi de Susurluk'a döndü.

Susurluk'ta Rivayet Muhtelif!

Recep İpek hücresinden dışarıdaki iki ağabeyini, sürekli mektup yazarak, mahkemede anlattıklarına inandırmayı başardı. Kardeşlerini cezaevinden çıkarmak isteyen iki ağabey Ömer ve Mehmet İpek'in bir avukat tutacak paraları bile yoktu. Her ikisi de işsizdi.

Ancak Recep İpek'in cinayetle ilgili mahkemedeki anlatımları ağabey Ömer İpek'in ilgisini çekti ve "Kardeşim suçsuz. Gidip Reha Muhtar'a anlatacağım," diyerek yeni bir iddia ortaya attı. Ömer İpek'e göre, Salim Çaldıran ile kardeşi Recep İpek arasında yasadışı bir ilişki vardı. Buna göre Salim Çaldıran "eroin kaçakçılığı" yapıyordu. Kardeşini esrara alıştırmış ve tuzağa düşürmüştü. Recep de Salim Çaldıran'dan, kızını öldürerek öç almıştı.

Ömer İpek'in bu anlattıkları aslında Susurluk'ta da herkesin dilinde adeta sakız olmuştu. Ömer İpek ilçeden can güvenliği endişesiyle kaçtıktan sonra Susurluk'a kalan eşyalarını almak için gelmiş, oradaki hemşerileri bu konuşulanları ona anlatmıştı.

Sanık cezaevine konulduktan sonraki günlerde Recep-Salim ilişkisi yavaş yavaş durulmaya başlayan ilçede artık herkes tarafından sorgulanır hale geldi. Olayların büyümesinin Kürtlerin yasadışı davranışlarından kaynaklandığını düşünenler bile bu dedikodulara kulak kabartıyordu. Bu dedikodulardan en çok ilgi göreni polisin kulağına kadar gitti. Olaylar sırasında Balıkesir Emniyet Müdürlüğü İstihbarat Şubesi'nden görevli olarak ilçeye gelen polisler de bu iddiayı araştırmaya koyuldular.

Buna göre, ilçede yaşayanlar arasında adı "âlemci"ye çıkan Salim Çaldıran her türlü alkol ve uyuşturucu madde alan, hububatçı Osman'ın haylaz, avare oğluydu. Daha önce açtığı ancak sonradan iflas ettiği birahanesinde sık sık içmeye gelen Recep İpek'le tanışmıştı. Sonradan Recep İpek'e kimsenin bilmediği bir kötülük yapacaktı. Bu kötülüğü, Recep İpek'in eşine sarkıntılık etmek olarak açıklayanlar da vardı, birlikte eroin satıp paranın bölüşümü konusunda anlaşmazlığa düşmek olarak da... İddia sahipleri; Salim Çaldıran'ın işsiz olduğu halde bir ev almasını kanıt olarak gösteriyorlardı.

Polis bu konuda eldeki söylentilerden başka bir delile rastlayamadı. İstihbaratçıları bu konuda kısa da olsa bir araştırma yapmaya iten tek neden, polislerden birine, Salim Çaldıran'ı yakından tanıdığını söyleyen bir kişinin anlattıkları oldu. Bu kişinin anlattıklarını Balıkesir Emniyet Müdürlüğü İstihbarat Şubesi'nde görevli bir polis şöyle aktardı:

"Biz olaylar sırasında ekipte görevli arkadaşlarla halkın arasına sivil kıyafetlerle karıştık. Görev bölüşümü içinde bir arkadaşım Salim Çaldıran'ın çevresindeki arkadaşlarıyla görüştü. O görüşmede ben de bulundum. O kişi bize şöyle bir şey anlattı: 'Recep İpek bir gün bana içki masasında, 'Salim Çaldıran'a hayatında hiç yaşamadığı en büyük acıyı tattıracağım,' diye yemin etti. Nedenini bilmiyorum, ama Salim çok içer. Recep İpek'le de içmişliği var. 'Tanımıyorum,' diyor, ama yalan söylüyor. Aralarında bir alışveriş vardı. İçki masasında ne olduğunu Allah bilir. Belki de başka bir şeydir."

İstihbaratçı polis memuru bu bilgiyi yorumlamak istemedi, ama daha sonra Recep İpek ve Salim Çaldıran'ın birbirlerini tanıdıklarını tespit ettiklerini söyledi ve ekledi: "Salim Çaldıran ile Recep İpek arasında herhangi bir yasadışı ilişki olup olmadığı konusunda kesin bir sonuca varamadık. Kesin olarak bildiğimiz tek şey var, ikisi birbirini tanıyor."

Zanlının yakalanmasından bir süre sonra başlayan bu söylentiler, Susurluk'ta herkesin dilindeydi ve Salim Çaldıran'a kadar ulaştı. Bu ikili ilişkinin uzun süre tartışılmasının nedeni, konuşanlar için esrarengiz ve her yoruma açık olmasının çekiciliği de rol oynuyordu. Birçok kişi iddiaları duyduğunda Kürtlere yönelik şiddet kampanyasına alet olduğunu düşünmeye başladı.

İstanbul'daki Cinayet

Kürtlere karşı yapılanların yanlış olduğunu düşünenlerin sayısı Susurluk'ta gün geçtikçe artıyordu, ama fısıltı gazetesinin yaydığı bir haber yeniden her şeyi tersyüz etti. 18 Mayıs 2001 tarihinde İstanbul'da işlenen bir çifte cinayet haberi Susurluk'a ulaştığında, ilçedeki bir kahvehanede bulunuyordum ve esnaf arasında bu cinayetlerle ilgili yorumlara bizzat tanık oldum. Susurluk'un Kürtlere karşı gösterdiği şiddetli tepkinin üzerinden bir ayı aşkın bir süre geçtikten sonra, bu yeni cinayet nedeniyle başlayan ve gün boyu ilçeyi meşgul eden dedikodular şöyle gelişti:

Susurluk her bayram olduğu gibi 19 Mayıs 2001 Cumartesi sabahı da Susurluk Stadı'nın yolunu tuttu. Stat ilk ve ortaöğrenimde okuyan öğrencilerin gösterilerini bekleyen ebeveynlerle doldu. Büyük şehirlerdeki stadyumlarda yapılan törenlerin aksine Susurluk'taki törende tam bir cumhuriyet havası ve ruhu hâkimdi. İlçe halkı yılda bir kez yapılan bu gösterileri ciddiye aldığını her yanıyla hissettirdiği için, kaymakam, belediye başkanı ve ilçe jandarma komutanından oluşan resmi erkânın stadyumdaki pozları da gayet ciddiydi. Günün anlam ve önemine dair konuşmalar ve gösterilerle törenler bittiğinde herkes evinin yolunu tuttu.

Haber, televizyonların sabah bültenleriyle geldi: "İstanbul Bostancı'da iki genç kız elleri ve ayakları bağlandıktan sonra boğazları kesilerek öldürülmüş halde bulundu."

Haberin devamında İstanbul'daki cinayetin Susurluk'u neden söylentilerin içine soktuğunu açıklayacak cümleler vardı: "Öldürülen iki gencin Susurluk'ta yaşayan Yaşar ve Nuriye Balkan'ın kızları olduğu öğrenildi..." diye devam eden haber ilçede tam bir şok yarattı.

Yaşar Balkan'ı kısaca hatırlatmakta yarar var. Kendisi ilçenin ticaret geleneği en eskiye dayanan önemli ailelerden birine mensup. Avşar Sıla Çaldıran'ın kaybolmasından sonra Recep İpek'in evinde yapılan aramaya polisle birlikte katılarak delil arayan kişi de oydu. Susurluk bu haberi duyduğunda halk arasında ilk akla gelen, cinayetin intikam amaçlı olduğuydu. Ancak Balkan ailesinin düşman sahibi olduğu da biliniyordu. Yine de, özellikle esnaf arasında ve kahvehanelerde iki genç kızın öldürülmesi ilgili olarak şu tartışıldı: "Acaba Kürtler intikam amacıyla mı öldürdü?"

Çünkü ilçede yatırımları olan Kürtler mafya olarak algılanıyordu. Şimdi de, tesislerine yönelik saldırının öcünü almışlardı. Haberi duyanlar "Buranın tadı kaçtı. Susurluk'ta durulmaz artık. Nedir bu başımıza gelenler?" demeye, bir anda herkes yine Kürtleri konuşmaya başladı. Televizyon haber bültenlerinde her saat başı ayrıntısıyla tekrar eden haberlerde sadece cinayetin kim ya da kimler tarafından işlendiği konusunda bilgi yoktu.

Söylentiler başladığında Kaymakam Abidin Ünsal 19 Mayıs törenlerinden evine dönmüştü. Susurluk Cumhuriyet Savcısı Mustafa Aksu ise o sırada ilçe merkezinde tıraş olmak için bir berber dükkânına geldi. Söylentileri duyunca Kürtlere yönelik yeni bir şiddet olayına meydan vermesinden çekinip Kaymakam Ünsal'ı evinden aradı ve duyduklarını bildirdi. Güvenlik güçlerinin halkın arasına girip durumu gözlemesinin yararlı olabileceğini söyledi. Görüşmede MİT Bölge Teşkilatı'ndan yardım istenmesi de gündeme geldi, ancak daha sonra sadece sivil polis ekiplerinin yeterli olacağına karar verildi.

Meğer Alakası Yokmuş!

Akşam saatlerinde cinayetle ilgili ayrıntılar da ortaya çıktı. Balkan ailesinin İstanbul'da öldürülen iki kızının cinayet zanlısı olarak eski iş ortakları Fikret Aydın'ın adı ortaya atıldı. Fikret Aydın'ın mafya lideri Sedat Peker'in adamı olduğu, onunla ilişkisi nedeniyle gözaltına alındığı belirtiliyordu. Ebru ve Işık Balkan'ın, İstanbul'da telefon pazarlaması yapan bir şirketleri vardı. Kuyumcu Fikret Aydın ile de ortaklık yapmışlardı.

Olayla ilgili açılan dava halen sürüyor. Cinayetle ilgili olarak ortada dolaşan birçok iddia var. Oldukça kafa karıştıran bu cinayetle ilgili sır perdesi aralanmadı, ancak olayla Kürtlerin ilgisi olduğuna dair hiçbir tez ileri sürülmeyince Susurluk'ta Kürtlerle ilgili söylentiler de son buldu.

7 Etnik Ayrımcılık Yargıda

Suçlamaların Niteliği

Susurluk'taki olaylara katılan eylemcilerin dosyası cumhuriyet savcıları Mustafa Aksu ile Kenan Karabeyeser'in önüne geldi. İki savcı zanlıların tek tek ifadelerini aldılar. Savcılarla polisin birlikte yürüttüğü hazırlık soruşturmasına göre, ortaya birden fazla ve ayrı kanunlarla değerlendirilecek suçlar çıktı. Olay yerlerinin basit krokileri, polis kamerası ve televizyon kuruluşlarının kaydettikleri görüntüler, polislerin anlatımları ile sanıkların verdikleri ifadeler, bu suçların varlığını ispatlayan deliller oldu.

Suçlamaların bir bölümü 2911 sayılı Toplantı ve Gösteri Yürüyüşleri Yasası'nın kapsamına giriyordu. Yani eylemciler, "Toplantı ve Gösteri Yürüyüşleri Kanunu'na muhalefet, karayolunu trafiğe kapatmak, özel şahıslar ve devlet malına zarar vermek, polise mukavemet" suçlamalarıyla yargılanacaktı. Bu, olayla ilgili açılacak ilk dava dosyasının içeriğiydi.

Açılacak diğer davaya konu olacak suçlar ise ilk bakışta "etnik ayrımcılık" gibi görünüyordu. Gazeteler, zanlılardan eylemi organize edenlerin, Türk Ceza Kanunu 312. maddesi uyarınca, "Halkı, sınıf, ırk, din veya bölge farklılığı gözeterek kin ve düşmanlığa tahrik etmek" suçlamasıyla yargılanacağı yönünde haberler yayımladılar.

Ancak ağır ceza gerektiren bu suçlarla ilgili soruşturmayı yürüten Savcı Mustafa Aksu'nun yorumu böyle olmadı. Sanıklar arasında oluşmuş bir çete bağlantısını, ilk anda tespit edemeyen Aksu, "cezanın caydırıcı olması" yönündeki hukuki kriteri esas alıp, organizatörlerin "kundakçılık yapmak" suçuyla yargılanmasını istedi.

İlk Dava Doğulu Savcıdan

Olaylarla ilgili ilk davayı açan Savcı Kenan Karabeyeser oldu. Karabeyeser, 10 Nisan 2001 tarihinde 2911 sayılı yasanın çeşitli hükümlerini ihlal etmekle suçladığı ve haklarındaki hazırlık soruşturması tamamlanan 158 kişi hakkında dava açtı. Bu dosya kapsamında 22 kişinin tutuklanmasına karar verdi. Yine bu dosyayla ilgili iki ek soruşturma dosyası bulunuyordu. Bu iki dosyayı Savcı Mustafa Aksu ana davaya ek olarak hazırlayan kişiydi ve önce 26 daha sonra da 27 kişi hakkında dava açtı. Haklarında dava açılanların sayısı böylece 211'e yükselirken, tutuklananların sayısı da kundakçılık yapmak suçunu işleyenlerle birlikte 29'u buldu.

Susurluk'ta "Doğulu" olarak bilinen Savcı Kenan Karabeyeser Bingöllüydü. Etnik kökeni nedeniyle "eylemcilere karşı önyargılı" olduğu iddialarının artması ihtimaline karşı iddianamesinde yoruma yer vermedi ve somut ifadeler kullandı. Karabeyeser sanıkların tek tek isimlerini sıraladıktan sonra iddialarını tek sayfada şöyle kaleme aldı:

"Yukarıda 1'den 26. sıraya kadar ad ve açık kimlikleri yazılı sanıklar ile kimlikleri belirlenip henüz yakalanamayan kişilerin merak saikiyle toplanan halkın önüne geçerek Doğu ve Güneydoğu bölgesi kökenli yurttaşlara ait işyeri ve konutlara zarar verilmesi konusunda seslenerek, kalabalığı tahrik edip yönlendirmeleri sonucunda Susurluk-Bursa karayolu üzerinde bulunan 'Şahinler' adlı dinlenme tesisinin camları ve kırılabilecek tüm malzemelerinin kırılarak tahrip edildiği, burada yangın çıkartıldığı ve 'Boksör Petrol' adlı akaryakıt istasyonu ile 'Erdel Giyim' ve 'Rüya Giyim' adlı işyerleri camlarının kırıldığı, tüm sanıkların Balıkesir-Bursa karayolunu uzun süre işgal ederek trafiğe kapattıkları, emir ve ihtara rağmen dağılmadıkları,

08.4.2001 tarihi akşam saatlerinde aynı tahrikçilerin yönlendirme ve yönetmeleri ile izinsiz olarak toplanıp yürüyüşe geçen tüm sanıkların uyarılara karşın dağılmamaları üzerine, kolluk kuvvetlerince zorla dağıtıldıkları, Güneydoğu kökenli yurttaşların kiracı olarak oturdukları iki evi kundaklamak suretiyle kısmen yaktıkları, ayrıca Köroğlu Mobilya, Enes Mefruşat ve Gözde Yufkacı adlı işyerleri camlarını kırdıkları ve sanıklardan İlhan Umut'un polis memuru Uğur Karakurt'a direnerek taşla kendisini yaraladığı ve böylelikle sanıkların üzerlerine atılı suçu işledikleri..."[1]

Karabeyeser iddianamesinde 22 sanık hakkında tutuklama talebinde bulundu. Savcının bu istemi üzerine Hâkim Engin Nalbant şu isimlerin tutuklanarak Susurluk Cezaevi'ne konulmasına karar verdi: Ersan Bekmez, Cüneyt Günay, Cevdet Par, Mesut Tural, Ümit Başol, Halil Hasbi Altunbaş, Nuri Aygörmüş, Münir Aydoğmuş, Gürsel

1. 10.4.2001 tarihli Susurluk Cumhuriyet Savcısı Kenan Karabeyeser'in iddianamesi.

Kutlu, İsmail Yıldırım, İbrahim Yaşar, İdris Köse, İlhan Umut, Şeref Başa, Seyfettin Çelik, Bülent Karakılıç, Ayhan Şenli, Rüştü Can, Mustafa Targay, Nedim Şentürk, Recep Çabuk, Saadet Çam.[2]

Saadet Çam ile Ersan Bekmez, karayolu üzerinde bulunan iki tesisin sahibiydi. Şeref Başa ise mahalle muhtarıydı. Cezaevine konulanların çoğunluğu ilçede ticaretle uğraşan etkili isimlerdi, sadece ikisi işçiydi. Tutuklananların tamamı polisin hazırladığı "provokatör" listesinde de yer almıştı.

İkinci Dava: "Olay Siyasal ve Etnik Bölücülük"

Olayla ilgili ikinci davayı Savcı Mustafa Aksu ağır cezalık suçlar nedeniyle açtı. Aksu'nun "kundakçılık"la suçladığı isimleri kapsayan iddianame, ilk davayı açan meslektaşından daha sert ifadeler içeriyordu. Aksu, Şırnak'ın İdil ilçesinde görev yapması itibariyle Kürt sorununa ve sonuçlarına aşinaydı.

Savcı Aksu iddianamesiyle olaydaki "etnik ayrımcılık"ı resmen dile getiren ilk kişi oldu. Yaptığı bu tespit, ilçede daha sonra hakkında çıkacak olan söylentilere kaynaklık edecekti:

"Susurluk'ta küçük bir kız çocuğunun öldürülmesi üzerine, yasadışı gösteriler düzenlenmiştir. Cinayet olayını bahane eden kalabalık gösterilerin başlamasıyla talep ve söylemlerini değiştirmişler, olayı siyasal ve etnik bir yöne kaydırmışlardır."

"Sanıklardan Halim Güngör olay gecesi 100-150 kişilik bir topluluğu ilçe merkezinde bulunan polis karakolunun önünden geçirtmek suretiyle Vergi Dairesi'nin önünden Işıklı Kavşak denilen Susurluk-Bursa ana karayolunun trafiğe kapatılmasını sağlamıştır. Bir başka grup ise Şahinler Dinlenme Tesisi'ne yönelmiş ve orada yasadışı gösteriye katılmıştır, ayrıca bu grubun adı geçen tesisi kundakladığı belirlenmiştir. Tanık polis memurlarının anlatımları ve video kayıtlarının çözüm sonuçlarına göre, Halim Güngör ve Ramazan Balkan adlı sanıkların eylemde tahrikçi ve yönlendirici oldukları anlaşılmaktadır. Diğer sanıklar da aynı şekilde yasadışı düzenlenen bu gösteriye katılmışlar, ayrılıkçı sloganlar atmışlar ve ayrıca değişik kundaklama eylemlerine katılan grubun içersinde yer almışlardır. Sanıklardan Halim Güngör ve Ramazan Balkan'ın yargılanmasının

2. Susurluk Asliye Ceza Mahkemesi 10.4.2001 tarihli Duruşma Tensip Zaptı.

yapılarak eylemlerine uyan 2911 sayılı yasanın 31/3, maddesi uyarınca, diğer sanıkların her birinin tek tek ve ayrı ayrı aynı yasanın 34. maddesi uyarınca cezalandırılmalarına karar verilmesi kamu adına dava ve istem olunur."[3]

Mustafa Aksu'nun hazırladığı ve iki ayrı iddianamede özetlediği suçları işlediğini öne sürdüğü sanık listesi 53 kişiden oluşuyordu.

Listede ilçenin sayılı ticaret ve siyaset erbabı ile tanınmış ailelerinden kişiler yer alıyordu: Halim Güngör, Ramazan Balkan, Ümit Çanakçı (MHP İlçe Başkanı), Ercan Altun, Mustafa Demir, Sibel Kocabey, Ahmet Cumhur Türker, Necmettin Başaran, Engin Kocaer, Serkan Durak, Fehmi Afacan, Okan Yıldırım, Nezih Çağlayan, Sıtkı Kurtuluş, Halim Gündüz, İbrahim Güneş, İbrahim Şanver, Lemi Nazım Gül, Ünal Sezer, Ahmet Öztürk, Hakan Bekmez, İlyas Doğru, İbrahim Ümit Çınar, Zekai Cangül, Neşe Güler, Saffet Çam, Fikri Telaş, Ali Osman Kırıkoğlu, Murat Bilgen, Arif Uçar, Celalettin Güven, İbrahim Yakın, Mustafa Yeşil, Necdet Kuzu, Tamer Söyler, Ahmet Sevim, Selami Parlak, Ender Konak, Necmi Karasu, Fahrettin Gülşen, Gürcan Gülmez, Fedai Avcı, Nihat Vuran, Fahri Armağan, Yücel Boz, Turhan Yörük, Ahmet Karataş, Ercan Pekacar, Rahmi Gel, Ertan Aka, Halil Kıral, Müzeyyen Uçak.

Savcının Fezlekesi

Olayın "etnik ve siyasi" yöne çekildiği tespitini yapan Savcı Aksu'nun asıl gürültü koparan icraatı Balıkesir Cumhuriyet Savcılığı'na "gereğinin yapılması" için gönderdiği fezleke oldu. Bu fezlekede, kasabada herkesin tanıdığı ve hatırı sayılır isimleri ağır cezalık suç kapsamında hapse gönderecek ifadeler vardı. Fezleke savcının hedef tahtasına oturtulmasına yol açtı. 17 Mayıs 2001 tarihli fezlekede şu ifadeler yer aldı:

"Şahinler Dinlenme Tesisi'ne yönelen kalabalık, tesisin lokantayla diğer eklentilerini büyük oranda tahrip etmişler, molotofkokteyli atarak yangın çıkarmışlardır. İbrahim Şanver adlı sanık bu tesise taş attığını belirtmiştir. Sanıklardan Hayri Melezoğlu sanayideki dükkânında sanıklardan Eyüp Konak ve Zekai Cangül katılımıyla molotofkokteyli yaptıklarını ve bunları tesise attıklarını belirtmiştir. Sa-

3. Susurluk Cumhuriyet Savcısı Mustafa Aksu'nun 17.5.2001 tarihli iddianamesi.

nıklardan Ramazan Balkan ve Mustafa Demir adlı şahıslar video bant çözümlerine göre; göstericilerin en önünde Kürtleri terzil edici sloganlar atarken, bir yandan da tesise ait tabelaları tahrip etmektedirler. Yapılan kamera çekimleri çözümüne ve iki polis memurunun anlatımlarına göre sanıklardan Ayhan Şenli, 'Bizim derdimiz Kürtlerle, Şahinler, Boksör ve Karapürçek orada' şeklinde eliyle hedef göstermektedir.

Sanıklardan Halim Güngör kalabalığın en önünde olmak üzere, kalabalığı Şahinler Dinlenme Tesisi'ne ve Işıklı Kavşak'a yönlendirmiştir. Bu durum polis memurlarının 10.5.2001 tarihli anlatımlarıyla doğrulanmaktadır. Olayların ikinci günü olan 08.4.2001 tarihinde 100-150 kişilik bir topluluğun ilçemizin 5 Eylül Caddesi'nde yürüyüşe geçtiği, kalabalığın önünde slogan atarak elleri havada olmak üzere sanıklardan Saffet Çam, Turhan Yörük, Rahmi Gel, Selahattin Ertürk adlı şahısların Erdel Konfeksiyon ve Köroğlu mobilya dükkânlarını hedef gösterdikleri ve daha sonra kalabalığın içerisinden taşlar atılarak anılan dükkânların vitrin camlarının kırıldıkları belirlenmiştir. Söz konusu iki polis memurunun 20.4.2001 tarihli ifadeleri ve kamera çekimlerinin çözümü ve polis memurları Hıdır Çevik ve Cahit Ubay'ın 10.5.2001 tarihli anlatımları bunu doğrulamaktadır. Sanıklardan Ersan Bekmez 07.4.2001 tarihli Şahinler Tesisi'nin kundaklanması ve tahribi, tesisin içine girip, eşyalara zarar verdiğini 10.4.2001 tarihli Asliye Ceza Mahkemesi'ne ifadesinde belirtmiştir. Kamera görüntülerinde sanık Ümit Çanakçı kalabalığa yönelik olarak 'Arkadaşlar gerekli mesaj verildi, daha fazla kalmaya gerek yok,' şeklinde konuşma yaparak eyleme katılmıştır. 07.4.2001 tarihli olayların ilk başlangıcı sayılan ve Çarşı Meydanı denilen yerde toplanan kalabalığın en önünde bulunan sanık Ali İhsan Güler, 'Kürtler Kürdistan'a, bizim tepkimiz bu olay için değil, kamu görevlileri aklını başına almalı,' şeklinde kalabalığı yönlendirici ve azmettiren bir üslupla bağırarak konuşmaktadır. Bu durum Susurluk Asayiş Büro Amirliği'nin 23.4.2001 tarihli tutanağı ve kamera çekimleriyle sabittir. Olayların ikinci günü, katil zanlısı Recep İpek'in ağabeyine ait ev kundaklanmak suretiyle yakılmış, aynı gece sanığın oturduğu ve cesedin bulunduğu ev kundaklanmış devamla Milli Kuvvetler Caddesi'nde bulunan iki adet işyerinin camları da kırılmıştır. Açıklanan nedenlerle sanıklardan Ali İhsan Güler, Ümit Çanakçı, Ayhan Şenli, Turhan Yörük, Rahmi Gel ve Halim Güngör'ün kalabalığı atılı eyleme yöneltmek ve bizzat bu eyleme katılmak suçlarının sabit olması nedeniyle cezalandırılmalarına, TCY 64. ve 63. maddeleri yollaması ile TCY 370., 371. maddelerde tanımlanan eylemi gerçekleştirdikleri, diğer sanıkların bu eylemleri doğrudan gerçekleştirdikleri ve eylemlerinin TCY 370, 371 ve 372. maddeler kapsamında kaldığı ve bu suçların ağır cezalık işlerden olduğu anlaşılmakta, dosyanın gereğinin yapılmak üzere yetkili ve görevli Balıkesir Cumhuriyet Başsavcılığı'na gönderilmesine..."[4]

Savcı Mustafa Aksu'nun "ağır cezalık işlerden" dediği ve Türk Ceza Kanunu'nun 370. maddesi kapsamında değerlendirdiği "Özel şahsa ait binalarda kasten yangın çıkarmak" suçu beş yıldan az olmamak üzere ağır hapis, 371. madde "yakılan özel şahıslara ait binalarda zararın az olması" nedeniyle ceza indirimini bu yüzden üç seneye kadar hapis cezasını gerektiriyordu. Aynı kanunun 372. maddesi ise "söz konusu mal ya da binaların yakılmasında patlayıcı ve yanıcı madde kullanılması"nı içeriyordu. Bu da suçu ve cezasını ağırlaştıran bir durumdu. Aksu sanıkları özetle "kundakçılık" yapmakla suçladı. Mustafa Aksu, bu fezlekede sanıklardan Halim Güngör, Ramazan Balkan ve Selahattin Ertürk'ün tutuklanmasını, Ali İhsan Güler ve Neşe Sarıbaş ise kayıplara karıştığı için haklarında gıyabi tutuklama kararı verilmesini istedi. Fezleke, savcının sanık sandalyesine en az beş yıl hapis istemiyle oturtmak istediği isimlerin ilçede etkili isimler olması nedeniyle zor günler yaşattı. Ordulu olan savcı, olayın hararet içinde ülkücüler tarafından, "Kürtleri koruyan, solcu, hatta Kürtçü" bir devlet memuru olarak nitelendi.

Çoğunlukla esnaf arasında dolaşan söylentiye göre, savcının "eline kırk yılda bir geçecek fırsatı değerlendirdiği" iddia ediliyordu: "Bu savcı Susurluk halkını sevmiyor. Ne kadar çok adam tutuklarsa siciline o kadar iyi şeyler işleneceğini söylüyormuş. O yüzden önüne gelen herkesi suçlu, suçsuz ayırmadan tutukladı."

4. Susurluk Cumhuriyet Savcılığı tarafından Balıkesir Ağır Ceza Mahkemesi'ne 17.5.2001 tarihinde gönderilen fezleke.

8 Gösterici Sanıkların İfadeleri

"Ben Yapmadım"

Sanıklar polis ve mahkeme savunmalarında eylemi savunmadı. Büyük bölümü olay yerinde bulunduklarını ancak herhangi bir suç işlemediklerini söyledi, hatta polis tarafından suçüstü yakalanan bazı eylemciler bile gösterileri sadece izlemekle yetindiklerini ifade etti. Bazıları yaptıklarından pişman olduğunu söylerken, hapse atılma tehlikesiyle karşı karşıya olduklarını gören diğerleri ise, eylemlere öncülük yapan kişileri ele verdi. Ayrımcı sloganlar attıklarını kabul edenler alkole sığındı.

"Ben o saatte amcama, teyzeme gidiyordum", "Kenarda olayları izlerken polis beni yanlışlıkla gözaltına aldı", "Gece evden sigara almak için çıkmıştım. Polis beni gözaltına aldı," gibi ifadelerin yanı sıra daha büyük suçlamalara maruz kalanların söyledikleri de dikkat çekiciydi. Polise en ilginç ifadeyi verenler, Susurluk'a mobil vurucu güç olarak getirildikleri polis ve savcılık tarafından tespit edilen Susurluk köylülerine aitti. Bir traktöre binerek ilçeye bağlı bazı köylerden gelerek olaylara katılan yedi köylü gözaltına alınanlar arasındaydı. Köylüler mazeretlerini ayrı ayrı şöyle anlattı: "Sigara almak için Susurluk'a geldim", "İlaç almak için Susurluk'a geldim."

Sanıkların savunmalarında dikkat çeken başka bir nokta haklarında görüntülü delil bulunmasına rağmen olaylara karıştıklarını kabul etmemeleriydi. Eylemcilerin mahkeme kayıtlarına geçen ifadelerinden alınan örnekler aynen şöyle:

"Bir de Baktım En Öndeyim"

Cüneyt Günay (İşsiz): "Ben cumartesi günü ayağımdan rahatsızdım. Gece saat 08.00 sıralarına kadar evdeydim. Şenol diye bir arkadaşımın annesi olayların olduğunu, oğlunun evde olmadığını ve onu bulmamı istedi. Ben de evden çıktım. Çocuğun bulunduğu evin önünde kimse yoktu. Kalabalığın aşağıya gittiğini duydum. Şahinler'in önüne gittiğini söylediler. Ben de buraya gittim. Yanımda kimse yoktu. Ben gruba yetiştim. Burada tanıdıklarıma Şenol'u sordum. Görmediklerini söylediler. Ben de grubun içinde Şenol'u aramak amacıyla eylemcilere katıldım, ama hiçbir yere taş atmadım. Orada itişme kakışma vardı. Bu itişmeyle birden kalabalığın arasından ön saflara kadar geldim. Yanımda bulunan bazı şahıslar oradaki kamelyaları kırmaya başladılar. Hatta benim başıma taş bile geldi. Ben de o yüzden evime döndüm. Pazar günü de gezmek amacıyla parka gittim: Yanımda arkadaşlarım da vardı. Oradan ayrıldık yukarıya doğru çıkarken, yanımda Atasev ve diğer arkadaşlarım olduğu halde giderken, Çarşı Meydanı'ndan üzerimize doğru bir grup koştu. Ben de korktum kaçtım. Yanımdaki İsmail Koçyiğit arkadaşımın ağabeyinin evine, polisler kovaladığı için girdik. Orada oturuyorduk, camdan bakarken polisler gelip bizi evden çıkarıp karakola götürdüler. Ben suçsuzum."

"Tartışırken Camlara Çarptım"

Tarkan Günay (İşsiz): "Cumartesi gecesi çocuğun ölü bulunduğu yere gittim, 15 dakika kadar kaldım. Oradan ayrılarak parka geldim. Halk o anda Şahinler'e doğru yürüyüş yapıyordu. Ben aralarına katılmadım. Alkol alıyordum. Tesislerdeki olaylar olmuş. Millet geri dönüyordu. Çarşı Camisi'nin yanında halka katıldım. Garajlara geldim. Kesinlikle olaylara katılmadım. Slogan da atmadım. Ben garajlara giderken, garajlar caddesi üzerindeki dükkânların camları kırılmıştı. Ben başka bir şahısla tartışıyordum, o tartışma esnasında biz camlara çarptık. Köroğlu tesislerinin camları o anda kırıldı. Kasten kırmadım. Pazar günü de parka tek başıma gittim. Kesinlikle gruba katılmadım. Hatta polis karakoluna giderek 'Ben Yıldız Büfe'nin önündeyim. Olaylara katılmıyorum. Haberiniz olsun,' dedim. Olayların yatıştığını öğrenince büfeden ayrılıp evime gittim. Polisler beni kendi evimden aldılar. Suçsuzum.

"Uzaktan İzledim"

Saadet Çam (Çam Tesisleri Sahibi): "Bizim Şahinler Dinlenme Tesisleri'nin karşısında tesisimiz vardır. Evde otururken bir gürültü duydum. Pencereden dışarı bakıp kalabalığı gördüm. Slogan atıyorlardı. Nereye gittiklerini sordum. Şahinler'e gittiklerini söylediler. Oraya zarar vereceklerini söylediler. Ben de bizim tesisimizin tam karşısında olduğu için, 'zarar verilmesin' diye kendi tesisime gittim. Kalabalık Şahinler'e girdi. Ben kendi tesisimizin önünde durup olaylara sadece uzaktan baktım. Kesinlikle olaylara katılmadım. Pazar günü de saat 22.30 sıralarında eve giderken karakolun önünde insanlar vardı. Ne var diye bakmaya giderken bir kargaşa oldu. Polisler de önüne geleni götürüyordu. Beni de yakalayıp karakola götürdüler."

"Parkta Geziyorduk"

Aytaç Şenli (Öğrenci): "Ben cumartesi günü bir grup arkadaşımla olaylara katıldım. Şahinler Tesisleri'ne yürüyen kalabalıkta ben de vardım. Ama hiçbir şeye zarar vermedim. Ben sadece karşıda durup baktım. Ben bakarken orası birden karıştı, sonra birlikte yürüyüşe katıldığımız arkadaşlarımı kalabalıkta kaybettim. Şahinler'e giderken yanımda arkadaşım Umut Sarıgöz'le ismini bilmediğim yedi-sekiz kişi vardı. Cüneyt Günay ile Tarkan Günay'ı onlarla birlikte beş-altı kişiyi Şahinler Tesisleri'nin önünde gördüm. Pazar günü de biz yine arkadaşlarla buluştuk. Umut Sarıgöz ve ismini bilmediğim beş-altı arkadaş parkta buluştuk. Biz devamlı birlikte gezeriz. Yine yürüyüş oldu. Biz oraya yaklaştığımızda olaylar zaten olmuştu: Kargaşa olunca kaçtık. Sonra evimize geldik. Gece polisler geldi, beni ve babamı karakola götürdüler."

"Ali İhsan Tahrik Etti"

Recep Çabuk (Esnaf): "Olay gecesi dükkândaydım, yolda bir kalabalık vardı, kalabalığa baktım. Bu kalabalık yolu kapatınca merak ederek bakmaya gittim. Şahinler Tesisleri'ne gitmedim. Ben dükkânda yalnızdım, o yüzden şahidim yok. Pazar günü de dükkândaydım. Dükkânın önünden kalabalık geçti. Ben de uzaktan baktım. Kalabalığın olduğu yerde benim dükkânım vardır. Dükkânıma sahip çıkmak için ordaydım. Grubu yönlendirenlerin önünde Ali İhsan Güler vardı. Halkı tahrik ediyordu. Polisler geldiğinde bir dönüş yaptı. Önce milleti tahrik etti. Daha sonra polisi görünce dönüş yaptı. Bu böyle yapınca ben de bunu emniyet yetkililerine söylemek istedim. Olaylar bittikten sonra sabaha karşı ben dükkânımda bekliyordum. Polisler dükkânı basıp beni gözaltına aldılar. Benim bir suçum yok."

"Yaptıklarımdan Pişmanım"

Nedim Şentürk (İşçi): "Cumartesi günü bir kalabalığın garajlar mevkiinde birikmesi üzerine ben de kalabalığa karıştım. Burada küçük bir kız çocuğunun öldürülmesinin verdiği duygularla ne yaptığımızı tam olarak bilebilecek durumda değildim. O arada sağda solda söylenen cümlelerden sonra bir yoğunluk oldu. Bir traktör yolu kapattı. Üzerinde üç-dört kişi vardı. Ondan sonra o duygusal yoğunluk yüzünden istemeden de olsa 'Polisimizin o şahıslara diyet borcu mu var?' şeklinde sözler ettim. Ancak o ana gelinceye kadar bize zaten kız çocuğunun tecavüz edilip parçalandığını, çuvalda öylece bulunduğunu söylediler. Ben de ister istemez çevrede böyle konuştum. Grupta konuşanlardan biri de Dr. Ali İhsan Güler ile kardeşi Neşe Güler'di. Bunlar sürekli konuşuyorlardı. Özellikle Dr. Ali İhsan 'Susurluk Kürtlere mezar olacak' şeklinde sözler sarf etti. Bu deyimden sonra slogan başladı. Pazar günü yine garajlar mevkiinde bir birikme oldu. Kovalamaca sonucu bir grubun benim bulunduğum garajlar mevkiine geldiğini gördüm, orada polise saldırdılar, sonunda polis harekete geçti. Beni de gözaltına aldılar. Yaptığım olaylardan dolayı pişmanım. Aslında ben o gün hastaneye gittim. Beni Balıkesir'e sevk ettiler, ben de doktora gitmek için tekrar garajlara gelmiştim. O sırada olaylar oldu. Polisler de beni aldılar."

"Meraktan Katıldım"

Mustafa Targay (İşçi): "Cumartesi gecesi Balıkesir'den gelmiştim. Garajlarda bir kalabalık olduğunu duydum. Onlara karıştım, merak yüzünden eyleme katıldım. Bu kalabalığın içinde tanıdığım bir kız vardı. Onu oradan çıkarmak istedim. Sonra da oradan ayrıldım. Burada bir saat kadar kaldım ve etraftakilerin konuşmalarını dinledim. Kızın öldürülmesi hakkında konuşuyorlardı. Şahinler Tesisi'ne de gitmedim, ama polis pazartesi sabahına doğru gelip beni evimden aldı."

"Kavun Ekiyordum"

Rüştü Can (Bakkal): "Cumartesi günü oğlum eve gelmedi. Bir kalabalığın Şahinler Tesisleri'ne doğru gittiğini gördüm. Oğlumun da bunların arasında olup 'Başına bir iş gelir' diye onu almaya gittim. Ama oğlumu bulamadım. Hatta burada bulunan emniyet müdürüne gözaltı olup olmadığın sordum. Olmadığını söyledi. Oğlumu da alıp daha sonra geri döndüm. Pazar günü de ben tarlamdaydım. Kavun ekiyordum. Oğlumu da dükkâna bıraktım. Gece de oğlumu dükkândan çıkarmadım. Pazartesi sabahı gelerek beni ve oğlumu evden aldılar."

"Şakacıktan 'Molotof Attım' Dedim"

Aydın Can (Öğrenci): "Ben cumartesi günü çocuğun cesedinin bulun duğu söylenince bakmak için gittim. Buradan halk yürüyüşe geçti. Ben de yanlarında yürüdüm. Ayranevi yanına kadar geldim. Şahinler'e daha varmamıştık. Yürüyüş sırasında bazıları tesisleri dağıtacaklarını söylüyorlardı. Ben de kötü şeyler olacak diye geri döndüm. Oradan ayrılıp garajlara geldim. Orada da bir grup yolu kapatmıştı. Konuşmalarını dinledim. Slogan atanların başında Dr. Ali İhsan Güler vardı. Tanımadığım yabancı insanlar da vardı. Ben olaylarda hiçbir yere zarar vermedim. Molotofkokteyli de atmadım. Sadece arkadaşlarıma şaka olsun diye attığımı söyledim. Ben molotofkokteyli atılan Şahinler Tesisleri'ne yaklaşık 200 metre kaldığında geri döndüm. Ancak garajlar mevkiine uğradım. Ben de sloganlara katıldım. Sonra olaylar bitince trafik memuru Kenan bey ve İbrahim beyden özür diledim. Pazar günü de hiçbir olaya katılmadım. Evimde uyurken sabaha karşı polisler babamla birlikte beni gözaltına aldılar."

"Kayıp Kızın Dedesi Arkadaşım Olur"

Ayhan Şenli (Taksici): "Ben cumartesi günü olayın olduğunu duydum. Oğlumu aramak istedim. Şahinler'e geldim, burada bulamadım. Ağabeyim oğlumun burada olmadığını söyledi. Ben de garajlara döndüm ve oğlumu buldum. Yolu 34 plakalı bir kamyon kapattı. Oğlum bana kızın ölü olarak bulunduğunu söyledi. Ölen çocuğun dedesi arkadaşım olur. Ben de üzüldüm ve slogan attım, ama başka bir eyleme katılmadım. Aytaç Şenli benim oğlum olur. Pazar günü de evden hiç ayrılmadım, yattım. Sesleri duyup dışarı çıktım. Yazıhaneye kadar çıktım. Yol kapalı olunca geri döndüm. Gece saat 04.00 sıralarında polisler gelip beni evden aldılar."

"Dolduruşa Geldim"

Bülent Karakılıç (Esnaf): "Ben Kemalpaşa'dan cumartesi günü geliyordum. Akşamüzeri Şahinler Tesisleri'nin önünde kalabalığın birikmiş ve yolun kapatılmış olduğunu gördüm. Aracımı Shell Petrol Ofisi tesislerinde bıraktım. Yol kapalı olduğu için orada beklemek zorunda kaldım. Ben orada bir slogan atmadım. Geç saatlerde garaj mevkiine geldiğimde orada da yolun kapalı olduğunu gördüm. Aracımı bir yere çektim. Bu arada sloganlardan etkilendim. Belediye başkanına istemeden de olsa 'Benim amcamın oğlu Güneydoğu'da şehit oldu, bunun acısını ben bilirim,' dedim. Kalabalığın dolduruşuna geldim. Pazar günü sabah saat 04.00'te gelip beni evimden gözaltına aldılar."

"Ne Söylediğimi Hatırlamıyorum"

Seyfettin Çelik (Lokantacı): "Çocuğun ölümünün etkisiyle slogan atmış olabilirim. Ne söylediğimi hatırlamıyorum. En fazla dediysem 'Yuh' demişimdir. Biraz da alkışladık. Pazar günkü eylemlere katılmadım. Pazar gecesi sabaha karşı polisler gelip beni evimden aldılar."

"Oğlumu Arıyordum"

Şeref Başa (Han Mahallesi Muhtarı): "Ben oğlumu aramak amacıyla Şahinler Dinlenme Tesisi'ne gittim. Oranın karışık olduğunu görünce eyleme katılmadım. Daha sonra karşıdaki Karaoğlu Tesisleri'ne gittim. Buraya giderken yolda yabancı plakalı bir araçla karşılaştım. Onlara yardımcı olmak amacıyla o kalabalığın arasından Dereköy yolu üzerinden asfalta geldim. Ancak asfaltın da kapandığını gördüm, çünkü yabancı plakalı bir Ford kamyon yolu kesmişti. Kamyonun plakasını tam olarak hatırlayamıyorum. Bu arada bir eyleme katılmadım. Yabancı plakalı araçtakileri yolcu ettikten sonra, eylemi bir süre izledim, ama katılmadım. Polise de saldırmadım."

"Polis Kendini Satıyor Dediler"

İlhan Umut (İşçi): "Cumartesi günü akşamı garajlar mevkii kalabalıktı, ben de geldim. Yol 34 plakalı sarı Creesl marka kamyonla kapatılmıştı. Daha sonra bir traktör de geldi. Eski bir traktördü. Bu traktör de yolu kapatmaya çalıştı. Kalabalıktan bazıları, 'İşte bizim polisimiz katilin çalışmış olduğu Şahinler Tesisleri'nde bir tost bir çaya kendisini satıyor,' şeklinde laflar söylediler. Ben de bunu orada Balıkesir Emniyet Müdürü'ne bağırarak söyledim. Başka bir olay yapmadım. Belki emniyet müdürüne sert bir şekilde söylemiş olabilirim. Herhangi bir kötü slogan atmadım. Herhangi bir polis memuruna karşı mukavemette ve saldırıda bulunmadım. Pazar günü de evden dışarı çıkmadım. Pazartesi sabahı beni tutukladılar."

"Validen Randevu İstemiştim"

İdris Köse (Emekli): "Cumartesi akşamı kalabalığın bulunduğu garajlar mevkiine gittim. Yolun kapatıldığını gördüm. Ben de emekli olmadan önce haksızlığa uğramıştım. Bu haksızlığı kendisine iletmek amacıyla vali beyden randevu istemiştim. Bu randevu bana verilmemişti. Orada kameraları gördüm. Kameralar vasıtasıyla 'Vali beyden randevu istiyorum,' dedim. Kesinlikle sloganlara katılmadım. Pazar günü bir eyleme de katılmadım. Pazartesi sabahına doğru polisler 04.00 gibi beni evimden aldılar."

"Müşteri Bıraktım"

İbrahim Yaşar (Taksici): "Cumartesi günü çalışıyordum. O akşam herhangi bir yerde eyleme katılmadım. Pazar günü de Topbayırı'na müşteri bıraktım. Yolu güvenlik güçleri kesmişti. Yolun kapalı olması yüzünden aracımı sakin bir yere bıraktım. Müşteriyi araçtan indirip yukarıya doğru çıkardım, yaşlı bir bayandı. Dönüşte taksici olduğumu söyleyemeden güvenlik güçleri beni aldı. Benim bir suçum yok."

"Liselerde Esrar Satılıyor"

Ahmet Gönül (Köpek üretme çiftliği sahibi): "Ben Kartallar Restaurant'ta İbrahim Uzer ile birlikte yemekteydim. Günlerden cumartesiydi. Oradan kalkıp garajlar mevkiine doğru harekete geçtim. Topluluk içinde tanıdığım arkadaşlar 'Siz niye katılmıyorsunuz, gelmeyenler şerefsizdir,' dediler. Ben de katılıp 'Kahrolsun PKK' diye bağırdım. 'Liselerde esrar satılıyor, niye müdahale etmiyorsunuz?' diye emniyet müdürüne bağırarak konuştum. Polise saldırmış değilim. Biraz da alkollüydüm. Pazar akşamı bir eyleme katılmadım. Ben lösemi hastasıyım. Benim bir suçum yok. Kimsenin malına zarar vermedim."

"Ekipler Gelince Kaçtım"

İsmail Yıldırım (Esnaf): "Cumartesi akşamı Şahinler Dinlenme Tesisleri'ndeki olayla bir ilgim yok. Pazar günkü olaylarda ise sadece garajlar mevkiindeki topluluğa katıldım. Kamera beni burada tespit etmiş. 15-20 dakika kadar kaldım. Sağdan soldan ekipler gelince kaçtım. Arabamla geriye döndüm. Pazartesi sabahına doğru beni evimden aldılar."

"Yeğenimi Sordum, İçeri Attılar"

Münir Aydoğmuş (Esnaf): "Ben garajlardaki olayda bulundum, ancak herhangi bir slogan atmadım. Alkışta bulunmadım. Yarım saat olay yerinde kaldım. Dr. Ali İhsan Güler'in hareket tarzını beğenmedim. Bunu oradaki Emniyet Müdürümüze söyledim. Şahinler Tesisi'ne gitmedim. Ertesi gün olaylara katılmadım. Ben karakola yeğenim Fatih Avcı'nın orada bulunup bulunmadığını öğrenmek için gittim. Beni de içeri aldılar."

"Kahrolsun PKK, Diye Bağırdım"

Nuri Aygörmüş (Esnaf): "Ben Şahinler Tesisi'ndeki olayda bulundum. Herkes gibi ben de olayın etkisiyle bağırdığım gibi, slogan da attım. 'Kahrolsun PKK' ve benzeri sloganları attım. Daha sonra garajlardaki mevkiye geldim. Burada da kötü sloganlar atılıyordu. Ben buna karşı çıktım. Elimden geldiğince engel olmaya çalıştım. Hatta emniyet müdürü dahi bana bu konuda yardımcı olmamı söyledi. Emniyet müdürü dağılma uyarısında bulunduğu zaman yuhalama, protesto sesleri geldi. Ben burada herhangi bir slogan atmadım. Pazar günkü yürüyüşlere katılmadım. Pazartesi sabahı beni saat 04.00 civarında evimden gözaltına aldılar."

"Herkes Gidiyordu, Ben de Gittim"

Halil Hasbi Altunbaş (Esnaf): "Ben kızın cesedinin bulunduğu evin önündeki gösteride vardım. Slogan atmadım. Kızın öldüğü haberi üzerine bulunduğu evin önüne gittik. Orada kalabalık bir topluluk vardı. Sloganlar atıldı. 'Susurluk Kürtlere mezar olacak' sloganı atıyorlardı. Ben slogan atmadım. Herhangi bir kışkırtıcı olduğunu söylemek zor, ama bazılarının sesi daha çok çıkıyordu. Ali İhsan Güler bunlardan biriydi. Hatta kendisiyle orada tartıştım. Kendisi Türkiye'de birçok pislik olduğunu, bana küfürlü laflarla söyledi. Ben de 'Hesabını benden mi soruyorsun?' dedim. Ayrıca ırkçılığa karşı olduğum için böyle bir slogan atmam mümkün değil. Şahinler Tesisi'ndeki toplantıya da katıldım, ancak oraya gitmemin sebebi de halkın etkisiyledir. Birçok kişi gidiyordu, ben de gittim. Oradaki olayda polislerden biri bana yardımcı olmamı söyledi. Ancak bunu başarma imkânımız yoktu. Karşıdaki başka bir tesise gitmek zorunda kaldım. Dağılma uyarısı geldi. Daha sonra evime gittim. Pazar günü bir eyleme katılmadım. Beni Çarşı Camisi'nin önünde gözaltına aldılar."

"Kuzularımı Yükledim"

Ümit Başol (İşçi): "Ben cumartesi akşamı İstanbul'dan gelen alıcılara kuzuları yükledim. 86 tane kuzu verdim. Olay mahallinden geçerken yolların kapalı olması nedeniyle burada takılmak zorunda kaldık. Onları Dereköy yolu üzerinden gönderdim. Ben olay yerinde kaldım. Olay yerinde sloganlar atıldı. Ben herhangi bir eyleme katılmadım, ama beni gelip pazar günü köydeki evime baskın yapıp aldılar."

"Beraatimi İsterim"

Mesut Tural (Esnaf): "Benim garajlarda dükkânım var. Şahinler Dinlenme Tesisi'ne gitmedim. Pazar sabahı gelip beni evimden aldılar. Suçsuzum, beraatimi isterim."

"Bir-İki Slogan da Ben Attırdım"

Cevdet Par (Serbest meslek): "Ben milleti Şahinler'e giderken gördüm. Ben de aralarına katıldım. Tam köprüden geçerken, Dr. Ali İhsan Güler'i gördüm. Orada belediye başkanı da vardı. Gidenleri durdurmak istiyordu. Ben de ona yardım etmek istedim. Millete gitmemelerini söyledim. Bir yere zarar vermedim, ama bir-iki slogan ben de söylettim. İkinci gün katilin yakalandığını, tatbikat yapılacağını söylediler. Herkes oraya gidiyordu. Ben de oraya gittim, ama olaylara katılmadım. Pazar akşamı Kafkas Büfe'de uzun süre oturdum. Saat 03.00-04.00 kadar kaldım. Sonra da otele gittim yattım. Ben sloganlar haricinde hiçbir olaya katılmadım. Taş da atmış değilim. Kimseye bir zarar vermedim. Benim Boksör Petrol'le husumetim olmasına rağmen olaya katılmadım. Yanımda Rüştü Can da vardı. O da yürüyenleri durdurmak istiyordu. Ancak gelenleri durduramadık.

Yanımda Mustafa isimli bir arkadaşım daha vardı. Daha sonra o yanımızdan kayboldu. Ben de onun üzerine oturma eyleminde bulundum. Daha sonra karşıdaki Çam Tesisleri'ne gittim."

"Biraz Alkollüydük"

Ersan Bekmez (Esnaf): "Cesedin bulunduğu yere yanımda arkadaşlarım Hakan Bekmez, Selahattin Ertürk, Sabahattin Ertürk ve Erkan Ceylan ile birlikte gittik. Yürüyüş başlamıştı. Erkan yanımızdan ayrılarak gitti. Biz gruba katıldık. Hastaneye gidileceğini zannettik. Grup Şahinler'e kadar gitti. Bir-iki slogan oldu, biz de katıldık ve söyledik. 'Kahrolsun PKK', 'Susurluk Kürtlere mezar olacak' sloganlarını attık. Biraz alkollüydük. Şahinler Tesisi'ne gittik. Kamelya kısımlarının bulunduğu yere başkaları saldırdı. Ben bunları kırmadım. Yalnız orada bir plastik sandalyeyi yere vurup kırdım. Ben Bekmez Dinlenme Tesisleri'nin sahibiyim. Tesisimin önünün yolun kapanması nedeniyle dolduğunu söylediler, ben de işyerime geldim. Yolu kapatan arabalardan biri sarı Mercedes marka kamyondu. Bu yola tam çapraz durmuştu. Karşı taraftaki yolun kapanması için Ford kamyon yan dönmüştü. Araçların plakaları yabancıydı. Pazar günü de hiçbir olaya katılmadım, ama polisler evimi basıp beni gözaltına aldılar."

9 Göstericilerin Profili

Susurluk'taki olayların nedenlerinden biri, savcının iddianamesinde yer verdiği gibi organize olmasıydı. Ancak büyümesini sağlayan nedenlerin temelinde muhafazakâr eğilimleriyle içe kapanık yaşayan ilçe halkının taşralı zihniyeti yatıyordu.

Susurluk eylemcilerinin yaş ve mesleklerine bakınca eylemci profiline dair bazı sonuçlara varmak mümkün. Gösterilerde aktif rolleri nedeniyle soruşturma açılan 211 kişinin büyük bölümü 25 yaşından büyük. Yakalananlar arasında 18 yaşından küçük 19 kişi bulunuyor. 18 yaş üstündeki eylemci sayısı da 19. Yani toplam 38 genç eylemci var. Eyleme yön verenlerle ilgili polis ve mahkeme kayıtlarından ortaya çıkanlar, olaya katılan çoğunluğun 25-40 yaş arasında olduğunu gösteriyor.

Olaylara katılanlar hakkında diğer bilgiler derlendiğinde şu sonuç ortaya çıkıyor: İki gün boyunca gece yarılarına kadar süren eylemlere katılanların 110'u Susurluk'ta ikamet ediyor ve çalışıyor. Aralarında küçük-büyük esnaf ile ilçedeki fabrikalarda asgari ücretin altında çalışanlar ve daha alt düzeyde gelir elde eden garsonlar ve işsizler de var.

Organizasyona Susurluk'a bağlı belde ya da köylerden gelerek iştirak edenlerin sayısı 27. Bu kişilerin tamamı toprak sahibi ya da çiftçilikle uğraşıyor. Aralarında elde ettikleri gelirleri Susurluk ve çevresinde başka yatırımlara yönlendirenler çoğunlukta. Bu kişiler buna rağmen ikamet yeri olarak Susurluk'un köylerini tercih ediyorlar. Geriye kalan 70 eylemci ise ilçeye bağlı köylerden bir ya da iki kuşak önce gelerek Susurluk'a yerleşmiş kişilerden oluşuyor. Bunların tamamı geçimlerini Susurluk'ta yaptıkları işlerden sağlıyor. Akrabalık ve yakınlık bağları nedeniyle Susurluk'un taşrasıyla da güçlü ilişkilere sahipler. Dikkat çeken diğer sonuç da eyleme aktif olarak katıldıkları öne sürülen 211 kişiden sadece 4'ünün Balıkesir, Manisa, Bursa ve Artvin'den bir ya da iki kuşak önce gelerek Susurluk ilçe merkezine yerleşmiş olması. Bu rakamlar eyleme katılanların hemen tamamının yerleşik Susurluklu olduğunu kanıtlıyor.

Geleneklerine bağlı bir taşra ilçesi olan Susurluk'ta İslami motiflerin izlerine de rastlamak mümkün. Siyasal İslam'ın ilçede taşıdığı oy potansiyeli ve dinin ahlaki bölümlerinin olaylar sırasında da gösterilen tepkiler arasında yer alması bu gerçeğe işaret ediyor. Örnek olarak "Bunlar geldikten sonra karımızı kızımızı sokağa çıkaramaz olduk. Liselerin önünde esrar satılıyor. Hırsızlık yapıyorlar," sözlerini göstermek mümkün.

Bir kız çocuğunun öldürülmesi ve cinayetin tecavüzle birlikte gerçekleşmesini tek başına yeterli bir yıkıcılık sebebi sayan eylemciler arasındaki arkadaşlık bağı da açıkça görülüyor. Ayrıca bu arkadaşlık bağı resmi kayıtlara geçen küçük yerleşim birimlerine özgü lakaplardan da anlaşılıyor. Bu lakapların sadece arkadaş grupları arasında değil, tüm ilçede herkes tarafından bilinen lakaplar olduğunu da belirtelim. Bu bağlarla bir araya gelen grupların, kasabanın maneviyatını bozduğunu düşündükleri Kürtlere duydukları tepkiyi de hesaba katmak gerekiyor.

Eyleme katılanlar arasındaki akrabalık bağı da dikkat çekici. Aynı köylü, baba-oğul, amca-dayı temeli üzerine kurulu olduğu anlaşılan bu ilişkilerde babanın tepki duyduğu Kürtlere, oğul ve amca ya da dayının da, bunun nedenlerini sorgulamadan, aynı hisler ve şiddetle katılması taşra milliyetçiliğinin özelliklerinden birini yansıtıyor.

İlçede etnik bir temizliğe dönüştürülmek istenen olayın ardındaki taşra milliyetçiliğinde aktif grubun başını MHP çekmekle birlikte faturayı sadece bu partiye kesmek bir yanılgı olur. Çünkü eylemcilerin önemli bir bölümünün FP, ANAP, DYP, hatta DSP gibi partilere üye olduğu bir gerçek. Bu partilerin muhafazakâr yapıları nedeniyle üyesi ya da militanı durumundaki ilçe halkının büyük bölümü milliyetçiliği, MHP'li olmakla eşdeğer saymıyor. Taşrada bireylerin siyasetle olan ilişkilerini, atadan kalma miras gibi devraldıklarını ya da eş dost ilişkileriyle kurdukları biliniyor.

Tüm bunlar, Susurluk'ta, halkın yerleşik değerleri nedeniyle "yabancı" unsurlara karşı oluşan önyargılarının fitilini ateşlemesi olarak tezahür etti. Eylemcilerin kendi değerlerine adapte olamamakla suçladıkları Kürtlere karşı gösterdikleri tepkinin yıkıcı olmasının nedenlerinden biri de, milliyetçiliğin taşrada daha çok "reaksiyoner" tarafıyla ortaya çıkmasından kaynaklanıyor. "Devlet, vatan, bayrak" simgelerinin etrafındaki bu reaksiyoner milliyetçilik, fikri değil, militan düzeyde algılanıyor.

İhmal mi, Kasıt mı?

Susurluk'taki olayın Kürtlere karşı bir şiddete dönüşmesi gerçekten bir "münferit vaka" mıydı? Resmi yetkililer olayın bu nitelikte olduğunu söylüyor. Hatta Susurluk İlçe Emniyet Müdürü Fikri Özsoy, polisin tuttuğu tutanakları bile yalanlayarak, "Olaylar sırasında Kürtlere karşı hiç slogan atılmadı," diyor. Özsoy'un sözleri, yeni atandığı ilçede kendisinden önce yaşanmış "çirkin" diye tanımladığı bir dosyayı kapatmak yönündeki iyi niyetinden kaynaklanabilir. Oysa Susurluk'ta yaşananları, yerleşik halkın Kürtlere duyduğu tepki ya da galeyana gelerek ayrımcılık yapması olarak açıklamak da yetersiz kalıyor. Çünkü yaşananların tümü ele alındığında, olayları planlayan ve organize eden bir grubun varlığı ortaya çıkıyor. Üstelik eldeki veriler ve resmi belgeler bu şiddet organizasyonuna resmi görevlilerin aldığı/almadığı tedbirlerle ciddi bir katkı sunduğunu doğruluyor.

Olaylar sırasında polisin gösterdiği performansı resmi belgelere bakarak irdelemekte yarar var. Aslında iki gün süren olaylarla ilgili olarak polisin düzenlediği "Olay Tutanağı" tüm bu soruların yanıtlarını, bu kitaptaki diğer ayrıntılarla birleştirince veriyor. Bu birleştirme işlemini yapmadan önce Olay Tutanağı'nı başından itibaren okuyalım:

Olay Tutanağı

"(....) Kayıp şahsın bulunabilmesi için görgü tanıklarının ifadelerine başvurulmuş ve yapılan çalışmalarda kayıp olduğu bildirilen Avşar Çaldıran 07.4.2001 günü saat 19.00 sıralarında Balıkesir Emniyet Müdürlüğü Ağır Suçlar Büro Amirliği görevlilerinin yapmış oldukları çalışmalar neticesinde ilçemiz Sultaniye Mahallesi Çömlekçi Sokak No: 2 sayılı yerde bulunan aslen Diyarbakır ili Bismil ilçesi Aralık Köyü nüfusuna kayıtlı Arap ve Ayşan oğlu 1977 Bismil doğumlu şüpheli Recep İpek'e ait evin kömürlük olarak kullanılan bölümünde merdiven altında iple boğulmak suretiyle öldürülmüş ve nevresim içine sarılmış vaziyette üzerine üç-dört adet odun çuvalı arasına gizlenmiş halde bulunmuştur. Kayıp olarak aranmakta olan Avşar Çaldıran'ın ölü olarak bahse konu adreste bulunması üzerine olay yerinde gerekli emniyet tedbirleri alınarak konu ilçe Nöbetçi Cumhuriyet Savcısı'na bildirilmiş, olay yerine 21.30 sıralarında bizzat gelerek gerekli inceleme ve tespit yapılmış, ceset otopsi için saat 22.30 sıralarında Bursa Adli Tıp Kurumu Başkanlığı'na gönderilmiştir.

Bu esnada olayın infial yaratan olay olması nedeniyle olayı haber alan ilçe halkından yaklaşık 700-800 kişilik grup savcılığın inceleme yaptığı sırada evin yakınında Milli Kuvvetler Caddesi üzerinde toplanmış, grup içerisine provokatör kişilerin tahrikleriyle ve olaya karışan şüphelinin Diyarbakır nüfusuna kayıtlı olması nedeniyle çeşitli sloganlar atılmaya başlanmış, 'Susurluk Kürtlere mezar olacak, Kürtler Susurluk'u terk edin, Sapığı bize teslim edin, Biz cezasını verelim, Kanunlar bu sapığa ceza veremez, Kahrolsun PKK, Şehitler ölmez vatan bölünmez, Ya Allah bismillah Allahu ekber' sloganlarıyla ambulansın olay yerinden maktuleye ait cesetle ayrılması sonrasında söz konusu grubu provoke eden daha önceki yıllarda ilçemizde Sağlık Grup Başkanlığı yapmış olan, şu an Balıkesir İl Merkezi'nde İl Sağlık Müdürlüğü emrinde doktor olarak görev yapan Ali İhsan Güler söz konusu topluluğun önüne geçerek, aynı sloganlar eşliğinde Milli Kuvvetler Caddesi'ni takiben Çarşı Meydanı istikametine 300 kişilik grupla hareket ederek gruba cadde üzerinde bulunan umuma açık yerlerden ve sokakta yürüyen vatandaşlar tarafından katılımların olması üzerine grubun sayısı yaklaşık bin kişiye ulaşmış, grup heykel meydanına gelerek Atatürk anıtı önünde İstiklal Marşı söylemiştir. İstiklal Marşı okunduktan sonra Ali İhsan Güler'in kendisi ve arkasında bulunan topluluğa, sesli megafon cihazlarıyla yaptıkları eylemin kanunsuz ve yasal olmadığı, dağılmaları yönünde ikazlarda bulunmamıza rağmen topluluğu galeyana getirici sloganlar atan şahısların tahrikleri sonucu grup daha da çoğalarak Hatap Köprüsü'nü geçerek istasyon caddesi, Ayranevi istikametine yürüyüşe geçmiş ve Ayranevi kavşağında İlçe Jandarma Komutanlığı'ndan görevlilerimize takviye olarak getirilen kuvvetle birlikte grubun önü kesilerek topluluğun dağılması yönünde sesli cihazlarla yapılan ikazlara ve havaya yapılan ikaz atışlarına rağmen topluluk devlet karayolunu trafiğe kapatarak, Susurluk Bursa istikametin 1. kilometresinde bulunan doğu kökenli vatandaşlara ait Şahinler Dinlenme Tesisleri ve akaryakıt istasyonu önüne gelen ve yol boyunca topluluğa katılanlar ile sayıları yaklaşık 2500-3000 kişiyi bulan topluluk, Şahinler Dinlenme Tesisleri ve akaryakıt istasyonu önünde devlet karayolunu işgal ederek trafiğe kapatmışlardır. Aynı topluluk içerisinde bulunan ve topluluğu provoke eden kişilerin tahrikleri sonucu alınan tüm polis ve jandarma kuvvetlerinin önlemlerine ve havaya yapılan ikaz atışlarına, topluluğun dağılması yönündeki uyarılara rağmen Şahinler Dinlenme Tesisleri'nin camlarını kırmak suretiyle ve dışarıda bulunan sandalye ve kamelyaları tahrip etmişler, Şahinler Dinlenme Tesisleri önünde toplanan kalabalıktan ayrılan 20 kişilik bir grubun güvenlik kuvvetlerinin yetersizliğinden faydalanarak devlet karayolu üzerindeki Ayranevi kavşağında yine doğu kökenli vatandaşlarımıza ait Boksör Petrol benzin istasyonunu camlarını kırmışlardır.

Maktulenin bulunduğu evin önündeki grup ilçemiz Çarşı Meydanı'na hareket ettiği sırada Merkez Karakolu önünde biriken ve sayıları yaklaşık 500-600'ü bulan kalabalık da Şehit Fikret Caddesi'ni takiben devlet karayoluna çıkarak Işıklı Kavşak'ta yolu işgal ederek trafiğe kapatmışlardır. Takviye kuvvetlerin gelmesi ve İl Emniyet Müdürü sayın M. İhsan Yılmaztürk'ün topluluğu telkin edici konuşmaları sonucu sayıları 2500-3000'i bulan kalabalık ilçe merkezine doğru gruplar halinde hareket etmişlerdir. Bu gruplardan ayrılan 10-15 kişilik gruplar halinde ilçemiz içerisinde muhtelif yerlerde doğu kökenli vatandaşlara ait iki adet ikametgâh, dört adet işyerinde maddi hasar meydana getirmişlerdir. Topluluğun sakinleştirilmesi sonucu olaylar 08/04 günü saat 04.00 sıralarında sona ermiştir."[1]

Çelişkiler ve Sorular

Kısa hatırlatmalarla akıllara takılan çelişkilere değinelim:

Avşar Sıla Çaldıran kaybolduğunda 6 Nisan 2001 günü saatler 11.30 ya da 12.00'yi gösteriyordu. Küçük kızın kaybolduğu saat 12.30 ile 13.00 arasında polis kayıtlarına geçti.

Polis aradan saatler geçtikten sonra olayın ciddiyetini algılayacak ilk bilgiye ulaştı. Olayın ciddiyetini gösteren Recep İpek'in adıydı. Polis Recep İpek ismine ulaştığında saat 15.00'ti. İpek ise o sırada Şahinler Dinlenme Tesisi'ndeydi. Saat 16.00'da Recep İpek tesislerden ayrıldı. Bu Recep İpek'in kayıp çocuk ile birlikte görüldükten 4 saat 30 dakika sonra ilçeden ayrıldığı anlamına geliyor.

1. 08.4.2001 tarihli, 3 başkomiser ve 17 polis memurunun imzası bulunan Olay Tutanağı.

Recep İpek ilçeden ayrılırken evinin anahtarını tesislerde çalışan arkadaşına bıraktı. Polis buna rağmen İpek'in evini aramadı. Bunun yerine zanlının ağabeyi Ömer İpek'i birkaç kahvehanede aradıktan sonra işten dönmesini bekledi.

Ömer İpek ilçeye dönünce, yani tam 7 saat sonra ilk arama yapıldı. Kaymakam Abidin Ünsal'ın da bulunduğu bu aramalarda sadece kayıp kıza ait saç tokası bulunabildi. Ev tam üç kez arandı.

Kaymakam Abidin Ünsal kayıp arama çalışmalarını, o gün içinde Kürtlerle ilgili yayılan söylentilere rağmen halka havale etme kararı verdi. Her grubun başına bir polis vermekle olayların çığırından çıkmasında birinci derecede rol oynadı. Karakolda yürüyen soruşturma bilgileri aynı anda ilçe halkının arasında konuşulmaya başlandı. Bu arada ayrımcı görüşleriyle bilinen isimler Güneydoğululara karşı açıkça tepki göstermeye başladılar. Polis ne halkın kendi çocuklarının da başına gelebileceklerini düşündükleri olaya gösterdiği ilgiyi, ne de söylentileri dikkate aldı.

Polis küçük kızın kaybolmasından 24 saat sonra başlayan ilk şiddet gösterisi olan Ömer İpek'in evine yapılan saldırıyı da ciddiye almadı. Tüm bunlar olurken Kaymakam Ünsal ve Emniyet Müdürü Saydam, İl Emniyet Müdürlüğü'nden yardım istemedi.

Olayların başladığı 7 Nisan 2001 tarihinde yaşananlara bakalım: Yetkililer ne karakolun önünde ne de arama çalışmasının yapıldığı Recep İpek'in evinin önündeki 150 kişilik kalabalığa müdahalede bulundu. Balıkesir Emniyet Müdürlüğü Cinayet Masası ekipleri, İpek'in evinde ilk aramayı başlattıklarında saat 17.30 ile 18.00 arasıydı. Kayıp çocuğun cesedi 30 dakika sonra 18.30'da bulundu. Cesedin bulunuş saati Olay Tutanağı'na 19.00 olarak geçti. (Kayıp kızın cesedini bulan ekibin amiri Yakup Erdem bize cesedin bulunduğu saatin 18.30 olduğunu doğruladı.)

Olay yerine cumhuriyet savcısının geliş saati olay tutanağına 21.30 olarak geçti. Yani tam 2 saat 30 dakika sonra. Oysa savcı olay yerine birkaç dakikalık mesafedeydi. Aradan geçen bu süre içinde evin önünde bekleyen öfkeli kalabalık ikiye katlanmıştı.

Bu ayrıntılar önemli, çünkü savcı görevini ihmal ettiği için değil, kayıp çocuğun cesedi bulunduktan 2 saat 30 dakika sonra kendisine haber verildiği için olay yerine geç geldi. Buraya geldiğinde evin önünde bekleyenlerin sayısı bini buluyordu. Göstericilerin sayılarıyla birlikte öfkelerini de her dakika artıran bu zaman dilimi oldu.

Savcının da olay yerindeki incelemesi bir saat sürdü. Yetkililer bu süre içinde açıkça görülmeye başlayan şiddetin hazırlığını da fark etmedi ya da etmek istemedi. Avşar Sıla Çaldıran'ın cesedi 3 saat 30 dakika sonra, 22.30'da bulunduğu evden çıkarıldı ve Bursa Adli Tıp Kurumu'na gönderildi. Bundan sonra Kürtlere karşı sloganlar başladı, ama yine müdahale olmadı. Kaymakam Ünsal ve Emniyet Müdürü Saydam eylemcilerin önünde yürürken, topluluğa bir itfaiye aracı eşlik ediyordu.

Kalabalığın Şahinler Dinlenme Tesisleri'ne yürüyüşü 1 saat 30 dakika sürdü. Bu zaman dilimi yetkililerin Balıkesir, hatta Bursa'dan bile takviye polis desteği istediğinde gelebileceklerini gösteriyor. Yetkililer bu desteği istediler, ama ekipler olay yerine geldiğinde Kürtlere ait ev ve işyerleri çoktan taşlanıp yakılmıştı.

İlk gün sonunda yaşanan olaylarla ilgili yapılan güvenlik toplantısının sonucunda olaylar "münferit" olarak nitelendirildi. Bu tespit 8 Nisan 2001 gecesi de olayların tekrar etmesine neden oldu. Yine işyerleri taşlandı, iki ev yakıldı. Polis ilk kez önünü alamadığı olaylarda ciddi bir müdahalede bulundu ve eylemcileri gözaltına almaya başladı. Hatta eylemcilerin evlerine seri baskınlar düzenledi. Ancak olayları bitiren bu tedbir hayata geçtiğinde ilçedeki Güneydoğulu nüfus azalıyordu. Kaymakam Abidin Ünsal ilçeden ayrılmak isteyenlere para yardımında bulunarak bu kaçışları teşvik etti.

10 Susurluk ve Kürtler

Adli bir cinayet vakasının faturası hem Susurluk hem de Kürtler için çok ağır oldu. İlçedeki toplumsal-siyasal eğilimler bu faturayı ağırlaştıran temel faktördü. Muhafazakâr değerlerle yaşayan ilçe sakinlerinin gösterdiği şiddetin dozu yüksekti, çünkü ilçedeki Kürtler de esas olarak benzer bir muhafazakârlığa sahipti. İlçenin sahibi olarak kendilerini gören yerleşik halk, "misafir" olarak gördükleri Kürtlerin değerlerini kabul etmek istemediler. Türkler ve Kürtler arasında ilçede yaklaşık on yıldır süren bu gerilim, küçük bir kız çocuğunun öldürülmesiyle iki gece süren etnik terörü tetikledi.

Susurluk halkının öteden beri sevmediği "yabancıların" içinde Kürtlerin ilk sırada yer almasının nedeni tabii ki PKK ve Güneydoğu'da yaşanan savaştı. Toprak sahibi çiftçiler ile ilçe eşrafının iklimini belirlediği Susurluk'a yoksul Kürtler, PKK ile güvenlik güçleri arasındaki çatışmaların şiddetlendiği 1990'lı yılların ilk yarısına gelmeye başladılar. Can güvenliği, gelecek kaygısı ve işsizlik gibi sorunlar Kürtlerin batı bölgelerine göçünü beraberinde getirmişti. Batıya göç eden Kürtler dağılıp kaybolmadılar, aksine kimliklerini korudular, birbirlerine kenetlendiler.

Aslında Susurluk halkı Kürtlerle birlikte yaklaşık elli yıl önce yaşamaya başlamıştı, ama ilçeye ilk gelen Kürtler memuriyetle iştigal ediyordu; aidiyetlerini belirgin hale getiren işaretler, zamanla erimeye yüz tutmuştu. Dolayısıyla "yabancı" kabul edilseler de kabul görmeleri zor olmamıştı. Yıllar sonra, asker cenazelerinin geldiği yıllarda ilçeye yerleşen Kürtler ise aynı kabulü görmediler.

Karayolunun Rengi Değişti

Yeni göç dalgası, vasıfsız işçi niteliğindeydi, gelenler daha çok tarım işçiliği yapıyordu. Hemşeri bağları ve bu tür iş olanakları nedeniyle Bursa, Manisa, Adapazarı, Ordu, Giresun ve Balıkesir gibi illere gelmişlerdi. Çoğunluğu Türkçeyi neredeyse hiç ya da çok az konuşuyordu.

Susurluk halkının başta "gelip geçici tarım işçileri" diye baktığı göçerlerin amacı kalıcı olmaktı. Gelenlerin büyük çoğunluğu Diyarbakırlıydı; onları Urfalılar izliyordu. Sayıları hiçbir zaman büyük şehirlerdeki gibi varoş, mahalle ya da getto oluşturacak kadar çok olmadı. En fazla 500 kişiydiler ve memuriyet nedeniyle ilçeye gelmiş olanlarla birlikte sayıları ancak bini buluyordu.

Tarım işçiliğinden düzenli maaş aldıkları garsonluk, yıkamacılık, pompacılık ve pazarcılık gibi işlere kaymalarıyla daha çok yerleşik halkın yaşadığı mahallelerde oturmaya başladılar. Böylece Susurluk'un günlük hayatına nüfuz ettiler. Bu sayede, daha önce göç etmiş ve belli bir sermaye birikimine sahip olan Kürtlerin de ilçedeki etkileri arttı. Öyle ki Susurluk'un en önemli kazanç kapısı olan yol üstü ticaretinde, Kürtler 1991 yılından sonra söz sahibi olmaya başladı; karayolu üzerindeki dinlenme tesislerinden onlara ait olanların sayısı arttı.

Tesis sahibi Kürtler, genellikle kendi hemşerilerine iş vermeyi tercih ettiler. Göçerler bu tesislerde kurulan yatakhanelerde kalıp çalışırken, bir yandan da yanlarına alabilecekleri memleketlerindeki işsiz yakınları için de umut kapısı oldular. Yol üstü ticaretinde giderek artan Kürt ağırlığı bir süre sonra Susurluk'un değişmez konusu haline geliverdi.

Sağ partilerin hâkim olduğu ilçede siyasetin nabzını elinde tutan esnaf arasında Kürtlere karşı hoşnutsuzluk baş gösterdi. Kürtlerin ilçenin huzurunu bozduğu görüşü dilden dile dolaşmaya başladı. Kahvehanelerdeki Kürtçe sohbetlerden Güneydoğulu kadınların giyim tarzlarına kadar pek çok şeye duyulan tepki, Kürt kökenli girişimcilerin büyüyen yatırımlarına duyulan hoşnutsuzluklara paralel olarak tırmandı.

Tesis sahibi bazı Güneydoğulu işadamları hakkında çıkartılan "yasadışı işler yaptıkları" yolundaki söylentiler, Kürtlere karşı "ahlaki" bir düşmanlık için elverişli zemin hazırladı. Polis, bazı tesislere kaçakçılık yapıldığı gerekçesiyle operasyonlar düzenledi. Bazı Kürt işadamlarıyla ilgili kaçakçılık suçundan davalar açıldı. Bu olaylar sadece tesis sahiplerine değil, tüm Kürtlere fatura edilirken, gerginlik de tırmanıyordu. İşsizlik nedeniyle artan hırsızlık ve taciz vakalarından bile Kürtler sorumlu tutulur hale geldi. İlçede yaşayanların bazıları, yürütülen bilinçli-bilinçsiz kampanyalara Kürtlere ev vermeyerek katılırken, esnaf da sayıları artan Kürtlere iş vermemeyi alışkanlık haline getirdi. Bu durum 2000 yılına gelindiğinde artık tehlike sinyalleri verecek düzeye ulaşmıştı. Bütün bunlara rağmen

Kürtler ile kendi halinde yaşayan halkın önemli bir bölümü arasında diyalog sürüyordu.

Sonunda gerginlik bir cinayet vakasıyla patladı ve Kürtler ilçeyi terk etmek zorunda kaldı. Bu kaçış sırasında Kürtlerin canını yine yerleşik Susurluk halkı korudu. Ancak bu yardımlar olaylar sırasında azınlık düzeyinde kaldı. Çoğunluğun adeta bir "cinnet" şeklinde dışa vuran tepkileri Güneydoğuluların ilçeden kaçmalarına yetmişti.

"Bırakın Geldikleri Yere Gitsinler"

Güneydoğulular olayların yaşandığı ilk gece, tehditleri sezdikleri için geceyi topluca birbirlerinin evinde geçirdiler. Sabaha karşı kimi aileler, komşularının yardımıyla ya da kendi imkânlarıyla gizlice kaçtılar. Örneğin Susurluk'a yarım saat uzaklıktaki Yahyaköy ilçesine sığınanlar bir evde toplandılar. Evde tam 85 kişi vardı. 25 jandarma, evi korumaya aldı. Jandarmanın nöbeti bir günden fazla sürdü. Güvenlik önlemlerinin artırıldığı yerlerden biri de ilçenin hemen dışındaki Şeker Fabrikası'ydı. Jandarma, memurlar arasında Kürtlerin çokluğunu dikkate alarak güvenliği sağlaması için birkaç ekibi de buraya gönderdi. Kaçamayanlar ise ilçede evlerinde mahsur kaldılar.

9 Nisan sabaha karşı biten olaylar sonrasında evleri taşlanan Kürtler ilçeyi terk ettiler. İlk gidenler Mehmet Poyraz, Gaffar Poyraz, Abbas Çelikkılıç, Ramazan Aksoy, Vahit Aksoy, Fethi Karakaş, Hacı Şükrü Oral, Murat Kahraman, Mahmut Kahraman'dı. Bu kişiler önce çocuklarını gönderdiler, ardından Kaymakam Abidin Ünsal'ı gruplar halinde ziyaret ederek gitmelerine yardımcı olmasını istediler. Kaymakam gitmek isteyenlere "kalmaları" yönünde telkinde bulunmadı. Evlerini yüklemek için kamyon parası bulamayanlara 50 ila 100'er milyon lira yardım yaptı. Yetkililer, Kürtlerin ilçeyi terk etmelerinin huzurun sağlanması açısından daha hayırlı olacağını düşünüyordu.

Bir örnek: Gaffar Poyraz olaylardan sonra eşini ve çocuklarını Diyarbakır'a göndermeye hazırlanıyordu. Kendisi bir süre daha işine devam edecekti. Eşyalarını borç alıp tuttuğu kamyona yüklerken polis de güvenlik gerekçesiyle yanlarında bulundu. Yükleme işlemi bitip kamyon ilçe dışına hareket ettiğinde iki polis otosu araca bir süre eşlik etti. Kamyon ilçeden ayrılıp devlet karayoluna çıktığı sırada Başkomiser Hüseyin İspir telsizle emniyet müdürüne bilgi verdi:

"Müdürüm söz konusu araçla Işıklar Mevkii'ndeyiz. Araca ilçe çıkışına kadar eşlik edelim mi? Emirlerinizi bekliyorum." Nizamettin Saydam'ın yanıtı şöyleydi: "Bırakın gitsinler, bir de onlarla mı uğraşacağız? Gerek yok. Bırakın, bir an önce geldikleri yere gitsinler."

İlçeyi terk edenlerden güzergâhları aynı yönde olanlar Kaymakam'dan aldıkları parayı birleştirip ortak nakliye aracı tuttular. Çoğunluğu Diyarbakır'a döndü. Aralarında yine hemşerilik bağlantıları nedeniyle Bursa ve Ankara'ya gidenler oldu.

Gidecek yerleri olmadığı için Susurluk'ta kalanlar, kendilerini ilçeye bağlayan tek şey olan işlerini de kaybetmeye başladı. Peş peşe kovuldular. Cinayet sanığı Recep İpek'in ağabeyi Ömer İpek ile birlikte mevsimlik işçi olarak BOTAŞ'ta çalışan beş Güneydoğulu işlerinden atıldı. Yalçınkaya Kahvehanesi'nde çalışan Derviş Karakaş, Temizel Lokantası'nda çalışan oğlu Şahin Karakaş, Ulusoy Dinlenme Tesisleri'nde çalışan Mehmet Durmuş, Güneş Tesisleri'nde çalışan Mahmut Kahraman, Uludağ Pide Salonu'nda çalışan Mehmet Çelikkılıç ilk anda işlerinden atılanlardı.

İlçede şiddet olayları durulduktan bir süre sonra da kaçışlar devam etti. Çünkü söylentiler bir türlü bitmek bilmiyordu. O günlerde jandarma Susurluk'a birkaç kilometre ötesindeki Buzağılık Köyü'nde Vanlı bir ailenin evine baskın düzenledi. İhbar üzerine düzenlenen baskında Mahir Dağ'a ait çiftlik evinin önündeki arsada silah bulundu. Mahir Dağ, silahlar için "Bana ait değil," dedi ama bu ciddiye alınmadı. Olay Susurluk'a, "Buzağılık'ta Kürtlerin çiftliğini jandarma basmış. Üç tabanca, bir sürü de çalıntı eşya çıkmış. Kürtler bize karşı silahlanıyor," diye yansıdı. Her şey bittiğinde ilçeyi terk eden Kürtlerin sayısı 150'yi buldu. Bunlar arasında Susurluk'ta öğrenim gören öğrenciler de vardı. Olaydan aylar sonra bile ilçede kalanlara düşmanca davranışlar devam ediyordu.

11 Kızları Öldürülen Çaldıran Çifti: "Ankara'dan Sınır Çekelim, Gelmesinler"

Nihal ve Salim Çaldıran çifti çocuklarını bir cinayete kurban vermenin acısıyla ağır bir travma yaşarken, aynı zamanda "Doğulu-Batılı" ayrımının ilçedeki canlı sembolü haline geldiler. Salim Çaldıran, Susurluk'un tanınmış bir ailesinin oğluydu. Üniversitede işletme eğitimi aldı. Nihal Çaldıran ile yirmi yaşındayken nişanlandı ve okulunu bitirdikten sonra Susurluk'a dönüp evlendi. Babası Osman Çaldıran'la birlikte bir süre gübre bayii işletti. Sonra babasıyla arası açıldı. İstanbul'da şansını denemeye karar verdi. Nihal Çaldıran ise Almanya'da işçi olarak çalışan bir ailenin kızıydı. Ailesini, dokuz yaşındayken, Avusturya'nın Salzburg kenti yakınlarındaki bir kazada kaybetti.

Çaldıran çifti cinayetin ardından çıkan olayları, "etnik ayrım" değil, "bir kız çocuğunun öldürülmesine gösterilen haklı bir tepki" diye tanımlıyor. Çaldıran çiftiyle kızları Avşar'ı, Susurluk olaylarını, Türkler ve Kürtleri konuştuk.

Bu olay sizi nasıl etkiledi? Neler hissettiniz?

Nihal Çaldıran: "Ben acılar paylaştıkça azalır, mutluluklar paylaştıkça çoğalır," diye düşünüyorum; onun için paylaşmayı tercih ediyorum. Dostlarım var, onlara ne hissettiğimi anlatıyorum. Ama bazen beni kızdırıyorlar. Efendim, kızım öldürülmüş, ben televizyonlarda, hastanede, şurada burada, küpeyle dolaşıyormuşum. Kaşlarımı alıp kızımın cenazesine katılmışım. Bunları söylüyorlar, inanabiliyor musunuz? Benim yedi yaşından beri kulağımdan küpe çıkmaz. Bunları söyleyenler hakikaten vahşet görmek istiyorlar. Kafamı duvarlara vurup parçalamamı istiyorlar. İnsan acısını ille kendisini parçalayarak mı gösterir? Bu dört duvar arasında bizim ne çektiğimizi bilmeden konuşuyorlar. İnsanlar benim için ille de "Üzüldü" ya da "Üzülmedi" desinler diye bir çabam olmadı ki benim.

Biraz kendinizi ve evliliğinizi anlatır mısınız?

1967 doğumluyum. Anneannem Uşaklı, dedem Manyaslıdır. Onlar Susurluk'a gelip yerleştikten sonra, o gün bugündür hep Susurluk'tayız. Annem babam Almanya'ya işçi olarak gitmişlerdi. Beni anneannem ve dedem büyüttü. Dedem altı yıl önce öldü. Ben dokuz yaşındayken annemi babamı, bir de kardeşimi trafik kazasında kaybettim. 1978 Haziran ayında Salzburg'da kaza geçirdik. Kazadan sonra Türkiye'ye döndüm.

Eşinizle nasıl tanıştınız?

Liseyi bitirmiştim, on dokuz yaşındaydım. Birbirimizi, burası küçük bir yer olduğu için tanıyorduk. Beş ay birlikte çıktık, nişanlandık. On bir ay nişanlı kaldık, sonra evlendik. Çok farklı bir tanışma değildi.

Salim Çaldıran: Ben 1966 doğumluyum. Liseye kadar burada okudum. İzmir 9 Eylül Üniversitesi İşletme Bölümü mezunuyum. O zaman okulla ilgili bir şeyler yapmayı pek düşünmedim. Babamın işleri de yoğundu. "Kendi işimizi yaparız" diye düşündüm. Babama ait gübre bayii vardı. 1997'de sona erdi. Babamla da aram açıldı, diyaloglarımız iyi olmadı hiçbir zaman. Benim farklı düşüncelerim vardı. O yatırımı, riski sevmiyordu. Ben, Özal zamanına ayak uydurdum. O uyduramadı. Onun gibi düşünenler kalmadı ülkede. Babam başka yatırımlar yapmaya yanaşmadı. Gelişmedi, ek bir iş olmadı. Öyle olunca küçülmeye gitti. O zamanla bugünü karşılaştırınca benim düşüncelerimin doğru olduğunu herkes görüyor. Ufak paralarla da iş yapmaya kalktık. O da olmadı. 1997'den sonra İstanbul'a gidip Yukarı Dudullu'da bir eve yerleştik, bir-iki yıl kaldık. Yakınlarımızın Tahtakale'de restoranları vardı. İşletmesini bana verdiler. Bir yıl boyunca orayı işlettim, ama işlerimiz yolunda gitmedi. Tekrar buraya dönmeye karar verdim. Burada da bir büfe işlettim bir süre... İki yıl da o işle ilgilendim. O da yürümedi. Sonra Garaj Mevkii'nde, küçük bir içkili restoran işlettim. O da yürümedi. Yine işsiz kaldım.

İşleriniz neden böyle ters gitti?

Yaptığım işler, hep ekonomik kriz günlerine denk geldi. Kredi alıp iş yaptım, faizler yüksek olunca ödeyemedim. Borçlarımı, evimdeki eşyaları satıp ödedim. İşyerlerini çalıştırırken, veresiye verince sonuç daha kötü oldu.

En son yaptığınız iş neydi?

Bir birahanem vardı. Borçlarım yüzünden onu da devrettim. Yani iş yoğun değildi.

Susurluk'tan ayrılmayı düşünüyor musunuz?

İstanbul'da Nazlıcan'ı ameliyat ettirdiğimiz hastanenin ortaklarından biri İhsan Kalkavan. Memorial'in ortağıymış. Orada bir iletişim koordinatörü var. Avşar'ın ölümünden sonra benimle ilgilendi. Yeni bir departman açıyorlarmış. "Orada işin olacak," dedi, ama bekliyorum. Eğer o iş olursa, İstanbul'a yerleşmeyi düşünüyorum. Burada gelecek göremiyorum. İstanbul'daki iş olmazsa başka şeyler yaparım. Susurluk'ta dükkânlar kapanıyor, kimse iş yapamıyor. Ekonomik kriz bayağı çökertti bizi. Burada para harcayacak insan da pek yok. O yüzden bir işyeri de açamıyorum. Susurluk'ta tek para harcayan kesim Şeker Fabrikası'nda çalışanlardır. Onlar da bu olaylardan etkilendiler. Çoğunluğu Doğulu insanlar. Burada sadece asfalt boyundaki dükkânlar, dışarıya yönelik çalıştıkları için para kazanıyor. Ama onların da masrafı çok. Onlar da dertli...

Okulda nasıl bir öğrenciydiniz?

1984'te girdim, 1989'da mezun oldum. Ortalama bir öğrenciydim. Okulla ilgili beni yönlendiren olmadı, kendim de düşünmedim. Düşünseydim ya da beni yönlendiren birisi olsaydı... Okuldan sonra yurtdışına gitseydim keşke. Çünkü o zaman babamın durumu da iyiydi. Master yapıp bir şirkete girebilirdim. Düşünmedim... O zaman babamın parası vardı, şimdi yapmak istesem o zaman elde olanların hiçbiri yok. Bir tek, oturduğum ev bana ait, onu da 1993'te askerden geldikten bir yıl sonra babamla çalışırken almıştım. Avşar doğduğunda, ben bir haftalık askerdim. Askerden sonra hayatımız pek iyi geçmedi.

Siz restoran işindeyken, Nazlıcan doğdu. Kalbinin delik olduğunu nasıl fark ettiniz?

N. Çaldıran: Doğduktan iki ay sonra anlaşıldı. Doğumdan sonraki muayenede anlaşılması gerekiyordu, ama doktor anlayamamış. Çok ateşlendi, iki aylıktı o zaman, hemen Balıkesir'e çocuk doktoruna götürdük. "Size doğumdan sonra, kalple ilgili bir şey söylendi mi?"

diye sordular. "Hayır," deyince, doktor bize, "Kalpte problem var," dedi. Tetkikler sonucunda kalbinin delik olduğu ortaya çıktı. Doktorlar, iki yaşına kadar mutlaka ameliyat olması gerektiğini söylediler.

Neden yakalanmış bu hastalığa, tıbbi bir açıklama yaptılar mı size?

Doğuştan... Aslında, Salim'le ben, bu hastalığın çocuğumda oluşmasına neden olacak bulguları taşımıyoruz. Bu hastalık, akraba evliliği, sigara, içki, uyuşturucu ya da annenin bilinçsiz ilaç kullanması gibi durumlarda ortaya çıkıyor.

S. Çaldıran: O zaman büfe işletiyordum. Kazandığım paranın birçoğu Nazlıcan'a harcandı. Hep özel doktor ve hastanelere gidiyorduk. İki günde bir Bursa'ya götürüyorduk. Tam iki yıl böyle sürdü. Ameliyattan sonra düzeldi. Ege Üniversitesi'nde sekiz ay önce anjiyo oldu. Okuldan bir arkadaşım yardımcı oldu. 800 milyon lira harcadık o zaman... Aslında biz Nazlıcan'ı Ege Üniversitesi'nde ameliyat ettirecektik. Ama paramız yoktu. Benim bir Bağ-Kur girişim vardı 1985'te, arada primleri yatırmamıştık. Prim borçlarını ödersek, Bağ-Kur ameliyat masraflarını ödüyordu. Hastanenin de Bağ-Kur anlaşması bitmişti. İzmir'deki arkadaşım, beni şirketinde SSK'lı gösterdi. Çocukların sigortamla ameliyat olabilmesi için altı ay geçmesi gerekiyordu.

Bu arada İstanbul'a gittiniz ameliyat için... Avşar'ın kaybolduğunu nasıl öğrendiniz?

SSK ile anlaşmalı olarak Memorial Hastanesi'ne Nazlıcan'ı ameliyat için yatırmıştık. O gün telefonla haber geldi. "Avşar kayıp," dediler. 6 Nisan 2001 gecesi 01.00'de geldim. Karakola gittim, önünde bir sürü insan vardı. Ertesi gün ceset bulundu.

N. Çaldıran: Biz Avşar kaybolmadan bir hafta önce, İstanbul'a gitmiştik. Eşime telefon geldiğinde ben kötü bir şeyler olduğunu hissettim. İlk önce benden sakladılar. Telefon eden kız kardeşimdi. Avşar'dan bahsediyorlardı. "Ne oldu?" diye sordum. Cevap vermediler. Diğer odaya geçip konuştular. Anladım kaybolduğunu. Ama "Bir arkadaşıyla dolaşmaya çıkmıştır," diye düşündüm. Bu kadar kötü bir şey düşünmedim. Akşamüzeri saat 18.00'di. Aradan zaman geçti, evi aradım, Avşar'ın okula gitmediğini öğrenince şok oldum. Sonra Avşar'ın bir arkadaşının evini, "Avşar sizde mi?" diye aradım. Yok hoparlörler bağırıyor, "Avşar kayıp" deyince paniğe kapıldım.

Kızınızın ölü bulunmasından sonra yaşanan şiddet olayları için ne düşünüyorsunuz?

S. Çaldıran: Aslında Susurluk'un adı çıkmış, öyle çok büyütülecek bir şey değildi bu olaylar. Bir kere burada Abdullah Çatlı'nın adı çıktı. Avşar'ın ölümünü de Kürt-Türk davasına dönmüş gibi gösterdiler. Başka bir ilçede olsaydı, aynı tepki olurdu. Susurluk bugüne kadar böyle bir olay yaşamamış ki!

Avşar kaybolduktan otuz beş saat sonra bulundu. O aramada, evinize isimsiz bir telefon gelmiş. Ne istiyorlardı?

N. Çaldıran: Kardeşimin işyerine telefon gelmiş. O sırada polis, katilin evinde arama yapıyormuş. Telefondaki adam, "Polisi oradan çekin yoksa çocuğunuzun ölüsünü alırsınız," demiş. Ben o sırada, "Nazlıcan ameliyat olacak," diye gelememiştim. Teyzem aradı. "Şu an polis Avşar'ı arıyor. Kaçıran kişiyle birlikte bir otobüsteymiş. Biraz sonra kurtaracaklar," dedi. Ben, "MİT operasyon yapıyormuş. Batman yakınlarında, bir otobüse operasyon yapacaklarmış," diye duyuyordum. Salim'i aradım. Salim de bana "Gelişme var," dedi. Kızım halen sağ sanıyordum, "Gelişme var" dedikleri olay isimsiz telefonmuş. Bizim yakınlarımız Ömer İpek'in evine, telefon numaralarını kontrol etmek için giriyorlar. O sırada telefon çalıyor. Eve girenler arasında bizim bir komşumuz da var. Telefonu kaldırıyor. Telefondaki kadın hemen söze girmiş. "Recep'i polis arıyormuş, ne oldu?" diye...

İzinsiz nasıl girebilmişler eve?

Recep İpek'in kaçtığını duyunca, "Acaba yakınlarının yanına gitti mi?" diye düşünmüşler. Recep İpek'in yakınlarının telefonlarını bulup, polise vermek için girmişler.

S. Çaldıran: Ben o isimsiz telefon geldikten sonra doğrudan karakola gittim, anlattım. O arada Susurluk'un içinde, Balıkesir'den iki arabayla gelen polisleri arıyorduk. Avşar'ın bulunduğu evin oraya gittik. Susurluk Emniyeti'ne ait arabalar da vardı. Akşam saat 21.30 gibi evin önünde araba sayısı artmaya başladı. Kaçıranlarla evde pazarlık yapıyorlar zannettim. Sonra bulunduğunu söylediler. Kendimi kaybettim.

Avşar tanımadığı bir kişinin evine nasıl gitmiş?

N. Çaldıran: Biz de bilmiyoruz. B. ile Avşar eve gelip, evdeki balıklara yem verdikten sonra gidiyorlar. Ama benim kızım kesinlikle izinsiz bir yere giden bir çocuk değildi. Ayrıca okul saati ve orası Avşar'ın gideceği bir yer değil. Bana ilginç geliyor. Avşar ayağında terliklerle gitmiş. Benim kızım öyle nasıl çıktı? Artık o an nasıl bir psikolojideydi, zorla da götürüldüğünü zannetmiyorum. Bilmiyorum...

Avşar nasıl bir çocuktu?

Etkin bir çocuktu. Çok güzel rol yapardı, İstanbul'da otururken de okulda bütün etkinliklerde o sahneye çıkardı. Folklor ve balede hep o vardı. Hatta bir kez öğrenci arkadaşlarının velileri kızmışlardı. "Burada bu kadar çocuk varken, neden bütün roller Avşar'a veriliyor?" diye. Çok özel bir çocuktu. Arkadaşları ona hep hayran olurdu. Avşar'ın bir özelliği de kendisinden küçük olan çocukları çok sevmesiydi. Toplumun kabul etmediği yoksul, durumu kötü olan çocuklara ilgi duyardı. Onlarla oynamayı severdi. Zaten bu katilin yeğeni de öyle bir kızdı. Avşar ona sahip çıkıyordu.

İpek ailesiyle ilişkiniz nasıl başladı?

Aslında bizim hiç ilişkimiz yoktu. İstanbul'dan Susurluk'a döndüğümüzde Nazlıcan'a hamileydim. Büyük bir rahatsızlık geçirdim. Hamileliğim kötü geçiyordu. O arada, anneannem bana yardımcı olur diye Susurluk'a geldik. Bu Kürtler, biz geldiğimiz zaman anneannemin sokağına geldi. Altı çocukları vardı. Birkaç ay anneannemlerin evinde kaldık, çünkü buradaki evimizde kiracı vardı. Ömer İpek'in ailesi mahalleye ilk geldiğinde, kimse istemedi. Sanki insanların içine doğmuştu. "Ne oldukları belli değil, soyları sopları belli değil," diye bir tepki vardı. "Mahallemize bunları sokmayalım," dediler. İmza toplamaya bile kalkıştılar. Belediyeye gittiler, evlerini yıktırmak için... Bunları buraya getiren de, Susurluk'ta "Kürt Musa" denen bir adam. Çok uğraştık, ama bunları mahalleden atamadılar.

Siz de mahalleden kovulmalarını istiyor muydunuz?

Başta pek karışmadım. İtiraf etmem gerekirse, onlardan nefret etmiyordum. Ama evin kadını kimseye yüzünü bile göstermezdi. İyi bir insan olsaydı, mahalledeki insanlarla kaynaşırdı. Yüzünü kapatıyordu, peçenin arkasından gözleriyle, herkese düşman gibi bakıyordu.

S. Çaldıran: Bunları aslında buraya getiren Şahinler Dinlenme Tesisleri. Onlar iş verdiler. Kürt Musa da ev verdi. Şahinler Dinlenme Tesisleri pis işler yapar. Her yol var onlarda...

Ömer İpek ve eşiyle hiç diyalog kurmadınız mı?

N. Çaldıran: Onlarla değil, ama çocuklarıyla diyalog kurdum. Çünkü Avşar onların kızlarıyla arkadaştı. Onları çok seviyordu. Komşuları, onlar geldikten sonra "Evlerinde eşyaları yok," diye yatak yorgandan, halıya kadar bir sürü eşya verdiler.

Biraz önce "Mahalleden kovmak için imza toplamayı düşündüler," dediniz?

Ama acıdılar çoluk çocuğuna. Hiçbir şeyleri yoktu. O zaman Ömer İpek Şahinler Dinlenme Tesisleri'nde çalışıyordu. Avşar'dan küçük bir kızları vardı. Avşar da sürekli zamanını onunla geçiriyordu. Kız kardeşim kızardı Avşar'a, "Oynama şu çocuklarla," diye, ama dinlemezdi. Ben de baskı yaptım. "Kızım yapma gitme. Ne oldukları belli değil, saatlerce evlerinde oturuyorsun," dedim. "Anne ne olur; o benim arkadaşım. Kürt diye kimse onları istemiyor," diyordu. Ben de engel olamadım.

Siz, İpek ailesi Kürt olduğu için mi, çocuğunuzun evlerine gitmesini istemiyordunuz, yoksa başka bir neden mi vardı?

Kürt olduklarını en başından biliyorduk. Farklı insanlardı. Kim olduklarını bilmediğimiz için gizemli geldiler. Çünkü evdeki kadın gözlerine kadar örtünüyordu. Hiçbir sosyallik yoktu. İnsanlarla kaynaşmadılar yani. Sonra çok kalabalık oldular. "Kardeşleri gelmiş," dediler. İki göz oda zaten. Altı çocuk, karıkoca, bir de genç kadınlar, erkekler geldiler. Hepsi o kadar yerde, zaten harabe binaydı... Orada o kadar insan, nasıl kaldıklarına şaşırıyordum. Recep İpek'in karısını ilk kez o zaman gördüm. Böyle yaşadıkları için çocuğumun evlerine gitmesini istemedim.

Kızınızın bulunduğunu nasıl haber aldınız?

Avşar bulunduktan sonra, yani cumartesi günü saat 22.00'de, teyzem ölü bulunduğunu öğrenmiş. Bana belli etmedi. "Susurluk'a gidelim. Arabayla seni geri getiririz. Biz de ev bakacağız. Avşar'ı da alıp geliriz," dedi. Susurluk'a geldiğimizde gece saat 03.00 falandı. Büyük olaylar olmuş o sırada. Pazar akşamı da olayları evimin penceresinden seyrettim. Çok kötüydüm. Arkadaşım, "Kendini topla, gel buraya," dedi. Balkona çıktım. Her taraf insan seliydi. Onlar, Avşar için ayaktaydı. Hep beraber İstiklal Marşı'nı okuyorlardı. "Ne olur beni onlara götürün. Onlarla kucaklaşmak istiyorum," dedim. İnerken, apartmanın girişinde insanlar koşturuyordu. Polisler, insanların üzerine yürümüş. Birkaç adım zor gittim. Benim üzerime de yürüdüler. Dayım emekli polistir. O sırada, onu gözaltına alırken Kaymakam izin vermemiş. Anlayacağınız üç adım yürüyemedim. Kızımın öğretmeni, karısı, çocuğu, herkes oradaydı.

Bu olay, Susurluk'ta başka bir ailenin başına gelse, siz de eylemlere katılır mıydınız?

Eğer bu Avşar'a değil, başka bir çocuğa olsaydı, aynı tepkiyi verirdim. Eğer o katil, başka bir çocuğu öldürse, parçalarım, linç ederim. Bağırırım, çağırırım, tepkimi o şekilde veririm. Ama burada bir mobilya dükkânı varmış, orayı da taşlamışlar "Kürt" diye. Ben onun Kürt olduğunu bilmiyordum. Adamın Kürtlükle alakası yok. Ama Şahinler Dinlenme Tesisleri'ni taşladım. Çünkü orada çalışan bazı Kürtler, Recep İpek'i görmediklerini, bazıları da otobüse bindirdiklerini söyleyip, çelişkili ifade vermişler. İnsanların Şahinler'i taşlamasının nedeni buydu.

S. Çaldıran: Kızım bulunduğu gece, ambulansın ışıkları sönünce, çok kötü oldum. Anladım olayı. Oradan beni alıp hastaneye getirdiler. Avşar daha ambulansa bindirilmemişti. Bağırdım çağırdım kendi kendime. Otopsi için Bursa'ya götürüldüğünü öğrendim sonra. En son, gece yarısı eve getirdiler beni. Olaylar olmuş, sonra bir kalabalık evin önünde İstiklal Marşı okudu. Emniyet Müdürü söz verdi kalabalığa, "Katili bulacağız," dedi. Sonra kalabalık dağıldı. Pazar gecesi de olaylar olmuş. Ben uyuyup kalmışım, iki gün uyumamıştım, iğnelerin etkisiyle uyudum. Olayın bu kadar büyüyeceğini tahmin etmiyordum. Daha sonra bana anlattılar, hayret ettim.

Neden?

Bu normal bir olay değil. Burası büyük bir şehir olsa bu kadar tepki olmazdı. Niye oldu, çünkü burası küçük bir yer. Herkes birbirini az çok tanıyor. Bu olayın benzeri hiç olmadı burada. Tepkinin bir nedeni bu yani. 10-15-20 yaşındaki gençler kendi paralarıyla pil alıp, el fenerleriyle gece Avşar'ı aramışlar.

N. Çaldıran: Bu olaydan önce Susurluk hiç bu kadar birlik olmadı. Herkes, kızımı bulmak için nöbetler tutmuş sabahlara kadar. Sokakları bir görsen insan seli... İnsanlar hiç uyumadan "Bulalım bu çocuğu," demiş. Susurluk halkı bunu sahiplendi. İnşaatlar, dağlar, bayırlar, köyler, herkes benim çocuğumu aradı. Halk seferber oldu.

Tesisler, evler, işyerleri yakılıp taşlandı. Bunlara ne diyorsunuz?

Hayır, yakılan bir tek ev var, o da katilin babasının evi.

Recep İpek'in babası dokuz yıl önce Bismil'de ölmüş. Susurluk'a hiç gelmedi. Yakılan evler de cinayetle hiç ilgisi olmayanlara ait.

Bilmiyorum, bana öyle söylediler. Onlara "Defolun, sizi istemiyoruz!" deyip yakmışlar. Evde kimin oturduğunu bilmiyorum. Kürtlerden buraya çok eskiden beri gelenler buralı olmuş, kırk-elli yıldır burada olanlar var. Onları tanıyoruz, ama sonradan gelenler onlar gibi değil, açık değiller. Onları burada istemiyorum.

S. Çaldıran: Zaten biz pazartesi Avşar'ı toprağa verdikten sonra, salı günü İstanbul'a döndük. Olayların sonrasını basından takip ettik. Kürt gerçeği Türkiye'de var zaten.

Nasıl bir gerçek?

Kürtleri kimse istemiyor. Bu bir gerçek. Sadece Susurluk'ta değil. İnsanların kafalarının bir köşesinde Kürtlerle ilgili soru işareti her zaman var. Susurluk'un etrafındaki bazı bölgelerde, hiçbir tane Kürt bulamazsınız. Neden? Çünkü oraların yerlisi birlik olup Kürtlere bir tane ekmek satmamış, tuz vermemiş. Mesela adamın lokantasına gelip oturmuş bir Kürt, yemek vermemişler. Kürtler de duruma bakıp barınamayacaklarını anlayınca terk etmişler orayı. Benim düşüncem bunlar. Türkiye Cumhuriyeti'nde yaşıyorsak, Kürtlerle yaşamak zorunda olduğumuz kesin, ama bir çözüm bulunmalı bunlara.

Ekmek, yemek vermemek çözüm olabilir mi?

Ben bilmem. Keşke Atatürk on sene daha yaşasaydı da, hiçbiri kalmasaydı. Ya da gidip Irak'ta yaşasalardı. Kürdistan mı kurmak istiyorlar? Bana kalsa, Ankara'nın ötesini verirdim Kürtlere. Ankara'dan sınırı çekerdim, "Yaşayın kardeşim burada," derdim. "Her Kürt kötüdür," demiyorum...

N. Çaldıran: Mesela katilin ağabeyi Ömer İpek, altı tane çocuk yapmış... Aç perişan, bakamıyorlar. Bence bunlar çok çocuk yapıp, Türkiye Cumhuriyeti'ne karşı çoğalıyorlar. Bu kadar doğurmalarının sebebi bu...

Sizce çoğalarak ne yapacaklar?

S. Çaldıran: Ben gazete okurum, öyle resimlerine bakmam. Herkes biliyor nüfuslarını neden çoğaltmak istediklerini. Devlete karşı savaşmak için. Onların haklı olduğu taraflar da var aslında. Bizim yönetimlerimiz, senelerce o tarafı eksik bırakmışlar. Para sahibi olan Kürtler de gelmiş, İstanbul'da yatırım yapmış. Kendi memleketine bir çivi çakmamış. Neden? Burada, 50 liraya yapacağı yatırımı, orada 150 liraya yapıyor. Devlet barındırmamış, kaçıp gelmişler buralara. Burada bizim başımıza bela oluyorlar işte.

Bu olaylarda "provokatör" olarak kayıtlara geçen kişiler arasında sizin arkadaşlarınız da var...

Bence onlar öyle bir şey yapmadılar. Bu olayda, insanlar ayrımcılık yapmadı. Avşar'ın öldürülmesine odaklandı. Kimse, "Kürtleri kovalım," diye kullanmadı bu olayı. Çünkü Kürtler, "Türkiye Cumhuriyeti vatandaşıyım," demiyor. Bunu söylüyorlarsa, benim için bir ayrım yok, ama söylemiyorlar. Bunlar bastırıyorlar bu duygularını. Çünkü olayın iç savaşa dönmesinden korkuyorlar, kimse de Kürtlerin üzerine gitmiyor.

Size göre hangi duyguları bastırıyorlar. Ne istiyorlar?

Türk-Kürt olayındaki duygular. Niye kimse Laz-Türk demiyor? Neden Çerkez-Türk denmiyor? Bir sürü ırk var, ama sadece Türk-Kürt meselesi var. Niye? Çünkü onlar bir kere kendilerine ait bir devlet istiyorlar. İkincisi, senelerce unutulduklarını düşünüyorlar.

N. Çaldıran: Kürtlerin buraya gelmesinden belediye başkanı suçludur. Susurluk halkının Kürtleri burada kabul etmesinin sebebi odur. Defalarca belediyeye gittik. Kürtlere karşı bir şey yapılamadı. Susurluk halkı, bu olayda niye böyle yaptı? Halkta Kürtlere karşı böyle bir dürtü vardı. Onları istemiyorlardı.

Siz hem olayların Kürtleri kovma niyetiyle yapılmadığını, hem de Kürtleri Susurluk'ta kimsenin istemediğini söylüyorsunuz. Kimin nerede yaşayacağına karar vermek ayrımcılık değil mi?

S. Çaldıran: Hayır... Hem bunu yapan Batılı biri olsaydı, onun da evini, işyerini yakarlardı. Ama bizim Susurluk'ta şehitlerimiz var. Şehitlerimizin erkek kardeşleri, yakınları var. PKK ile savaşırken öldü bu adamlar. Bir de Susurluk'ta ticaret yapan Kürtler var. Arabalarının arkasında "keleş"le geziyorlar. Kimse bir şey demiyor. Ama Susurluk'tan birisi, "Çaylak" diye bir piknik yerimiz var, orada ruhsatlı silahıyla ateş ederse en ağır cezayı alır, dört-beş ay hapis yatar. Mesela Şahinler Dinlenme Tesisleri'nin işletmecisi MHP'liymiş. Ben hayret ettim. Ama işin içine para girince, Türk-Kürt diye bir şey kalmıyor tabii. Rant meselesi bu...

Yani "Rant var, ayrım yok," diyorsunuz?

Ayrım şöyle olabilir. Her şeye rağmen, Kürtlere bir yandan da haksızlık yapıldığını düşünüyorum. Doğu'da yaşayanların hepsi Kürt değil, ama senelerce aç kalmış, susuz kalmış, hastane görmemiş, doktor görmemiş. Ne olmuş? Hep içlerinde bir kin olmuş. Türkiye'nin büyümesini istemeyen güçler de bu kini kullanmışlar. Bunlar da Apo'ya kucak açınca, o da bir ton insanı dağa çıkarıverdi. İnsanlar, "Devletim bana bir lira hayır vermemiş, açım," deyip dağa çıktı.

N. Çaldıran: Kürtlere karşı önceden bu kadar antipati duymuyordum. Bir kişi için belki bir toplum yakılmaz. Kürtleri karalamıyorum. Kürtler bana, açılamamış, kapalı insanlar gibi gelir. Avşar'ın öldürülmesine kadar böyle düşünüyordum. Kürtlere karşı ne kötü bir duygu, ne de yanlış bir şey beslerdim. Ama bu olaydan sonra onlara karşı nefretim arttı. Ben artık onların bu devlete de, Türklere de düşman olduğuna inanıyorum. Onların içinde sevgi yok, sevgiyle yaklaşmıyorlar bize.

Neden sevgileri yok?

Sevgileri yok, çünkü iletişim kurmuyorlar. Senelerce oturdukları yerlerde kimseye "Merhaba" demeden nasıl yaşadılar? Ben Ankara'nın ötesini, Doğu illerini sevmiyordum. Küçükken de böyleydim, çünkü Urfa'ya gittim, ortaokula gidiyordum o zaman... Kendimi çok kötü hissettim. Bize benzemiyorlar onlar... Giydikleri, yedikleri, oturdukları, içtikleri hepsi farklı...

Ne tür farkları var?

Kıyafetleri, yüzlerindeki dövmeler, şalvarları, kafalarına sardıkları o bezler, kadına değer vermemeleri... Çok geri kafalı insanlar. Bir de nereye gitsen, farklı olurlarmış bunlar. Mesela bu katil Recep İpek ve onun ailesi. Bunlar Bismilli. "Kürt Çingenesi" diyorlarmış bunlara. Mesela bunlar, adam öldürdükleri zaman boğarak öldürürlermiş, kan akıtmazlarmış. Katilin PKK'lı olduğu ortaya çıktı, korucuymuş. Yakalanmasaymış PKK'ya katılacakmış. Kesinlikle ben bu olayın, tecavüz için yapılmadığını düşünüyorum. Bence, Avşar güzel bir çocuktu, kaçırıp satacaktı.

Susurluk'ta daha önce benzer olaylar oldu mu?

S. Çaldıran: Olmadı. Ben Susurluk'a bağlı Buzağılık Köyü'ndenim. Orada da iki Kürt aile vardı. Bunlar, koyunlarını savarmış buğday ekili tarlaya... "Savma" deyince de silah çekerlermiş. Burası emekli cennetidir. Buraya polis ya da bankacı olarak gelip, emekli olunca da ilçeye yerleşen bir sürü insan var. Sonra millet birlik olup kovmuş bunları. Ekmek vermemişler, sonunda onlar da kaçmak zorunda kalmış.

N. Çaldıran: Daha önce hiç böyle olaylar olmadı. Benim istediğim tek şey, bu adamın idam edilmesi. Bu adam bir sapık, cani. Bu insan küçücük aciz bir çocuğu, gırtlağını sıkıp boğuyor. Böyle insanları toplum kabul etmemeli.

Recep İpek ile bir tanışıklığınız var mıydı?

S. Çaldıran: Hayır olmadı. Zaten bir sürü söylenti var. Güya ben onu tanıyormuşum. Esrar işi yapıyormuşuz. Ben uyuşturucu alıyormuşum. Aramızda bir hesap varmış yani, öyle diyorlar. Bana Avşar için karakola gittiğimde de polis sordu. Ben, "Hiç görmedim, tanımıyorum," dedim. "Sonra bir şey çıkmasın, varsa aranızda bir şey, söyle," dediler. "İşsiz bu adam evini nasıl geçindiriyor? Recep İpek'le acaba bir alıp veremediği mi var?" diye söyleyenler var biliyorum. Herkes benim uyuşturucu kullandığımı söylüyor. Düşünsünler...

Bu olaylarda provokatörlük yaptığı söylenen Dr. Ali İhsan Güler'i tanıyor musunuz?

Bizi İstanbul'a götüren kızımın ameliyatı için aracılık yapan insandır. Çok acı çekti bizim için, o insan çok ağladı. Eski partili (MHP) olduğu için üzerine çok gittiler. Akrabalığımız yok, ama arkadaşım. Siyasetle ilgiliydi. Maddi olarak insanlara yardımcı olup bedava muayene ederdi. "Af yasasının çıkmasına karşı Ankara'ya kadar yürüyeceğim," diyordu. Hakkını savunur, sözünü esirgemez.

N. Çaldıran: Ali İhsan Güler, SSK Okmeydanı'ndan sevk aldı kızım için. Nazlıcan'ın ameliyatını o olmasaydı yaptıramazdık. Biz ameliyattan önce Susurluk'a dönecektik. O "Biraz daha kalın," dedi. Bize, "İşleriniz olacak, halledeceğim," dedi. Biz de kaldık, o arada işlerimizi halletti. Kızım biz İstanbul'dayken kaybolunca, herhalde sorumluluk hissetti. Bu olaylarda öncülük etti. Ama Susurluklular elbirliğiyle yaptığı işin sonunu getiremedi. Ali İhsan ağabeye sahip çıkmadılar. Bir doktor ne kadar zamanda yetişiyor? Haram yemez bir adam o...

12 Zanlının Ağabeyi Ömer İpek: "Kardeşimin Kötü Alışkanlıkları Vardı"

Ömer İpek'in Susurluk'taki evi kardeşinin karıştığı cinayet sonunda kundaklandı. O kardeşinin işlediği suç nedeniyle gözaltındayken, eşi ve çocukları Susurluk'tan çoktan kaçmıştı. Ömer İpek ailenin en büyük erkek çocuğu ve babasını kaybettikten sonra evin sözü geçen reisi oldu. Ömer'in bu statüsü ailenin diğer bireyleriyle arasındaki ilişkiyi belirleyen birincil etkendi. Ağabey İpek'in ne aile içinde aldığı kararlar ne de kardeşlerine karşı tutumu kabul gördü. Bu ilişkide bağlarını kopardığı ilk kişi ise evli ablası Türkan İpek Oral oldu. Kardeşi Recep İpek, Avşar'ı öldürmeden önce de, sonra da aile içinde en çok onu suçladı. Bunalıma girmesinde onun payının olduğunu söyledi. Susurluk'ta kardeşiyle yaptığı kavgaların nedeni kumardı. Kardeşinin kumar oynamasına karşı çıkıyordu, ama kardeşi onun kumar konusundaki görüşlerini hiç dikkate almadı. Çünkü Ömer İpek de kumar oynuyordu. Recep İpek televizyonunu satarak aldığı parayı yatırdığı son kumar masasında ağabeyi de vardı. İki kardeş arasındaki kavgalar, eşlerinin de yardımlarıyla her geçen gün artarak sürdü. Bu yüzden iki kardeş Susurluk'ta bulundukları süre içinde uzun zaman birbirleriyle konuşmadılar.

Aslında ağabey İpek'i anlatmak için Susurluk'ta yaşayan diğer Kürtlerin de tanık olduğu bir olayı anlatmak yeterli: Avşar Çaldıran'ın öldürülmesinden aylar önceydi. Öğle saatlerinde Susurluk'a bağlı Alevi köyü olan Danaveli Köyü'nden gelen iki kişi Yalçınkaya Kahvehanesi'ne geldi. İçeriye girip doğruca beş Güneydoğulunun oturduğu masaya yöneldi. Daha önce yüzünü gördükleri, ama hiç tanışmadıkları G.P'yi kâğıt oynanan masadan kaldırıp dışarı çağırdılar. Masada Ömer İpek de vardı. İki köylü G.P'ye bir yeğenleri olduğunu ve yeni gelinlerine sarkıntılık ettiğini söyleyip tacizci yeğenin aklının başına getirilmesi işini alıp almayacağını sordu. G.P'ye yeğenin esaslı bir dayaktan geçirilmesi karşılığında 500 milyon lira önerdiler. G.P. bu teklifi sinirlenerek reddetti. İki köylünün teklifi Güneydoğululara götürmesindeki neden, Kürtlerin para karşılığında her işi yapabileceklerini düşünmeleriydi. Aradan geçen bir gün sonunda teklifi H.Ş. isimli arkadaşına pazarlamaya çalışan kişi Ömer

İpek'ti. Ömer İpek güçlü, iri bir görüntüye sahip olan H.Ş'ye bu teklifi götürdü. Hatta G.P'yi ikna etmek için uğraştı. Ancak H.Ş. ve G.P. işi üstlenmeyeceklerini söylediler. Ömer İpek yalnız kaldı ve bu dayak işini üzerine almaktan vazgeçti.

Ömer İpek bu konudaki suçlamaları reddediyor. Tüm bu olaylardan sonra İstanbul'a yerleşen ağabey Ömer hamallık yaparak Susurluk'taki evine rahmet okutacak bir gecekonduda geçinmeye çalışıyor. Ömer İpek'le Susurluk'taki öyküsünü, kardeşini ve olaylar sırasında neler yaşadıklarını konuştuk. Burada okurun bu röportajla ilgili bilmesi gereken bir notu da eklemekte yarar var. Ömer İpek, bu röportajı yaptıktan sonra kardeşinin hikâyesinin "ilginç" olduğunu bu yüzden anlattıklarının doğru olmadığını, para karşılığında doğruları anlatabileceğini beyan etti. Ancak Ömer İpek'in röportajın içinde cinayetle ilgili sarf ettiği çelişkili sözler dışında, kardeşiyle ilgili verdiği bilgiler diğer kaynaklara doğrulatılmıştır.

Susurluk'a geliş nedeniniz neydi?

Maddi durumumuz yoktu. Sıkıntı içindeydik. 1997'de Susurluk'a geldim. Yedi kardeştik. Babam dokuz sene önce vefat etti. At arabacılığı yapardı. Eşya taşırdı, ne olursa. Bismil'in Aralık Köyü'nde kalıyorduk o zamanlar. Annemiz halen köyde. Bizim oralarda zaten iş yoktu. Çalışıyorsun altı-yedi ay para vermiyorlar. Ben Susurluk'a gelmeden önce İstanbul'daydım. Recep o zaman Susurluk'taydı. Şahinler Dinlenme Tesisleri'nde çalışıyordu. Orada yıkamacılık yapıyordu. Susurluk'ta yakınlarımız da vardı. Onlar da çağırıyorlardı. Recep askere gidiyordu. Oradaki hemşeriler "gel" deyince, Recep'le de anlaşıp onun yerine yıkamacılık yaptım.

O yıl Susurluk'a yerleşmediniz mi?

Biraz kalıp aynı sene yine döndüm. Şahinler Dinlenme Tesisleri Müdürü beni çağırdı. Gittim, bana "Evini al getir," dedi. Evim de o zaman Aralık Köyü'ndeydi. Çocuklara o zaman 20 milyon para gönderdim, çocuklar geldiler. Kürt Musa, Dört Mevsim Mezbahanesi'nin sahibi, ona gittim. Yıkık dökük bir evi vardı "Al otur," dedi. Bedava verdi. Dört-beş sene oturdum.

Evde kaldığınız süre içinde komşularınızla problemler yaşamışsınız... Sizi belediyeye şikâyet etmişler. Neden?

Beni komşular evden çıkarmak istediler. Üzerime çok geldiler. "Efendim bunlar temiz insanlar değil. İçki içen insanlar, arkadaki eve giriyorlar, bu evleri yıkın," dediler. Ben de evimin yıkılmasına karşı çıktım. "Beni kimse buradan çıkaramaz," dedim. Mahallede kimse beni istemiyordu. Bir gün kapıya polis dayandı. "Siz ne zaman çıkacaksınız?" dediler. Ben de çıkmayacağımı söyledim.

Polis kapınıza hiçbir sorun olmadığı halde mi dayandı?

Mahallenin benden şikâyetçi olduğunu söylediler. Hiçbir şey yapmadım. İki sene uğraştılar benimle. Hiç konuşmuyordum komşularımla. Orada oturanlar gerçek Türk değillerdi. Bana bunları yapan Bulgar muhacirleriydi. Zaten bu olaylara katılanlar da gerçek Türk değiller. Bu kızın öldürülmesinden sonra olay çıkaranların çoğunluğu da muhacirdi.

Komşularınızla hiç ilişkiniz yok muydu?

Yoktu. Benim her şeyim bedavaydı. Elektrik, su parası ödemiyordum. Benim komşularım arasında gerçekten öz Türk olanlar, çocuklarıma, bana daha iyi davrandılar. Ben oradan evimi taşırken arkamızdan ağlayanlar da oldu. "Bu şerefsiz Recep, bu insanlara nasıl bunu yaptı?" dediler. Bu olayları yapan, işi Kürtlere karşı düşmanlığa döken Dr. Ali İhsan Güler ile onun kız kardeşi. Kız kardeşi benim komşum oluyor. Bir ara evine uzun süre gelmiyordu. Bir gün dedim ki, "Perihan hanım niye gelmiyorsun evine?" Bana dedi ki "Burada her çeşit insan var. Ben evimde korkudan yatamıyorum." Bizi kastederek açık açık söylüyordu. Biz onların namusuna göz dikmişiz. Herkese öyle anlatıyormuş.

Öyle konuşması için bir neden var mıydı?

Bilmiyorum. Biz kimseye bir şey yapmadık. Bir gün, gece vakti evin yanındaki boş evden gürültü geldi. Sese uyandım, birden evin önü polisle doldu. Komşular polisi arayıp "Bu evde terörist var," diye ihbar etmiş. Dışarı çıktım. Herkes bağırıyordu. "Terörist var!" diye. Polise "Neredeymiş, ben bakacağım," dedim. Önce "Giremezsin, seni öldürürler," dedi. Sonra el fenerini verdi. O ev biraz yüksekti. El fenerini ağzıma koyup içeri girdim, baktım. On dört-on beş yaşlarında bir çocuk hem ağlıyor, hem de elindeki bira şişesinden içiyordu. Çocuğu çıkardım. "Alın size terörist," dedim. Halk toplandı.

Çocuğun üzerine yürüdü, dövmeye çalıştılar. Polis gözaltına alıp götürdü. Bir sürü bahane uydurdular beni evden çıkarmak için. Bana gelip "Sen evinde sinek besliyorsun. Gece yatamıyoruz," diyenler bile oldu. Gidip belediyeden suyumu kestirdiler. Keyfi yaptılar. Belediye başkanının yanına gittim. "Hiçbir borcum yok, suyumu kestiler," dedim. Sonra belediye başkanı suyumu açtırdı. "Kaçak kullanıyor," diye ihbar etmişler kaç kere.

Çanak antenle MEDYA TV izlediğiniz için, size PKK'lı diyorlarmış doğru mu?

İzliyordum. Yalan söylemiyorum. Bizi her şeyin yerine koydular. Evden çıkarmak için her şeyi yapıyorlardı. Bize "terörist" diyorlardı. Eve gelip giden herkese "terörist" diye bakıyorlardı.

MEDYA TV izlemeyi neden tercih ediyordunuz?

İşte Kürtçe var, şarkı türkü dinliyoruz. Bazen haberlere bakıyoruz. Bizim bir şeyle alakamız yok ağbi. Biz bakıyoruz öyle işte. Kürtçe konuşuyoruz. Bugüne kadar hiç oy kullanmadım. Hep göçebe yaşadım. Kimseye de oy vermem. Biz zaten ne çektiysek PKK'dan çektik. Onların yüzünden kaçtık. DEP'lilerin yüzünden, nedir o, Leyla Zana yüzünden bir sürü dayak yedim ben köyde. Bizim oraya gelmişlerdi yabancı basınla birlikte. Biz ekmek peşindeyiz.

"Ekmek peşindeyim," diyorsunuz ama size oturduğunuz kahvede para karşılığı tanımadığınız birini dövmeyi teklif etmişler, kabul etmişsiniz?

Bana etmediler. G.'ye teklif ettiler. Kabul etmedim.. Yalan söylüyorlar. Hatta H.Ş. "Yapalım bu işi," dedi. Ben kabul etmedim.

Komşularınızla ilişkiniz hep sorunlu muydu?

Birkaç yıl öyle oldu, ama son bir yıl iyiydi. Baktılar çıkaramayacaklar, kabul etmek zorunda kaldılar.

Kardeşiniz Bismil'de koruculuk yapmış. Nasıl birisiydi?

Recep küçükken bir zararını görmedim. Recep doğru düzgün çalışmamış bir çocuktur. Bir seneye yakın koruculuk yaptı. O zaman ben, diğer kardeşim İstanbul'daydık. Bunun bir kızda gönlü vardı. İstedik, kızı vermediler. Bizim köyden bazı insanlar o zaman korucu olmaya karar verdiler para için. Korucu olacak gençleri arıyorlardı.

Recep'e gelip "Gel korucu ol o zaman kızı alırız," demişler. 16-17 yaşındaydı, cahildi. Korucu oldu. Eline bir silah verdiler. Bir yıl yaptı koruculuğu. Sonra bu gidip kendisi bir kız istemiş, annemi de yanına almış. Gidip şimdiki hanımını Bismil'den ailesinden istediler. Nişanı yapmışlar, ama bize haber vermediler. Bizim haberimiz yok. Ben o zaman korucu olmasına karşı çıktım. Çünkü o zaman korucular aşiret davası, her türlü pislik yapıyorlardı. Kimse karışamıyordu onlara. Recep telefon edip düğüne çağırdı. "Ben korucuların düğününe gelmem," dedim. "Benim düşmanım yok, tarlam yok, evim barkım yok, niye koruculuk yapıyorsun?" dedim. Koruculuğu bırakacağını söyledi. Ben de düğününe gittim. İstifa etti. Beraber gittik.

Çaldıran ailesini tanıyor muydunuz?

Avşar'ın babasını tanımıyorum. Ama kızın annesini ve kendisini çok iyi tanıyorum. Çünkü Avşar üç-dört sene her gün benim evimde çocuklarımın yanındaydı. Okula giderken de bizim ev okul yolu üzerinde olduğu için çocuklarımı alır öyle giderdi. Benim çocuklarıma annesi eski elbiseler verirdi. Avşar bizi çok seviyordu yani. Benim kızım gibiydi. Kızın annesi bizi severdi. Anneannesi, teyzesi de bizleri severlerdi. Olay günü "Kahrolsun Kürtler" dediler. Kürtlerin bir tanesine bir zarar gelseydi, kan akmış olsaydı. Susurluk'tan benim cenazem çıkardı. Madem bu olayı benim kardeşim yaptı. Gel arkadaşım zarar vereceksen bana ver. Oradaki insanlarla tesislere niye zarar veriyorsun? İnsanların evini ateşe vermekle ne alakanız var sizin? Bir sürü insan birbirini öldürüyor. Bir toplumu böyle kirletmenin ne manası var?

Kardeşiniz neden böyle bir şey yaptı?

Bilmiyorum. Recep bu olayı yapmadan on gün önceydi. Evime uzun zamandır, üç yıldır gelmiyordu. Bu çalışırken altı-yedi ay sürekli üzerine gidiyordum. Kahveye bırakmıyordum, kumar oynamasına, içki içmesine izin vermiyordum. O, altı-yedi ay içinde beş tane bilezik aldı. Biraz da para biriktirdi. Karısıyla aramızda tartışma çıktı. Bana "Sen Recep'in parasını yiyorsun. Bizi rahat bırak," dedi. Ben de üzerine gittim "Sana bir tokat atarsam beynini dağıtırım," dedim. Sonra kumar oynamaya başladı. Aydın'ın kahvehanesine sürekli gitmeye başladı. Aslında onun sonunu o kahvehane hazırladı. Kumar içki, kumar içki....

Eşiyle bir sorunu var mıydı?

Bu olaydan önce kaynanasıyla tartışmış Recep. Kaynanası "Senin kardeşin sürekli içki içip kumar oynuyor, kızımı dövüyor," diye bana şikâyet etti. Ben de "Karışmam," dedim. Çünkü onun kızı suçludur. Bir akşam evimde bunlar kavga ettiler. Karakolluk olduk. Tabii komşular şikâyetçi olmuş, polisler kapıya dayandı. O olaydan sonra karısı, kaynanası Bismil'e gittiler.

Eşi gittikten sonra neler oldu? Araya girip sorunu çözmek için yardımcı olmadınız mı?

Vallahi ben karışmadım. Zaten karısı gittikten sonra Recep bize geldi. Benden para istedi. Ben de maaş almamıştım. Param yok. Üzerimde 2 milyon lira var. Onu verdim. Sonraki gün bir daha geldi. "Bana bir iş bul," dedi. Onun için birkaç yeri aradım. Bir arkadaş yardımcı olacağını söyledi. Sonra televizyonunu sattığını öğrendim. Gelip bana "Ben memlekete gidiyorum," dedi. Bir gün de gelip, "Ben vazgeçtim gitmiyorum Bismil'e," dedi. Sonra aldı gitti parayı. Memurlar Lokali'ne gittim. Orada oyun oynuyordu.

Kumar mı oynuyordu?

Ben önce kumar oynamıyor zannettim. Masada içki de vardı. Rakı içiyorlardı, ama ben o içmiyor zannettim. Yanık oynuyorlardı. Akın buna kâğıt vermedi. Partiyi Tahsin çıkardı. Parası kalmadı. Lokali işleten Mustafa'dan kendi adıma para 18 milyon lira aldım.

Kumar oynaması için para mı aldınız? Kumar oynamasına biraz önce kızdığınızı söylüyordunuz?

Ben kızıyordum, ama o kadar insanın içinde ben ne söyleyeyim ona. Bir şey demedim.

Siz de kumar oynuyor muydunuz?

Vallahi oynuyordum işte. Ama öyle çok değil, arada bir...

Polise verdiği ifadede televizyonun parasını kaybettikten sonra bunalıma girdiğini söylüyor kardeşiniz.

Bilmiyorum. Bu 18 milyonu da kaybetti orada. Ben de kızdım. Hatta masada Akın'la kavga ettiler, birbirlerine küfür ettiler. Neyse onlar gitti. Hiç sesini çıkarmıyordu. Böyle kafasını önüne eğdi. Ben ona küfür de ettim. Sesini çıkarmadı. Zaten 18 milyon borcu, halen benim üzerime kaldı.

Kardeşinizin bunalıma girmesinde bu söylediklerinizin payı var mı?

Ben ona kaç kere söyledim "Kumar oynama," diye, ama dinlemedi. Zaten o kumar yüzünden bir sürü pis alışkanlığı vardı.

Ne tür alışkanlık?

Vallahi her şey vardı. Esrar içiyordu. Ama benden saklıyordu. Bir-iki kere sordum "Yok," dedi, ama içiyordu. Aydın'ın kahvesinde alışmış. Otu da oradan alıyormuş. Bir sürü serseri arkadaşı vardı.

Karakolda ne oldu? Polis neden bulamadı Avşar'ın cesedini?

Ben de anlamadım. Polis beni alıp o sırada saat 19.00 gibi Recep'in evini göstermemi istedi. Sonra eve girdik. Evi aradık taradık kimse yoktu. Poliste de bir anahtar vardı. Bir saat sonra bir daha gittik evi aramaya, bu aramada kızın akrabası, Susurluk'ta ne kadar insan varsa evin içine girdi. Evin etrafında bir sürü insan vardı. Saat gece 22.00 oldu, yine evi aramaya gittik. O gün tam üç kere evi aramaya gittik. Her yere baktık. O odunları da kaldırdık, kömürlüğe baktık. Bulamadık. Gece 02.00'ye kadar karakolun önü doldu. O sırada karım, çocuklar evdeydi. Hanımımla büyük kızımı getirdiler karakola. Evde dört çocuğum kaldı. Sabaha karşı çocukları eve gönderdiler. Sabah erkenden çocuklarım geldi. Çocuklar korkmuş bana "Baba evi ateşe verdiler," dediler. Sabaha karşı evin içine ateş atmışlar, çocuklar uyanmış, polise haber vermişler, ama gelmemiş. Sonra Balıkesir'den cinayet masasıyla bir daha evi aramaya gittik. Biz gittiğimizde kapı açıktı.

Evin etrafında polis yok muydu?

Yoktu. "Başkomiserim kapı açık, bu eve giren olmuş," dedim. "Bizim memurlar girmiştir," dedi. "Ben dün geldiğimde kapıyı kapatmıştım, niye açık?" diye sordum, kimse bana cevap vermedi. Evi arıyorduk. Odunluğa geldik. Tahtaları kaldırmaya başladık. Odunluk biraz derindi. Sonra kızı bulduk, boğazında iple birlikte çarşafın içindeydi. Dudağında biraz kan vardı ve morarmıştı. Sağ olabilir diye düşündüm. Polis nabzına baktı. "Ölmüş," dedi, zaten o an kendimi kaybetmişim. Polis beni evden çıkardı. Çocuklarım Mediha adında bir kadın vardı, onun evine sığınmıştı. Başkomiserle birlikte onun evine gittik. Çocukları alıp jandarmaya götürdüler bizi.

Cenazeyi saat kaçta buldu polis?

Tam hatırlamıyorum, ama 18.00 gibi bulduk. Ondan sonra jandarmaya gittik. Jandarmada bir gün kaldık. O gece ne kadar Doğulu insan varsa hepsi kaçmış. Susurluk'un içinde hiçbir Doğulu bırakmadılar, evlerin hepsini yaktılar. Benim evimin eşyasını, hepsini kırmışlar.

Sizi ne zaman serbest bıraktılar?

Bırakmadılar ki. Ertesi gün beni bir arabanın içine yatırdılar, direkt karakola getirdiler. Bir gün de karakolda tuttular. Orada ifademi aldılar. Balıkesir Cinayet Masası beni bir arabaya koyup üç polisle birlikte İstanbul'a getirdi. Çocuklarım o zaman jandarma karakolundaydı. Beni polis İstanbul'a getirdiğinde jandarma da çocuklarımı alıp polis karakolunun bodrum katına betonun üzerine koyuyor. Sekiz gün orada betonun üzerinde kaldılar. Doğru dürüst yemek bile vermemişler. Eşyalarımı polisin deposuna götürmüşler. Çanak anten, çamaşır makinem, buzdolabım hepsi kırılmış, yatak çarşaf hepsi yanmış. Bir tek televizyonu kurtarabildim. O da eşyaların altına girmiş.

Bu arada polisle birlikte İstanbul'da geldiğinizde ne yaptınız?

Polislerle buraya geldim, hiçbir yeri de aramadılar. Hiçbir yere gitmedik. Hiçbir şey yapmadılar. Bir tek kardeşim Mehmet'in evine gittik o kadar. Recep'in oraya uğradığını öğrendiler.

Recep diğer kardeşiniz Mehmet'in evinde kalmış. Olayla ilgili ne anlatmış?

O gece televizyonda Mehmet haberi duyunca alıp bir arkadaşının evine yerleştirmiş. Sabah saat 05.00 gibi arkadaşının evinden kaçmış gitmiş. Mehmet'e niye öldürdüğünü söylememiş. "Ben memlekete gideceğim. Param yok. Ben kimseyi öldürmedim. Ben arkadaşlarla kavga ettim," demiş. Mehmet de çıkarıp kendisine para vermiş.

Kardeşiniz tanımadığı iki kişinin bu işi kendisine yaptırdığını söylüyor, anlattıklarına inanıyor musunuz?

Bence bu işi Recep'e zorla yaptırdılar. Kızın babası eroin esrar işiyle uğraşıyor. Temiz ayak değil. Bence kızın babası Recep'e silah zoruyla bu işi yaptıran insanları tanıyor. Kızın annesi kocasının, Salim Çaldıran'ın korkusundan konuşmuyor. Ben kızın babasını tanıyorum. En son büfecilik yapıyordu. Kızın babasıyla düşmanlıkları olup olmadığı konusunda bize bir şey söylemedi. Kızın babasının her şeyden haberi var.

Biraz önce kızın babasını tanımıyorum dediniz?

Şahsen tanımıyorum, ama onun pis işlerini Susurluk'ta herkes söylüyor. Ali İhsan Güler'le birlikte yapıyor. Susurluk halkından çekiniyorlar. O iki kişiyi kızın babası tanıyor, ama söylemiyor, inkâr ediyor. Salim Çaldıran İstanbul'da ev aldı. Nereden getirmiş bu parayı?

Bunları ispat edebilir misiniz?

Her şey elimde. Ama söylemem. Mahkemeye çıkıp hepsini açıklayacağım. Kızı cumartesi günü Çingene Mahallesi'nde görenler var. Recep'in evinde nasıl bulmuşlar? Biz polisle aramaya gittiğimizde evin kapısı açıktı.

Biraz önce iki kişi zorla yaptırmış, kızın babası tanıyor dediniz...

Bir tane kız kuaförde çalışıyor, o parkta görmüş. Hani o ifadeler nereye gitti?

O ifadeler mahkeme kayıtlarında var.

Kardeşim, ben her şeyi açıklayacağım. Gerekirse Reha Muhtar'a giderim. Her şey ortaya çıkacak. Onların pisliklerini ortaya dökeceğim. Benim kardeşim suçsuz.

13 Siyasetçiler Konuşuyor

Susurluk Belediye Başkanı Hayrullah Köroğlu:
"Susurluk'ta Hoşgörü Yok"

18 Nisan 1999 yerel seçimleri Susurluk'ta, genel seçimlerin tam tersi bir sonuç verdi. ANAP'lı Susurluk Belediye Başkanı Hayrullah Köroğlu, 12 bin seçmenin olduğu ilçede oyların 2 bin 900'ünü alarak belediye başkanı seçildi. DYP'nin ikinci, MHP'nin üçüncü olduğu yerel seçimlerde, kapatılan FP dördüncü sıradaydı. Genel seçimlerde birinci olan DSP ise yerel seçim yarışında belediye meclisi üyeliği bile alamadı. Yerel seçim sonuçlarının, genel seçimlerden farklı olmasının nedeni, tercihin daha çok bireysel ilişkilere bağlı olarak yapılmasıydı, Köroğlu da bu ilişkileri iyi kurmuştu.

Yirmi beş yıl Şeker Fabrikası'nda işçi olarak çalıştıktan sonra emekli olup siyasete atılan Köroğlu, iki dönem ANAP ilçe başkanlığı ve kongre delegeliği yaptı. "Turgut Özal misyonuna inanıyorum," diyen Köroğlu, Susurluk'taki etnik farklılıklara dikkat çekerken, kişisel olarak, etnik kimlikler arasında ayrım gözetmediğini söylüyor, ama yaşadığı ilçenin alışkanlık düzeyindeki görüşlerinden olacak ki, Kürtlerle ilgili konuşurken Çingeneler hakkındaki bir önyargısını ele veriyor: "Bir insan Kürt doğmuşsa suç mu? Affedersiniz Çingene olmak suç mu?"

Seçimleri kazanmanıza yardımcı olan özelliğiniz neydi?

Milliyetçi-muhafazakâr bir insanım, ilim ve bilime önem veririm. Bana oy veren insanlara karşı borç olduğu bilinciyle onlara hizmet etmek adına bu borcu yerine getiriyorum. Turgut Özal, Türkiye'nin ufkunu açmış bir insandır. Kendisi de milliyetçi olmasına rağmen Avrupa'nın değerlerine karşı çıkmadı. Keşke onunla çalışma şerefine erişseydim. Bunlar benim seçilmemde muhakkak etkilidir.

Liberal misiniz?

Tabii. Özellikle mahalli idare yönetimi farklıdır. Bulunduğunuz ilçedeki insan sayısı –bu sayı benim ilçemde 22 bin 500'dür– çok önemlidir. Bu insanların türlü etnik kökenlere sahip olduğunu düşünürseniz, tümüne hizmet etmek mecburiyetimiz var. Bu insanların hakla-

Seçimler ve Milliyetçilik

Güneydoğu'daki çatışmaların genel milliyetçilik duygularını kabartmadığı dönemde SHP, Susurluk'ta birinci partiydi ve belediye hizmetlerini yönetiyordu. Ancak Türkiye'nin 1990-2000 yılları arasındaki genel seyrinden Susurluk da payını aldı. Susurluk'un alışık olmadığı "yabancılar" ile asker cenazeleri ilçeye gelmeye başlayınca, milliyetçi duygular boy verdi.

PKK lideri Abdullah Öcalan'ın yakalanması ve sokaktaki linç provaları ile kendini gösteren milliyetçi dalganın Susurluk'u da sarmış olduğu, 18 Nisan 1999 seçimlerinin sonuçlarıyla somutlaştı. Seçim tablosu içine Balıkesir ve Susurluk'u birlikte koyup ilçedeki seçim sonuçlarına bakacağız, ancak önce genel tabloyu hatırlayalım:

18 Nisan 1999 genel seçimlerinde Türkiye'nin siyasi tercihleri bölgesel olarak farklılıklar gösterdi. Marmara, Ege ve Batı Karadeniz DSP'yi tercih etti; Orta ve Doğu Anadolu seçmenleri öncelikle MHP'ye yöneldi. Güneydoğu'da ise sandıktan HADEP çıktı.

HADEP'in birinci parti olarak çıktığı illerde DSP ve MHP sıralamanın sonunda, MHP ya da DSP'nin de birinci olduğu illerdeyse HADEP son sıradaydı. MHP 30, DSP 27, HADEP ise 11 ilde birinci sıradaydı. HADEP Adana, Mersin gibi illerde önemli oranda oylar alırken, MHP, Aksaray, Çankırı, Gümüşhane, Isparta, Karaman, Kayseri, Kırşehir, Nevşehir, Tokat, Osmaniye'de yüzde 30 oy oranının üzerine çıktı. DSP'nin yüzde 30'dan çok oy aldığı iller ise Balıkesir, Bartın, Bursa, Çanakkale, Muğla, Tekirdağ ve Zonguldak oldu.

Balıkesir il merkezindeki seçim yarışını DSP birinci, MHP ise DYP'nin ardından üçüncü sırada bitirdi. Ardından gelenler yine sağ partilerdi. HADEP yedinci sırada kaldı.

rını savunmak gibi bir idealim var. Burası bir hizmet kapısı, herkese hizmet etmek için liberal olmak zorundayım. Bu pastayı, bu insanlara eşit olarak yansıtmak zorundayız. Belediyelerin rant kapısı gibi gösterilmesi beni rahatsız ediyor.

Susurluk göç alan bir ilçe mi, nüfus yapısında ne tür değişkenlik gösteriyor?

Her sayımda nüfus 2 bin artıyor. Susurluk karayolunun çok önemli bir geçiş yolu olmasından dolayı, günde ortalama en az 20 bin araç geçiyor. Bu yüzden bu yol çok büyük bir kapı. Türkiye'nin üçüncü işlek yollarından bir tanesi. Yol boyundaki dinlenme tesisleri Susurluk'un ekonomik hayatıyla direkt bağlantılı. İnsanların temel geçim kapısından biri karayolu. Tabii bir de Susurluk'un ayranının herkes tarafından biliniyor olması, karayolunun ticari potansiyelini artırıyor. Yoldaki ticaretin esprisi budur. İlçenin yüzölçümü küçüktür, ama bu kadar tesis olan başka bir ilçe yoktur. Bu yüzden biraz göç alır, ama o kadar büyük rakamlar değildir.

"Susurluk Kazası" ilçeyi nasıl etkiledi?

İşin aslına bakarsanız, ben kazanın burayı etkilediğini hiç görmedim. O kaza Susurluk'un ilçe sınırlarına varmadan bir buçuk kilometre gerisinde olmuştur. Yani biraz daha gitseydi o Mercedes, kaza Kemalpaşa ilçesinin sınırlarında olacaktı. O zaman "Kemalpaşa Çetesi" diyebilecekler miydi, merak ediyorum. Hem halkımız bu konudan rahatsız. Susurluk adına eklenen o sıfat buradaki insanları rahatsız etmiştir. Biz tam birinci Susurluk vakasını unuttuk derken, ikinci olay gerçekleşti.

Sizce bu tepki neyin ifadesi? Tesislerin, evlerin yakılıp taşlanması... Neden oldu bütün bunlar?

Bu aslında Susurluk halkının gösterdiği bir tepki gibi görülse de, aslında tamamen farklı bir olay. İnsanların acısı üzerine siyaset ya da ticaret yapan bazı provokatörler, bir de en kötüsü, etnik çatışmaya dönüştürmek isteyen provokatörler, bu olayı bilinçli olarak kötüye kullandılar.

Susurluk'taki etnik yapının ya da ilçenin kendi özel yapısının olayların çıkmasında bir etkisi var mıdır? Nasıl bir ilçedir Susurluk?

Balıkesir İli Genel Seçim Sonuçları		18 Nisan 1999 Susurluk İlçesi Genel Seçim Sonuçları	
DSP	200 955	DSP	3 755
DYP	118 603	DYP	2 062
MHP	102 922	ANAP	1 954
ANAP	89 446	MHP	1 951
FP	61 316	FP	1 280
CHP	39 807	CHP	806
HADEP	6 712	DTP	496
BBP	4 174	ÖDP	202
ÖDP	4 126	EMEP	106
DTP	4 072	HADEP	92
LDP	3 512	LDP	39
DP	1 751	BBP	37
EMEP	1 719	DP	27
BP	1 576	MP	27
MP	1 261	BP	21
İP	1 168	İP	17
SİP	758	DEPAR	12
YDP	653	SİP	9
DEPAR	646	YDP	6

12 bin 899 seçmenin oy kullandığı Susurluk'ta sıralama şöyle oluştu: DSP, DYP, ANAP, MHP, FP, CHP.

MHP dördüncü sıraya yerleşmeyi başarısızlık saydı ve 1300 olan üye sayısını 387'ye indirip aktif üye yöntemine dönmeye çalıştı. Ancak MHP başaramadı ve seçimin ardından hükümette yer alma avantajını seçmenine sunmaya çalıştı. Bu da MHP'nin, ilçe içindeki etki alanının genişlemesini sağladı.

Aynı seçimde HADEP'in aldığı oy 92'ydi. Susurluk'ta ilçe teşkilatı bulunmayan HADEP, üye sayısının azlığı yüzünden ilçede seçim çalışması yürütmeye gerek duymadı. HADEP'in ilçedeki az sayıdaki seçmeni için yaptığı yegâne çalışma, 18 Nisan seçimleri öncesinde Bandırma'ya gidecek olan parti yöneticilerinin ilçe dışındaki Yörsan Dinlenme Tesisleri'ne uğramasıydı. HADEP'lileri karşılamaya Susurluk'ta oturan 15 kadar Güneydoğulu katıldı. Parti yöneticileri kısa bir sohbetten sonra Bandırma'ya hareket ettiğinde HADEP'liler de ilçede her zaman vakit geçirdikleri Yalçınkaya Kahvehanesi'ne gitti. Ancak bu küçük karşılamaya katılanların tamamı hiçbir gerekçe gösterilmeden sivil polisler tarafından gözaltına alındı.

Susurluk Türkiye'de alkol tüketiminde üçüncü sırada olan bir ilçedir. Buna karşın tatsız hadise sayısı çok fazla olan bir yer değil. Nüfus sayımı doğruya en yakın sayımdır. Yani 22 bin 500 insan yaşar. Burada ciddi olarak ilçenin dokusunu bozan bir göçten bahsetmek mümkün değil. Şeker Fabrikası var, memur ve işçi tayinlerinde özellikle Doğu kökenli insanlar gelmiş buraya. Ama bu insanlar burada yerleşmeye karar vermiş insanlar, zaten göçebe değiller. Bunun dışında gelen insanların sayısı, yok denecek kadar azdır. Susurluk Türkiye'nin en işlek güzergâhı üzerinde Türkiye'nin önemli şehir merkezlerine eşit mesafede bir yer. Böyle olduğu için her millet ve etnik kökenden farklı insanlar, gelip buraya yerleşmiş. Yani bir göç varsa sadece doğudan değil, batıdan, kuzeyden Türkiye'nin her tarafından gelip yerleşen var.

Bu göç tablosu içinde, bir arada yaşama kültürü var mı?

Bu son olaydan da anladık ki bir arada yaşama kültürümüz yok. Susurluk'taki insanların kültür seviyesi, diğer ilçelerle kıyaslayınca yeterli değildir. Bizim en büyük sıkıntımız insanlarımızın eğitimsiz olması. İnsanlarımızın okuma alışkanlığı, kendilerini yetiştirmek gibi bir gayretleri olduğuna rastlamadım.

Belediyeye bağlı kütüphanenin kapatılması için belediye meclisinde bir teklif gelmiş, doğru mu?

Kendini bilmez birinin teklifiydi. Ciddiye alınmadı ve kabul edilmedi. Bunu eğitimsizliğin göstergesi olarak kabul edebiliriz. Toplumda aile eğitimi zaten zayıf, yani eğitimin ilk başlayacağı yerde bile eğitimsizlik sıkıntısı var. Bir de işsizlik sorunumuz var. İlçede yaklaşık 70 kıraathane var. Bu sayının yarısı kadar içkili mekân var. İlçedeki işsizlik sorununu çözmediğimiz sürece, benzer olayların tekrar etmesinden korkuyorum. Susurluk'ta bırakın sokağı, aynı apartmanda yaşayan insanların bile birbirine saygıyla yaklaştığını sanmıyorum. Bizzat ben yaşıyorum. Kişilik haklarına ve birbirine saygı oranı Susurluk'ta yüzde 20'dir.

Bu olaydan önce, ilçede ayrımcı davranışlarla karşılaştınız mı?

Tabii ki. Bizzat tanık olduğum olaylar var. Üzüldüğüm hadise, küçük bir kız çocuğunun ölümünün verdiği acıyı kullanmış olmaları. Hiç kimse, bir başkasının acısı üzerine hesap yapamaz. Ama yaptılar. Açıkça söylüyorum, olaylar sırasında o tesisin yakılmış olmasının

On beş dakikalık karşılama töreninden sonra dört saat Merkez Polis Karakolu'nda gözaltında tutuldular.

Seçmenin Tercihini Asker Cenazeleri Değiştirdi

18 Nisan seçimleri, Susurluk'ta DSP dışındaki sol partiler için ise tam bir hayal kırıklığı oldu. Bu partilerin (CHP, ÖDP, HADEP, EMEP, SİP, İP, BP) tamamının aldığı oylar birleştirildiğinde 1274'ü ancak buldu. Toplam potansiyelleri yüzde 10 bile değildi. 1990'lı yılların başında sol partilerin başa güreştiği ilçede, seçmenin tercihi değişmişti. Güneydoğu'da ölen Susurluklu asker sayısındaki artıştan sonra, Şehitlik Anıtı yaptırıldı.

Şehitlik Anıtı'ndaki isimler şöyle:

Rütbesi/Mesleği	Adı	Ölüm Tarihi
Jardarma Yüzbaşı	Doğan Sevinç	19.07.1990
Jandarma Astsubay	Göksel Hekimoğlu	30.08.1993
Jandarma Üstçavuş	Latif Kıvrak	21.10.1994
Jandarma Astsubay	Nusret Kula	26.09.1993
Jandarma Astsubay	Kadir Çelik	24.03.1994
Astsubay Kıdemli Çavuş	Erdoğan Karakılıç	24.03.1997
Astsubay Üstçavuş	İsmet Çorak	11.03.1995
Polis memuru	Fikret Güney	08.08.1991
Polis memuru	Halil İbrahim Bektaş	05.10.1994
Uzman Onbaşı	Sıddık Arslan	07.04.1995
Onbaşı	Ziya Orhan	06.05.1998
Er	Aydın Seven	15.10.1994
Jandarma Er	Ergun Bağcı	01.02.1992
Jandarma Kıdemli Er	Mesut Nayman	30.08.1993
Jandarma Kıdemli Er	Öner Miyzen	10.07.1995

Taşra Milliyetçiliğinin Susurluk'taki Yüzü

Susurluk'taki seçim tablosu 2000 yılı öncesinde, taşra milliyetçiliğinin yükselmeye başladığının işaretiydi. Dünyada, emperyalizme ve sömürüye karşı mücadele ve yoksulluğa karşı savaş söylemlerini öne çıkaran milliyetçi hareketler, Türkiye'de farklı bir çizgi izledi. Sadece iç düşman teorisinden beslenen siyasi partilerin, farklı derecelerde, temel unsuru haline gelen milliyetçilik, toplumun düşünme ve davranış biçimlerinde değişimleri beraberinde getirdi.

nedeni, sadece tesis sahibinin Doğu kimliği taşıyor olmasıydı. Bir caninin yaptığı şey yüzünden bütün Doğuluları mahkûm etmenin, tehdit etmenin akla mantığa sığar yanı yoktur. Ama insanlar alkol seviyesini aşmışsa, birileri de onları yanlış yönlendiriyorsa, maalesef cahil insan çok ve peşine takılıyorlar. Olaya katılan büyük çoğunluk belki bilinçsizdi, ama yağmayı talanı yaptıranlar çok bilinçliydi.

Amaçları neydi bu acıyı kullanırken?

Bence üç perdelik oyun oynadılar. Bu siyasi, ticari ve etnik bir oyundu. Etnik çatışmayı rant elde etmek için çıkardılar. Bunun için üç aşamalı bir provokasyon yöntemi uyguladılar. Maalesef gerçekleşti, ama kısa sürdü. Bu olayların altında yatan bir neden de ekonomik krizdi. Deşarj olmak gibi bir ihtiyaçları da vardı insanların. Böyle bir olay tam oturdu. Aradıkları her şeyi bir arada buldular.

Eylemleri izlediniz. MHP'li olduğu bilinen bazı kişilerin yönlendirmede bulunduğu iddiaları mahkeme kayıtlarına da geçti. Siz böyle bir durum gözlemlediniz mi?

Hayır. MHP'li ilçe başkanı Ümit Çanakçı'nın olayları engellemek için yaptıklarına şahidim. Ama MHP içindeki bazı muhaliflerin olayı kışkırttığını düşünüyorum. Bu durumu, parti içi bir hesaplaşmaya da dönüştürdüler.

Olayları organize edenler kimlerdi?

Bu olaylarda, baş provokatörlük yapan kişi kariyer sahibi bir doktor olan Ali İhsan Güler'dir. Ben bu kişinin, bundan ne umduğunu merak ediyorum. MHP iktidarında MHP'ye yanaştı. Susurluk'a gelmek istedi, partizanlıkla, torpille ilçeye geldi. Burayı da karıştırdı. Provokasyon için biçilmiş bir kaftan. O adam yaptıklarıyla, MED TV'ye "Susurluk'ta Kürt evleri yakıldı" diye koz verdi. Devletin itibarını da düşürdü. Bu arada bir sürü masum insan, onun gibiler yüzünden, bu olaya katılıp nezarette kaldı. Benim vurgulamak istediğim tek şey var: uzlaşma. İnsanları etnik kökenine, siyasi görüşüne göre ayıramayız.

Sizin partinizin üyeleri, bu eylemlere katıldı mı?

Mutlaka bize oy veren insanlar da alet olmuş olabilirler. Ben kendi partimi de eleştiririm. Benim milliyetçilikten anladığım şey farklı. Partiler ve kendi partim de dahil milliyetçiliği farklı algılıyor olabilir. Ben de milliyetçiyim ama ayrımcı değilim.

Susurluk'ta milliyetçiliği aynı anda etnik ve siyasi kimlik olarak bütünleştirenlerin sayısı seçim tablolarında, partilerin aldığı oy oranlarında ortaya çıkıyor. İlçe seçmeninin bu tablonun ilk dört sırasındaki partiler arasında dönemsel olarak gidip geldiğini de hatırlatalım. Yani milliyetçilik, ilçede, ideolojik olarak değil, asker cenazelerinin yarattığı psikolojik dalga ile "vatanını sevmek, gerektiğinde onun için ölmek" olarak algılanmışa benziyor.

Türkiye'deki milliyetçi hareketin temel propaganda malzemesi ile örülü olan bu duygu, yerleşik saymadıkları Kürtlerin, "Yabancılar", "Onlar", "Doğulular" diye tanımlamasını da açıklıyor. Ayrıca ilçede, Kürtlerin aralarında anadillerinde konuşmaları bile tepki alıyor.

Ömer Laçiner milliyetçiliği şöyle anlatıyor: "... ulusları tıpkı doğal varlık türleri gibi ezelden beri farklı ve ebediyen de farklı kalacak organizmalar olarak görür. Doğal türler arasındaki hayat mücadelesinin av-avcı ilişkilerini, uluslararası 'arena'da da benzer bir geçerliliği olduğuna inandığı için diğer uluslarda gördüğü her farklılığı rakibin, düşmanın, avın ya da avcısının özelliği olarak algılar.

(...) Milliyetçilik, ulus-devletler olarak yaşayan toplumların içinde, kapitalizmin gelişmesiyle konumları, geçim imkânları, gelecek umutları, sürekli bir değişme, düşme ve yok olma tehdidi altına giren ve kendilerini bu sürece karşı koyabilecek güç ve kapasitede göremeyen kesimlerin, kıstırılmışlık halinden doğan umarsız tepkilerini boşaltma ihtiyacıdır."[1]

Vatanı için ölmeye hazır eylemcilerin Susurluk'ta iki gece süren faaliyetleri sırasında ekonomik olarak güçlü olana tabi olması, eylemcilerin güç ve otoriteye yakın olma ruh halini anlatıyor. Milliyetçi hareketin hedef saydığı güçlü olma hali, kuşkusuz Susurluk olaylarında da önemli bir rol oynadı. Eylemlerin sonuçları, bu duruma hayranlık ve sempatiyle bakanların sayısını da artırdı. Bu zemin üzerinde yükselen ve güçlü olana yakın durmaya çalışan potansiyel her eylemci, kışkırtılmaya ve öteki sayılana saldırmaya açık hale geldi.

1. Ömer Laçiner, "Türkiye", *Birikim* dergisi, Haziran 1999, sayı 122.

İlçe halkının Kürtlere karşı bakış açısı nasıl?

Yeterli hoşgörü yoktu. Susurluk insanının bir tarafına üzülüyorum, mallarına zarar verdikleri insanlara, daha önce sahip çıktıklarını biliyorum. Madem Doğu kökenli insanlara karşıydınız, buraya geldiklerinde neden kucak açtınız, merak ediyorum? Bunların düğünlerine, cenazelerine katılıyoruz, onlar bizim iyi kötü günümüzde yanımızda oluyorlar. Üstelik kız alıp vermişliğimiz var. Şahinler Dinlenme Tesisleri'nin sahibi Sadık Çeken bunun örneğidir. Hem gelirken kucak açıyorsunuz, ondan sonra da alaşağı etmeye çalışıyorsunuz. Kendi insanıma bunu yakıştıramıyorum. Burada türlü etnik kökenden insanlar yaşıyor. Bu millet olmanın özelliğidir zaten. Çerkez'i, Manav'ı, muhaciri, Gürcü'sü ve Kürdü var. Bu insanları gruplara ayırıp ayrı yerlerde mi yaşatalım? Susurluk'un ciddi bir özeleştiri yapması lazım.

Siz nasıl bakıyorsunuz Kürtlere?

Türkiye Cumhuriyeti devleti üzerinde yaşayan herkesin, kökeni farklı olsa da Türk vatandaşı olduğuna inanıyorum. Bu bayrağın, bu vatan toprağının içinde, hiçbir bağımsızlık gözetmeyen herkesin, Türk vatandaşı olduğuna inanıyorum. Bunun dışında başka amaçları olanlar varsa, bunun adı Kürt olur, Çerkez olur, onun da karşısındayım.

Kendi farklılıklarını korumaları için bazı haklara sahip olmaları konusuna nasıl bakıyorsunuz? Kimlik, dil ve eğitim gibi...

Bu amaçların dışına çıkmadıkça, bu mukaddesata inandıkça, herkes aynı haklardan yararlanmalı ve farklılığını koruyabilmeli. Bağımsız bir toprak istemedikleri ya da bölücülük yapmadıkları sürece kendi dillerinde eğitim dahil her hakka sahip olmalılar. Ben bu olayların bugün her yöre ve beldede ortaya çıkabileceğini düşünüyorum. Bu ekonomik kriz benzeri olayların tekrarını da başka bir yerde ortaya çıkarabilir. MHP İlçe Başkan Yardımcısı'nın bir işyerini de ona tepki olsun diye tahrip ettiler, "Neden orada çalışıyorsun?" diye. Bu o kadar karmakarışık bir olaydı ki...

Susurluk'ta yaşayanlar arasında ciddi bir Doğu-Batı ayrımı göze çarpıyor. Sizce nedeni nedir?

Evet doğru. Örneğin Şahinler Dinlenme Tesisleri'nin sahibi Kürt kökenli değil, Arap kökenli. Biz kendisiyle komşuluk yapıyoruz. Cinayeti işleyen "Doğu kökenli" diye, Ankara'nın ötesinden gelmiş her insana Kürt diyerek zarar vermek yanlış. Sadece Güneydoğulular zarar görmedi bu olaydan. Konyalı, Erzurumlu, Sivaslı insanların da işyerleri taşlandı. Bu insanların hepsi Kürt mü? Ciddi bir bilinçsizliğin işareti bu. Tabii bir de aralarında ticari rekabet olanlar, fırsattan yararlanıp işyerlerine zarar verdiler bu insanların. Ben yine de her şeye rağmen halkın bu olayları onaylamadığını düşünmek istiyorum.

Susurluk'ta siyasi eğilim milliyetçi-muhafazakârlığı gösteriyor. Bu eğilimin de şiddetin tırmanmasında rolü var mı?

Olabilir, ama burada milliyetçilik kavram olarak saptırıldı. Milliyetçi kendi kendine her gün "Ben bugün memleketim için ne yaptım?" diye soran insandır. Susurluk'ta sahte milliyetçiler türedi. Milliyetçilik insanları kafataslarına göre sınıflandırmak değildir. Susurluk'ta birçok etnik köken var. İnsanlar Kürt, Gürcü olarak doğmuşsa bu suç mudur? Ne bileyim affedersiniz Çingene olarak doğmuşsa suç mu yani?

Belediyenin, kayıp anonslarının, olaylar çıkmadan önce gerilimi tırmandırdığı anlaşılıyor.

Anonsların sürekli yapılması talebi polisten gelen bir talepti. İlçe emniyet müdürlüğündeki personelin az olması nedeniyle anonsları sürdürmemizi istediler. Zaten Çaldıran ailesi de böyle istedi. Polis teşkilatının sayısının ikiye katlanması için, İçişleri Bakanlığı'na başvurdum. Olumlu karşıladılar.

Cinayetten sonra polisle halk arasında bir problem yaşandı mı?

Polis yetersiz kaldı. Güven tazelemek durumunda. Polis burada vatandaşla fazla içli dışlıdır. Dolayısıyla bir tür alışverişe girilmiş olabilir. Polis içinde esnaftan bedava yemek, karşılığını ödemeden mal almak alışkanlık haline gelmişti. Yeni emniyet müdürü hediye kabul etmeyi yasakladı. Polis görev yapamaz duruma gelmişti.

Belediye ekipleri, Recep İpek'in ağabeyinin evini yıktı. Neden?

Zaten orası harabe bir yerdi. Recep İpek'in ağabeyi oturmadan önce sarhoş barınağı niteliği taşıyordu. Gece yarısı alkol alan o barınağa girip orada kalıyordu. Mahalle sakinleri, durumdan rahatsız olup şikâyet etmişlerdi. Sonra Ömer İpek ikamet etti. O zaman da şikâyetler oldu yıkılması için... Bu cinayet olunca, herhangi bir olaya sebebiyet vermemek için evin sahipleriyle görüşüp, yıktık.

MHP İlçe Başkanı Ümit Çanakçı:
"Bu Olaylar Alkolden Kaynaklandı"

Milliyetçi Hareket Partisi (MHP) İlçe Başkanı Ümit Çanakçı'nın ülkücü hareket içindeki geçmişi, 1975 yıllarına kadar uzanıyor. Çanakçı on dokuz yaşında girdiği hareketin içinde kısa zamanda sivrilmiş. MHP Ana Davası'nda "Balıkesir Grubu" sanığı olarak sıkıyönetim mahkemesinde yargılanmış. Hakkındaki suçlamalar nedeniyle dokuz ay cezaevinde kalmış. Suçlamalar düştüğü için, Susurluk Şeker Fabrikası'ndaki işine geri dönmüş. Çanakçı o günler için, "Pişman olduğum hiçbir hareket yok," diyor. Kürtlerden, altını çizerek, "Doğulular" ya da "dışarıdan gelenler" diye bahsetmeyi tercih ediyor. Ona göre, ilçede "Ayrımcılık yok", çünkü "Böyle söylemek PKK'nın ekmeğine yağ sürmek olur".

Savcının "kundakçılık" yapmak suçundan açtığı davada kendisine yönelttiği suçlamalar için ağır konuşuyor: "Savcının b.. yemesi. Medyanın etkisinde kaldı. Olaylar sırasında söylediğim 'Arkadaşlar gerekli mesaj verilmiştir,' sözünü alıp hakkımda dava açtı."

Ümit Çanakçı, Kürtlerin ilçeyi terk etmelerini "Onlar katilin akrabası olduğu için gitti", polisin taşlanmasını "Çocuklar işte, merak etmişler nasıl atılıyor diye", "Kürtlere ölüm" sloganlarını ise, "Alkolün verdiği galeyan" olarak yorumluyor.

MHP'nin Susurluk'ta ne tür faaliyetleri var?

MHP olarak köylerimizin, insanlarımızın dertlerini çözmekle uğraşıyoruz. Köy muhtarları bize gelir, kendi taleplerini aktarır. Yol, su, kanalizasyon gibi sorunlarının çözümünü isterler. Belediye, İl Genel Meclisi, Sağlık ve Bayındırlık Bakanlığı'ndaki işlerini takip ederiz. Köylerde de partimizin faaliyetleri var. Köylere, yaşayanların bir araya gelip sohbet edebilecekleri köy konakları yaptırıyoruz. Bu iş için, bu yıl aşağı yukarı, 11 milyar lira para çıkarttık. Bir de faaliyetlerimiz arasında, partimize bağlı bakanlıklara gidip, köylümüzün sorunlarını anlatıp, halletme işi vardır. Yani aracılık yapıyoruz.

İlçe merkezinde ne tür faaliyetleriniz var?

Susurluk içinde yapılacak çok fazla bir faaliyetimiz yok. Haftada bir yönetim kurulumuz toplanır. İlçeyle ilgili öneriler gelir toplantıya, yapılacak bir şey varsa yapılır. Mahalle temsilcilerimiz, buralardan talep ya da öneriler getirirler en fazla. Bunların dışında pek bir şey olmaz. İş için gelenler olur.

Üye profiliniz ve bunların faaliyetlerinize katılımı nedir?

Partimizin üye profili 35-40 yaş arasındadır. Partimizin faaliyetlerine katılan gençlerden üye sayısı çok azdır. Pek fazla faaliyetleri yoktur.

Ne okuyorsunuz?

Çeşitli kitap bayileri, kitaplarla gelirler. Sevdiğimiz kitap serilerinden alırız. Partimizin genel merkezinden bültenler gelir, onları okuruz. Bu bültenleri arkadaşlarla okuruz, tartışırız. Bunun dışında pek bir şey yok. Daha çok kahvehaneye gideriz, kâğıt oynarız.

Kaç yıldır MHP içindesiniz?

Aşağı yukarı yirmi altı sene. 1975 yılından beri partinin, ülkücü fikrin içindeyim. O dönem gençliğin verdiği heyecanlı hareketler içinde olduk. Ülkücü hareketin vermiş olduğu şanlı mücadele içerisinde, pişman olduğum hiçbir hareket yoktur. Maddi-manevi zarar gördüm. Ülkücü olduğumuzdan çeşitli kademelerde tepkilere maruz kaldık, haksız yere 12 Eylül zulmüne uğradım. Cezaevinde kaldım. İlk mahkemede tahliye oldum, sonuçta beraat ettim.

Susurluk'un etnik yapısı nedir?

İlçemizde Çerkez, Yörük, Boşnak, Arnavut, Alevi mezhebinden köylerimiz var. Balıklıdere Sultankapı, Aziziye, Kadıköy gibi köylerde Aleviler yaşıyor. Türkiye'de bizim mozaik dediğimiz insanlar burada kaynaşmışlar. Her köyümüzde, ilçemizin her sokağında, bu mozaiği temsil eden unsurlar mevcuttur. Susurluk da Türkiye'nin bir parçası olduğuna göre, bu mozaiğin yansıması burada da mevcuttur. İnsanların birbiriyle alışverişi, dostluğu, ahbaplığı, komşuluğu, kız alışverişi hep olmuştur.

İlçede etnik bir ayrım söz konusu oldu mu?

Yörük arkadaşım Çerkezlerden kız almıştır. Ağrılı bir arkadaşım gelip Susurluk'tan kız almıştır. Şu anda bizim içimizdedir. Yani burada kimsenin ayrımcı bir düşünce taşıması mümkün değil.

"Bizim içimizdedir," dediniz? Biz-siz ne demek? Bu bir ayrımcılık değil mi?

Yok, değil. Burada bizim "dışarıdan gelmiş" diye tabir ettiğimiz insanlar var. Biz bunlara Susurluklu olmadıkları için "dışarıdan gelmiş" diyoruz. Bu insanlara da misafir gözüyle bakıyoruz. Benim bu insanlara yardımlarım olmuştur, ev bulduğum insanlar var. Olur mu? Niye ayrım yapalım?

Cinayetten sonra çıkan olayların nedeni nedir?

Önce şunu söyleyeyim: Buradaki olaylarda ayrım yoktur. Türkiye'de yıllardan beri Türk-Kürt ayrımını körüklemek isteyen, Marksist-Leninist bir örgüt olan PKK'nın faaliyetleri var. Bu faaliyet içinde PKK her tür eylem ve yolu meşru saymıştır. Masum insanlardan tutun resmi görevlilere kadar devletle silahlı mücadeleye girişmiştir. Sonuçta, PKK, Apo'nun kesin esir alındıktan sonraki vaziyetiyle ateşkes ilan etmiştir. O zamandan bu zamana kadar da ciddi bir şekilde PKK'nın silahlı eylemleri yok. Susurluk'tan bir sürü şehit kardeşlerimiz oldu. Bu şehitlerden bir tanesi de Doğuludur. Bizim mezarlığımızda yatar. Ankara'nın öbür tarafını Doğu diye kabul edersek, Erzurumlu bir ailemizin çocuğudur kendisi. Ailesi burada yaşıyor. PKK'ya karşı Susurluk'un gösterdiği hassas bir tepki var. PKK'ya Türkiye'nin her kesiminden insanlar, nasıl reaksiyon gösteriyorsa, buranın halkının da gösterdiği bir reaksiyon vardır ve bu doğaldır.

"PKK'ya reaksiyon"un, olaylar sırasında Kürtlere yönelen şiddetle nasıl bir ilgisi var?

Hayır, hayır. Olaylarda ortaya çıkan tepki, on bir yaşındaki kız çocuğuna tecavüzünedir. O anda kız çocuğu kaybolduktan sonra Susurluk'ta herkes sokağa çıkıp dere boyları dahil arama yaptı. Herkes sürekli, kızın canlı olduğunu düşünüp aramalara yirmi dört saat devam etti. Sonuçta olayın bir gün sonrası cesedin bulunması insanları infiale soktu. Aramışsın bulamamışsın... Bu tepki insan olmakla ilgili bir şey. Herkesin çoluk çocuğu var. Her yarım saatte bir böyle anons yapılınca insanda merak uyanıyor. İnsanlar bir şey yapma gayretiyle karakolun önünde toplandılar. Kimse toplamadı. Orada da, "Kız sağ olarak görüldü" gibi duyum ve ihbarlar olunca, vatandaşlar da sağ buluruz ihtimaliyle, aranacak neresi varsa aradı. Netice olarak kızın cesedi bulundu. O kişinin Diyarbakırlı oluşu infialin yönünü değiştirdi.

Olanları sadece "infial" olarak mı açıklıyorsunuz?

Tabii reaksiyon var. Bu lafı kullanmak istemiyorum, ama Kürtlere değil gösterilen tepki... Katilin, Şahinler Dinlenme Tesisleri'nden arabaya binip gitmesine tepki gösterildi. Halk arasında bir sürü fısıltı yayılarak birikti. O birikim sonuçta alkolün vermiş olduğu tesirle, gençlerin şuursuzca yaptığı öfkeli hareketlere dönüştü.

Bu gösterilerin sanığı durumundasınız. Olayı yönlendirmekle suçlanıyorsunuz.

Savcının b.. yemesi. Beni dinlemeden iddianame hazırladı. Ben bu olaylar olurken, insanları yatıştırmak için çaba sarf ettim. Birçok insanın canının yanmaması için uyarmaya çalıştım. Kaymakam ve polis görevlileriyle, uyarıcı telkinlerde bulundum. Netice vermedi. Hepsi alkollüydü, değil ben, babaları bile olsa dinlemezlerdi. Olaylar, sabaha kadar sürdü, ondan sonra zaten Çevik Kuvvet polisi geldi. Ben olayları durdurmaya çalıştığım için kalabalığın içinden bana "Ne oldu başkan, sende mi onlardansın?" diye vurmaya çalışanlar oldu. Savcı olayları saptıran medyanın etkisinde kaldı. Şu anda 8-10 kasedin savcının elinde olduğu söyleniyor. Ben olayları durdurmaya çalışan bir insan olarak, bütün kasetlerde görünüyor olabilirim. O kasetler içinden bir tek sözün alınarak, soruşturma açılması.... "Takdir büyüklerindir," diyorum. Adalet tecelli eder. "Vatan sağ olsun," diyelim...

"Yönlendirmedim," diyorsunuz. Yönlendiren var mıydı?

Burada yönlendirme yok gibi göründü bana. Kim kimi nasıl yönlendirecek? Başıbozuk bir gruptu. Emniyet raporlarında da tespit edildi. 150 kişi gözaltına alınıyor, tamamı alkollü çıkıyor. Olaylar organize değildir. Alkolün verdiği tesirle şuursuzca yapılan hareketlerdi. Çünkü ölen kızın cenazesine 10 bin insan katıldı, ama aynı olay orada olmadı. Bir tek ses çıkmadı. Cenazeye gerekli saygıyı gösterdik. Sonra aynı olgunlukla insanlar dağıldı. Irkçı bir tutum içinde bu olaylar yapılmış olsaydı, cenazede de harekete geçerlerdi. Bu olaylar, alkolün getirdiği deli ve aptal cesaretiyle yapılmıştır. Jandarma komutanı Mehmet bey, havaya ateş etmeseydi benzinlik havaya uçacaktı. Belki yüzlerce insan ölürdü. Halk silah sesini duyunca kaçtı. Yani şuursuzca yaptılar bu işleri...

Ya "Kürtlere ölüm" sloganları?..

Bence bunların hepsi alkolün yüzünden. Ama Kürt, ama muhacir, ama Boşnak, hiç fark etmez, Kürtler de bu mozaiğin içinde olan insanlardır. Bu tür insanlara ayrımcılıkla bakılmadı. Adamlara ev bulmaları konusunda yardımcı olduk, kahvelerde arkadaşlık ettik.

Olayları yönlendiren grubun başında partinize üye insanlar olduğu iddiasına ne diyorsunuz?

Partimize üye insanımız bu olaylara katılmamıştır. Tabii münferit olarak katılanlar olmuş olabilir. Bizim MHP olarak, Güneydoğu'nun her yerinde teşkilatımız var. Şimdi kalkıp biz Diyarbakır'da, Mardin'de, Van'da yaşayan insanlara ayrımcılık yapabilir miyiz? Biri çıkıp bu olayları, herhangi bir parti yaptı derse, iftira atmış olur.

İlçede, Kürtlerden ya da Kürtçe konuşulmasından rahatsızlık oldu mu daha önce?

Burada "Kürtçe konuşuluyor," diye bir rahatsızlık yok. Zaten ilçemizde, Kürtçe doğru dürüst konuşulmuyor. Susurluk'ta belirli bir örgütsel bir organizasyonda ayrımcılığı yaygınlaştıran bir yaklaşım görmedim.

Bazı evlerin yakılıp, işyerlerinin taşlanmasından sonra Susurluk'u terk eden Kürtler oldu. Ayrımcılık yoksa neden gittiler?

Terk eden ailelerin gitme nedeni Diyarbakırlı ve katilin yakınları olmaları. Yani katille akrabalık ya da hemşerilik bağı olanlar, buraları terk ettiler. Onlar da niye gitti? Çünkü cinayetin insanlıkla bağdaşacak yanı yok. On bir yaşındaki bir kıza tecavüz etmek canice bir şey. Tabii, bu suçu Ankaralı da yapar, Manisalı da yapar. Ama yakınları bu vahşetten dolayı, sonradan olan olaylar yüzünden Susurluk'u terk ettiler. Terk edip sonra dönenler de var. Onlara "Niye geldin?" diyen yok. Bence bu Kürt meselesi çarpıtılıyor. Bazı insanlar Susurluk'a dışarıdan gelen insanları, Kürt gibi göstermeye başladı. Bu neden kaynaklanıyor? Buradaki işsizlikle boğuşan gençler, bilinçli değiller, herkese aynı gözle bakıyorlar.

Polis ve asker neden taşlandı?

Çoluk çocuk işte, televizyonda görüyorlar. "Bakalım ben de atayım taşı, nasıl olacak?" demişlerdir. Çocuk merakı işte...

Bu kadar basit mi?

Basit değil, ama gerçekten alkolden oldu bu olaylar.

Susurluk'taki siyasi partiler neden bir araya gelip ortak bildiri yayımlama gereği duydu?

Orada biz içe dönük bir tartışma yaptık. Susurluk'taki bütün partiler olarak bir bütün olduk. Biz kendi partimiz içinde de "dışarıdan gelen" diye tabir ettikleri daha doğrusu "Doğulu" diye tabir ettikleri insanlara, ayrımcı olmamaları gerektiğini söyledik. Ben zaten kesinlikle, ayrımcılık lafını kabul etmiyorum. MHP olarak ayrımcılık yaparsak... PKK'nın istediği de budur. PKK, Kürt kimliğinin tanınmasını istiyor. Türkiye'de böyle bir kimlik tanınması meselesi yok. Onların esas gayesi toprak parçasını bölmek.

Kürtlerin kendi dillerinde konuşmasına karşı mısınız?

Değilim tabii... O insanlar kendi aralarında konuşsunlar. Bir şey demem. Ama Kürt dilinde okul açılmasına da, eğitim görmelerine de karşıyım. Konuşuyorlar kendi aralarında, benim kadar sahip çıkanlar da var bayrağımıza. Bir insan benden farklı dil konuşuyor diye öldürmem gerekmez. Böyle olursa ihanet etmiş oluruz. Türkiye bir mozaiktir, herkes bir arada yaşamak zorundadır. Bu mozaiği parçalamak için "Ben Kürt diliyle eğitim, yayın yapacağım," diyenlerin Türkiye'nin parçalanmasına hizmet ettiklerinin bilincindeyiz. İzin vermeyeceğiz.

Ortaya çıkan olayların bir nedeni olarak, yol boyundaki tesislere Kürtlerin sahip olması gösteriliyor. Sizce doğru mu?

Öyle bir şey yok. Şahinler Dinlenme Tesisleri'nin müdürü partimizin ikinci başkanıdır. Bugün yol boyundaki Ulusoy, Karabor, Çam, Güneş, Işık, Pekmez adlı tesislerin hepsi Susurluklu kişilere aittir. Doğuluların çok büyük işletmeleri yok. Varsa da bu normaldir. Sermaye en iyi kâr getiren yere yatırım yapar. Onlar da gelip buraya yapıyorlar. Türkiye'de öyle bir yaygınlaştılar ki sermayeyi de renklendirdiler. "Şu Kürt, bu Türk" diye bir şey olmaz. Sermaye sermayedir, para da paradır. Paranın sahibini sınıflandırmak olmaz. Devlet IMF'den borç para istiyor. Buna diyeceğimiz bir şey yok da, kendi içimizdeki parayı niye sınıflandırıyoruz? Üstelik Doğulu işletme sahipleri, Susurluk ekonomisine en büyük katkıyı sağlıyor.

MHP İlçe Başkanı Yardımcısı Dursun Oruç:
"Şahsi Çıkar Kavgasıydı"

Dursun Oruç molotofkokteyli atılarak yakılan Şahinler Dinlenme Tesisleri'nin müdürü ve aynı zamanda MHP İlçe Başkan Yardımcısı. Sadık Çeken, tesisleri 1991 yılında devraldığında Dursun Oruç burada çalışıyordu. Oruç, 1995 yılında Çeken ile anlaşmalı olarak tesislerin işletilmesini devraldı. Oruç, otuz yıldır MHP'nin içinde yer alıyor. Oruç, Avşar Sıla Çaldıran'ın kaybolmasından sonra Recep İpek'in zanlı olarak arandığı saatlerde Kürtlere, "Kızı bulup getirin, yoksa Türk-Kürt kavgası çıkar," dediği iddia edilen iki kişiden biri.

Oruç suçlamaları kabul etmiyor: "Bu olaylar sırasında eşimin çalıştırdığı yufka imalathanesini de taşladılar. Sadık Çeken'le çalıştığım için taşlandığını söylüyorlar. Ben Susurluk'ta doğdum büyüdüm. Yabancılara karşı herhangi bir ayrım yoktur. Recep İpek'i tesislerden ben kovdum. Birkaç kez işe geç gelince, işten çıkardık. Akşama kadar otururdu. İşine dikkat etmezdi. İlk geldiğinde memnunduk. İşine bağlıydı. İşe gidiş gelişlerinde problem yoktu. Sonra kumara başladığını öğrendik. Sürekli gecikmeye başladı. Şahinler Tesisleri'nin altı senedir işletme devri bende bulunuyor. Tesislerimizde mola vermek üzere anlaştığımız üç firma var. Akkoç, Uludağ ve Lüks Yalova Seyahat. Susurluk Devlet Hastanesi Derneği'nin de başkanıyım. Benim bu davaya inanmışlığım otuz seneyi buluyor, ama bizi de taşladılar. Bu olayı bu hale getirenler, şahsi çıkarları peşinde koşanlardı. Ben olay gecesi şehir dışına çıktım. Özel bir işimiz vardı. Şahinler Dinlenme Tesisleri'nin yakıldığı gece, eğer şartelleri indirmeselerdi, benzinlik havaya uçar, bir sürü insan ölürdü. Eylemcilerin bozkurt işareti yapması, partimizi bağlamaz. İşin bu noktaya varacağını baştan kimse kestiremedi, ama olaylar öyle gelişti. Tesislerimizde 40 milyar liralık zarar oluştu. Susurluk insanı kimseye düşman değildir. Aslında yapılanlardan halk daha sonra pişman oldu. MHP İlçe Başkanı'na bile küfür ettiler. Onun da bu olaylarla ilgisi yok, çünkü o da o insanları durdurmaya çalıştı. Susurluk bugüne kadar on şehit verdi. Olay olsaydı, o zaman olurdu. Burada toplarsanız 50 hane Kürt vardır. Fazla değillerdir."

EMEP İlçe Yönetim Kurulu Üyesi Süleyman Özcan: "Dedikodu Mekanizması Yaydılar"

"Cinayeti işleyen kişinin Diyarbakırlı ve Kürt oluşundan, MHP kökenli Dr. Ali İhsan Güler ve MHP İlçe Başkanı Ümit Çanakçı'nın başını çektiği bir grup yararlanmak istedi. Kürt kökenli tüm insanlara karşı olayı kullanmaya çalıştılar. Boğularak öldürülen küçük çocuğun katilinin, Şahinler Dinlenme Tesisleri'nde çalışmış olmasını kullanmak istediler. Katil zaten buradaki işinden ayrılmış. Çocuğu öldürdükten sonra da Şahinler Dinlenme Tesisleri'nden arabaya binip kaçtığı söylentisi çıkınca bu tesisleri de hedef aldılar. Kitleyi özellikle Kürt ailelere saldırmaları için yönlendiren kişileri ilçede herkes tanıyor. Halkın duygularını farklı yönlere çekmeye çalıştılar. Olaylara müdahale eden polisin 'Dağılın' uyarısı üzerine aslında halk ilk gün dağılacaktı. Çünkü yürüyüşe katılanlar da bilmiyordu, kime ve neye karşı tepki gösterdiklerini. Dedikodu mekanizmasını çalıştırdılar. İlk başta halkın tepkisi cesedi bulamayan emniyet müdürlüğüneydi. Bilerek ya da ihmal ederek çocuğun cesedini bulamadılar. Şahinler Dinlenme Tesisleri'nin polisle arasındaki sıkı ilişki, tepkinin bu tesislere de kaymasını sağladı. Sonra bazıları, tüm Kürtlerin ev ve işyerlerine saldırmaya başladı. İkinci akşam, polis isteseydi olayları engellerdi. Mesela Yörsan Fabrikası'na yürüyüş yaptılar. Polis panzerlerle engelledi. Cinayetin, tecavüz sonucu olmadığı ve boğma sonucu meydana geldiği Adli Tıp raporuyla kesinleşmesine rağmen, bazı kesimler ısrarla, bilinçli olarak raporun bu şekilde yazıldığı dedikodusunu yaydılar. Kışkırtıcılar, bu olaylar yüzünden olumsuz puan aldı, olaya katılanlar 'Yanlış yaptık,' diyorlar."

ÖDP İlçe Yönetim Kurulu Üyesi İsmail Bozbey: "Cinayet İki Saatte Çözülürdü"

"Üç sene önce Susurluk'a geldiği, olaydan beş ay öncesine kadar da Şahinler Dinlenme Tesisleri'nde çalıştığı söylenen Recep İpek denen kişinin, daha önceden Doğu'da koruculuk yaptığı söyleniyor. Koruculuk yaparken, birtakım gayri meşru ilişkilerinden dolayı atıldığı ve sonra da Susurluk'a geldiğini duyduk. Kız çocuğunun cesedi, bu kişinin evinde daha önceden bulunsaydı, olaylar bu kadar büyümezdi. Recep İpek'e ait bilgiler, çocuk kayıpken, zaten polisin elinde vardı. İki saatte çözülürdü. Ceset Balıkesir'den gelen bir özel tim tarafından bulundu. Bu Susurluk halkında tabii ki büyük şüpheler uyandırıyor. Polis kurumunda o gün görevli olan arkadaşların, Sadık Çeken'in tesislerinde yiyip içtikleri, ilişkilerinin iyi oldukları söyleniyor. Cesedin iki gün sonra bulunması, halkın bütün söylentilere inanmasına neden oldu. Tansiyon yükseldi. Birtakım kışkırtıcılar da bu durumu kullandılar. Bu olayı farklı bir mecraya sürüklemeye, ırki bir düşmanlığa dönüştürmeye çalıştılar. Bu ülke 30 bin şehit vererek kanlı savaşın bedelini ödedi. Katilin ırkı, milliyeti olmaz."

DYP İlçe Başkanı Ahmet Eroğlu:
"MHP'yi Uyarmıştık"

"Kaymakamlıkta olaylardan sonra tüm parti başkanları ve yöneticileri olarak ortak bir toplantı yaptık. Burada MHP İlçe Başkanı'nı, toplantıya katılan herkes, 'Maça gidiyorsun MHP, her yerde MHP, arkadaşlarınıza hâkim olun," diye uyardık 'Madem bizim ilgimiz yok diyorsunuz, o zaman kitle sizin sloganınızı atmasın,' dedik. Tutuklananlar içinde benim partimden insanlar da vardı. Kayıtlı üyem var. Her partiden insan bu olaylara katıldı. Susurluk topyekûn yürüdü. Çocuk kaybolduktan sonra hoparlör devamlı kayıp anonsu yaptı. Aslında tepkilerin artmasına çocuğun geç bulunması neden oldu. Recep İpek'in evine daha erken girilseydi, yakalanırdı ve ceset hemen bulunurdu. İnsanlar bunları konuşa konuşa tahrik oldular. Akşam hava kararınca herkese şunu söyledim: 'Kız bu evde, göreceksiniz.' Ben olsam o evi didik didik eder, ondan sonra yanındaki evleri arardım. Olayları kışkırttığı iddia edilen Dr. Ali İhsan Güler, kızın cesedi bulununca hemen olay yerine geldi. Sonra herkesi kışkırttı."

14 Ayrımcılık Mağdurları Konuşuyor

Susurluk Mağdurlarından Derviş Karakaş: "Hani Kardeştik?"

Susurluk'ta yaşananlardan sonra ilçeden ayrılmayan birçok kişi işsiz kaldı. Eski bir imam olan Derviş Karakaş, 4 milyon lira yevmiyeyle çalıştığı işinden oldu ve aylarca iş bulamadı. Karakaş, 1993 yılında Güneydoğu'nun atmosferinden etkilenen, köyü boşaltılan ve koruculuk teklifine "Hayır" deyip memleketini terk etmek zorunda kalanlardan. Susurluk'ta kalan birkaç Güneydoğuludan biri olan Karakaş'ı her şeye rağmen burada tutan hem yoksulluk hem de oğlunun iş bulmasını sağlayan hemşerilik bağı: "Fırsatını bulsam kaçarım," diyor Karakaş ve soruyor: "Bu yapılanlar hiçbir şeye sığmaz. Hani kardeştik?"

Susurluk'a ne zaman geldiniz?

Ben buraya 1993 yılında geldim. Benim bir amcamın oğlu vardı, 1986'da buraya geldi. Fide Fabrikası'nda çalışıyordu. O aklıma geldi. Çocukları Bismil'e bıraktım. Koruculuğu kabul etmedik. O zaman "Size on gün süre," dediler. Bu yüzden köyümüzü boşalttık. Babamlar Bismil'e yerleşti. Ben de medrese eğitimi aldığım için iki sene Mardin'in bir köyünde imamlık yaptım. Köylülerin verdiği zekâtla geçiniyordum. 1993'te orası da boşaltıldı. O zaman bir arkadaşımdan 100 mark borç aldım. Kalkıp buradaki akrabamın yanına geldim. Kırk bir yaşındayım. Halen o borcumu ödemedim.

Olaylar başladığında ne yaptınız?

Oğlum lokantada çalışıyordu o saatte. Baktım koşarak geliyor. "Baba kalabalık geliyor. Millet sokağa dökülmüş, bu tarafa doğru geliyor," dedi. O zaman evde bir misafirim, yedi çocuğum var. Çocuklar korktular. Kimi ağlamaya başladı. Saat 23.30 gibi çoluk çocuğu sırtladık. Yol kapalı olduğu için araba bulup çıkamadık. Benim evim tren istasyonu hat boyunda. İstasyon kenarından yürümeye başladık. Çıkarken karşı komşuya evime bakmasını söyledim. Bir saat hat boyu yürüdük. Gece yarım gibi Diyarbakırlı bir ailenin evine sığındık. Dönüp çocuklarımın haline baktım, çamur içinde kalmışlardı. Taşlar üzerinde, yalınayak gittik. Her tarafımız çamur, tabii yağmur da vardı, ekinler diz boyu, ıslanmış. Demiryolu ile karayolu bitişik birbirine. Sloganlar duyuyorduk. Şahinler'in ötesine varırken güm güm silah sesleri geliyordu. Kortej eşliğinde, ambulans, itfaiye, polis arabası. "Arkadaşlar bu yaptığınız yanlış," diye sürekli anons yapılıyordu. Yürüyerek Şahinler'e varmışlar. O anda Çevik Kuvvet olsaydı Şahinler'e kimse yaklaşmazdı. O korkuyla gittik. O gece Diyarbakırlı ailenin evinde kaldık. Sabah "Şeker Fabrikası'na yürüyüş yapacaklarmış, Fide Fabrikası'na gideceklermiş" diye duyduk. "Çocukları buradan uzaklaştıralım," dedim, ne olur ne olmaz? Hatta emniyeti de aradık. "Çocukları götürebiliyorsanız götürün, uzaklaştırın," dediler. Bir hafta-on gün dışarıda kaldık. Yakın akrabaların yanında. Daha fazla dayanamadık, her şeyi göze alıp evimize döndük. Köylerimiz boşaltıldığında bile bu kadar üzülmedim. Sonra evden çocuklarımı Umudeli Köyü'ne götürdüm. Benim dört çocuğum okula gidiyor. Beş gün çocuklar okula gidemediler.

Recep İpek'i tanır mıydınız?

Recep İpek kahvehaneye hiç gelmezdi. Burada Doğulu insanlar genellikle benim çalıştığım kahvehaneye gelir, ama o hiç gelmezdi. Burada başı yanan, evi yakılan, taşlanan insanların birçoğu onu tanımıyor. Sonradan duyduğumuza göre kumar oynayıp içki içiyormuş.

İlçeye döndüğünüzde ne oldu?

Vallahi biz dönüp "İşimize devam ederiz," diye düşünüyorduk, ama bizi kovdular. Aslında tam kovulma sayılmaz. Ben bu olaylar yüzünden ilçeye beş gün kadar gelemedim. Geri geldiğimde de zaten kahvehane sahibi beni aramadı. Sonra telefon açtım kendisine "İşe geleceğim," dedim. Telefonu yüzüme kapattı. Oğlum da lokantada çalışırdı. İkimiz ayda 240 milyon lira kazanıyorduk. Ama yine de hayatımızdan memnunduk. Batılı insanlarla hiç böyle bir sorun yaşayacağımızı düşünmedik. Bizi üzen ırkçılık yapılması oldu. Bize "Apo'nun piçleri, Susurluk Kürtlere mezar olacak," dediler. Geçinip gidiyorduk, yani bu olaylar olmadan önce. Şu anda da işime dönsem sevinirim, ben şahsen.

Kimseden bunun için yardım istediniz mi?

Bu olaylardan sonra Kaymakam beye çıktım. Kendisi meşguldü.

"Ne istiyorsun?" dedi, "Evin harap falan olmuş mu?" "Hayır," dedim, "Bir şey olmamış, ama dokuz nüfusla evde oturuyorum, iş arıyorum." Çıkardı bir 50 milyonluk çek. "Memlekete gidiyor musun?" dedi. "Hemen şimdi giderim," dedim. Dedi ki, "Kaç para?" "Benden kamyon için 600 milyon istiyorlar," dedim. 50 milyon para verdi. Ben iş için gittim. Bilseydim onu da verecek, almazdım yani. Ekonomik gücüm yerinde olsaydı gitmiştim. Kaymakam'dan mecbur aldık 50 milyonu... Bir arkadaş da "Paran var mı?" dedi. O da 50 milyon verip gitti, sağ olsun. Bizim isteğimiz sadece tekrar işimize dönmek. Ortam tekrar yatışsa da eski Susurluk'taki sakinlik olsa. Eğer kardeşsek, kardeşliğimizi bilelim. Gidecek bir yerim yok şu anda benim. Olsa çoktan giderdim. Bizim isteğimiz bir tane insanın yaptığı olay malzeme yapılıp da iş siyasete dökülmesin.

Nasıl geçiniyorsunuz?

Şu anda iş arıyorum. Ama iş vermeye kimse yanaşmıyor. Beni bir tek korkutan evden çıkarılma korkusuydu. Ev sahibine de gelip "Kiracını çıkar," demişler. O da bir sorun çıkarmadı. Aklı başında olan insan çok burada, az değil. Evlerini götürecek kadar parası olanlar buradan kaçtılar. 240 milyon lira kazanıyordum, dokuz nüfus geçiniyordu. Çocukların dördü okula gidiyorlardı, ama yine de "Çok şükür," diyorduk. Şimdi açım. Bakalım, nereye kadar gidecek?

Olayların bu kadar büyümesinin sorumlusu kim size göre?

Susurluk halkının hepsinin bu olaylarla ilgisi yoktur aslında. Onlar katıldılar tabii bu işe, ama bence bilmeden yaptılar. Başı çeken Ülkü Ocakları ve MHP oldu. MHP'liler ilçede kimin nereli olduğunu biliyorlardı. Olaydan önce Kürtlerin hepsi hakkında konuşuyorlardı zaten. Olaylara katılanlar için "sarhoş" diye geçiştiriyorlar. 4 bin tane insanın hepsi mi sarhoştu? Küçük bir kızın öldürülmesi sadece bahaneydi. Zaten önceden bunun planlarını yapanlar vardı.

İlçeyi terk edenleri tanıyor musunuz?

Tanıyorum çoğunu. Bunlar hep Güneydoğu'da huzursuzluktan, işsizlikten kaçmış insanlar. Bizim oralardan buraya yerleşen insan sayısı çok değildir. Aslında bu Doğulu-Batılı ayrımıydı. Çünkü Sivaslı olup işyeri taşlanan var. Hiç Kürtçe bilmediği halde sırf "Doğuludur" diye insanları hedef yaptılar. Malatyalı, Sivaslı insanlar da zarar gördü. Bu insanların hepsi işinde gücündedir. Bizi üzen, bir de çıkıp "Hepimiz kardeşiz, ayrım yok," deyip böyle yapmaları. Hani nerede kaldı kardeşlik?

Nasıl yaşıyorsunuz? Kiminle vakit geçirip, arkadaşlık ediyorsunuz?

Ben genellikle evim yol boyuna yakın olduğu için bizim Doğuluların tesislerinde çalışan birkaç arkadaş var, onların yanına giderim. Bir araya geldiğimizde de kendi gelenek ve göreneklerimizi konuşuruz. Memlekette yaşadıklarımızdan bahsederiz. Tabii orada başımıza gelen olaylar, hepsini konuşuruz. Öyle vakit geçiyor genellikle.

Susurluk'ta Kürtlerin kapalı yaşadığı ve Türkleri sevmediği için aralarına almadığı gibi bir düşünce var. Burada yerleşik olanlarla konuşmuyor musunuz?

Biz kimseyi ayırmayız, herkesi olduğu gibi kabul ettik. Burada devlet dairesinde ya da herhangi bir yerde işimiz olduğu zaman bizim işlerimizi yapanlar Susurluk insanları. Oturduğumuz bir kahvede o insanlar olduğu zaman biz tabii ki oturup konuşurduk onlarla... Ayrımcılık yapmazdık biz.

Çocuklarınız olaydan sonra okulda herhangi bir sorun yaşadı mı?

Birkaç kez bazı sorunlar oldu. Bazı okulların duvarlarına "Apo'nun piçleri" diye yazı yazmışlar, ama bunları da olaylara katılanlar yapıyor. Okuldaki öğretmenler sayesinde bu ayrımcılık okula fazla bulaşmıyor. Ama sokakta halen bizi dışlayanlar var. Benim dört sene çalıştığım kahvehanede çay verdiğim insanlar sokakta ters ters bakıyorlar. Selam vermiyorlar.

"Bu olaylar tekrarlanır" korkusu var mı?

Bugün olmasa yarın olur. Arada bir çarşıya çıkıp geziyorum. Bugün açıkça gelip biri bana "Neden dolaşıyorsun, ne arıyorsun?" deyip sataşamaz belki, ama insanı rahatsız ederek bakan, Allah'ın selamını almayan adam çok. Mesela benim eski patronum, çarşıda dolaşırken selam vermek istedim, adam sırtını döndü bana. Sadece o değil, bir sürü insan var onun gibi. Bizim üzüldüğümüz, bu işi yapanların bir çocuğun öldürülmesini bahane edip saldırmaları. Bu suçu işleyen insan bellidir, devletin mahkemesi var. Ama onlar ufak bir kıvılcımla ırkçılık yaptılar. Demek ki Türk-Kürt ayrımı varmış. Onun için de bizi işe almıyorlar. Benim oğlumun patronu bana, "Oğlunu işe alırım ama korkuyorum, tehdit ediyorlar," dedi. Demek ki o insana gidip birileri "Kürtlere iş verme," diyor. Herkes küçük bir şey diye geçiştiriyor, ama gerçekten büyük olaylardır. Ben on iki saat ayakta çalışıyordum. Çalıştığım halde kilom artmıştı. Ama şimdi çalışmıyorum, üzerimde bir korku, stres var. Kaç kilo verdim bilmiyorum. Ne olacak, diye bekliyorum. Burada bazı insanlar bizi hor görüyorlar, yan bakıyorlar, çarşıya bile çıkamaz hale geldik. Nereye kadar böyle gider bilmiyoruz.

Çocuklarınız Kürtçe biliyor mu?

Bizde asimilasyona izin yok. Kürtçe biliyorlar. Ben imamım, benim dinim "İlmi talep et," diyor. Benim eşim Türkçe bilmiyor. Kızım Güneş benimle konuşurken Türkçe konuşuyor. Annesi Türkçe bilmediği için onunla Kürtçe konuşuyor. O kadar güzel konuşuyor ki ben bile hayret ediyorum. Zaten üç tane ismi var Kürtçe Rojda, Türkçe Güneş, Arapça Esra... Biz kimliğimizi saklamayız.

Fırsat olsa Bismil'e dönmek ister misiniz?

Olsa dönerim, ama benim şu an kayınbabam, amcam korucudur. Tabii şu anda koruculuk ellerinden alındı. Geçen sene olaylar oldu... Amca çocuklarının kendi aralarında... Tartışma çıkmış, silah kullanmışlar galiba, sonra asker silahları ellerinden aldı. Biz istemedik koruculuğu, o yüzden geliyor bunlar başımıza. Oraya dönsek de aç kalırız, ama yine de burada olanlardan iyidir.

İşinden Kovulan Mehmet Çelikkılıç: "Aslımızı Niye İnkâr Edelim"

1990'lı yıllarda Susurluk'a gelip yerleşen Kürtler arasında Mehmet Çelikkılıç da vardı. Zamanla çalışarak biriktirdiği 3.5 milyar lira ile ilçeden bir ev satın aldı. Olaylardan sonra evini satmak istedi, ama istediği miktarı veren çıkmadı. İşinden kovuldu. Çelikkılıç eskiden selam verenler artık selamı kestiği için evinin bahçesinde çocuklarıyla vakit geçirmeyi tercih ediyor. İki kez evlenmiş Mehmet Çelikkılıç. İlk evliliğinden olan iki kızından biri Türkçe, diğeri ise Kürtçe bilmiyor. Çelikkılıç'ın ikinci eşinden olan iki oğlu Susurluk'ta bir ilköğretim okulunda okuyor. "Çocuklarıma hep 'Okuyun belki bir gün Susurluk'a savcı ya da kaymakam olursunuz,' diyordum. Olsalar bile herhalde Susurluk'ta o günleri göremem," diyor.

Olaylar sırasında siz ne yaşadınız?

Saat 21.00'de işten eve geldim. Pide-lahmacun salonunda çalışıyordum. Yolum karakolun önünden geçiyor. Çocuğun kaybolduğunu bildiğim için "Sonuç nedir?" diye durup öğrenmek istedim. Recep İpek'in ağabeyi Ömer'le karısının da karakolda olduğunu bildiğim için işyerimden yemek götürüp verdim. Recep'i o sırada arıyorlardı. Eve geldiğimde kayınbiraderlerim, akrabalarım, on yedi kişi evimde toplanmıştı. Evdekiler "Ne yapacağız? Herkes Kürtlerin aleyhinde konuşuyor," dediler. Bir-iki saat oturduk, sonra kıyamet koptu. Slogan sesleri gelmeye başladı. "Kürtlere ölüm, Susurluk Kürtlere mezar olacak, Apo'nun piçleri dışarı" diye slogan atmaya başladılar. Kapıları kapatıp lambaları söndürdük. Küçük elektrikli sobayı açtık. Çocuklar korkmaya başladılar. Televizyonu açtım, ama sonra ışığı fazla gelince korkup kapattım. Kürtlere saldırdıklarını öğrendik.

O sırada kaçmayı düşündünüz mü?

Düşündük ama yengem telefon etti. "Bizi mahvettiler içeri girdiler. Beni dövüyorlar. Yardım et," diye bağırıyordu. 155'e telefon ettim. Polis bana "Başının çaresine bak," dedi. "Nasıl bakacağım?" dedim. Birkaç taksiye telefon ettim Susurluk'tan çıkmak için, ama gelmediler. Bandırma'ya telefon açtım. Oradaki arkadaşlarımdan yardım istedim. Onlar da çekindiler. "Yol kapalı, gelemeyiz," dediler. En son Bursa'yı, bir arkadaşımı aradım. O bir taksiyle geldi. Gece saat 03.30'da sadece bir taksi geldiği için çocukları gönderebildik. Başka araba bulmak için birkaç yeri daha aradım, ama kimse gelemedi. Yahyaköy'deki ağabeyimi aradım, o da bir şey yapamadı. Evin içinde elektrikli sobanın ışığında sabahladık. Sabah olduğunda Mürsel diye bir arkadaşım var. Susurlukluydu. Sabah saat 07.30'da arabasıyla geldi. Kapıyı kilitleyip Yahyaköy'e gittik.

Yahyaköy'de kaç gün kaldınız?

Ağabeyimin evinde kaldık. Tam seksen beş kişi vardı evde. Hepsi bizim o tarafın insanları. Üç gün o evin içinden çıkmadık. Oradayken Susurluk'ta evlerin yakıldığını duyduk. Jandarmalar geldi, bizi korumaya aldılar. Cenaze kalktıktan sonra dedim ki kendi kendime,

"Ne kadar saklanabiliriz? Ölüm varsa sonunda, o da olsun." Bindim arabaya geldim evime. Sonra bir araba gönderip çocuklarımı da getirdim. Sağ olsun, araba sahibi iki kez gidip gelmesine rağmen bizden para falan da almadı.

Bu arada çocuklarınız okula gitmedi mi?

Gidemediler. Sonra okula götürüp, öğretmenleriyle konuştuk. Onlar teminat verdiler, "Çocuklar okuyacak, kimse karışamaz," dediler.

Çalışıyor musunuz?

Yok. Bu olaydan sonra Uludağ Pide Salonu'nun sahibi beni işe almaya korktu. Sonra bize ambargo koydular. "Niye beni işe almıyorsun? Suçumuz nedir?" dedim. Dükkân sahibi Erzurumlu. Bana "Ben zaten sinek avlıyorum. Beni de Doğulu görüyorlar, dükkânıma gelip bir şey yemiyorlar. Seni de alırsam hiç gelmezler," dedi. Bu zaten sadece Diyarbakırlılara yapılan bir saldırı değildi. Doğulu ya da Kürt dedikleri kim varsa zarar verdiler. Burada kim Doğuluysa hepsini PKK yerine koyuyorlar. Biz adam öldürmedik. Kimsenin malına zarar vermedik. İnsan gibi işimize gidip geliyoruz. Ama istemiyorlar bizi. Böyle olunca herkes kaçtı. "Gitmeyin direnelim, valiye gidelim, durumu anlatalım," dedik. Kimse bizi dinlemedi. Herkes çoluk çocuğuna bir şey olur diye korkup kaçtı.

Yetkililere durumu anlattınız mı?

Anlattım. Kaymakam'a çıktım. O da bana "Gitmek istiyorsan, sana yardım ederim," dedi. Ben de "Kimliğimi değiştirirseniz giderim. Ben Sibirya'dan mı geldim? Ne olacak bu işin sonu?" dedim. "Öyle saçmalık olmaz. Kimse bir şey yapamaz, bir şey yapan olursa al ismini bana getir," dedi. İş için bana yardımcı olacağını söyledi. İki aydır işsizim. Bizim artık burada barınmamız çok zor. Evimi satılığa çıkaracağım. Pek soran olmadı, ama üç aşağı beş yukarı satacağım. Aslında evimi satmak istemiyorum. Bir taraftan da satıp kendime başka bir yerde iş kurmak için sermaye yaparım diye düşünüyorum.

Susurluk'a nasıl yerleştiniz?

1990'da buraya geldim. Önce dinlenme tesislerinde sonra yaz aylarında Erdek'te çalıştım. 1994'te Türkmenistan, Özbekistan, Kazakistan'da pide-lahmacun fırınlarında çalıştım. Benden önce akrabalar gelmişti buraya. Erdek'te, Türkmenistan'da falan çalışırken çocuklar burada kalıyorlardı.

Vaktinizi nasıl geçiriyorsunuz? Olaydan sonra bir tepkiyle karşılaştınız mı?

Kahvehaneye de gidiyorum, çarşıya da. Ama en samimi olduğum insanlar bile artık yüzümüze bakmıyor. Sırtını çeviriyor. Kahvehanede oturuyordum. Biri yanındakilerle konuşurken laf attı ortaya, "Biz vatanseveriz," dedi. Ben de çıkıp "Benim çocuğum şimdi İstanbul'da askerlik yapıyor. Nöbet bekliyor, sen kendi çocuğuna bedelli askerlik yaptırdın. Bu mu vatanseverlik?" dedim. Biraz gerginlik oldu, ama bir şey demedi.

Daha önce ilçe halkıyla aranızda bir sorun oldu mu?

Gerçek Susurluk halkıyla samimiydik biz. Biz bunları Susurluk halkına mal etmiyoruz. Bunlar gerçek Susurluklu değillerdir. Bu olaylara katılan bazı insanlardan bizi korumak için evlerine davet edenler oldu. "Gelin bizde kalın," dediler. Buranın eski Belediye Başkanı Tahsin Bozoğlu bizzat gelip bana söyledi. Tahsin Bozoğlu defalarca beni şehir dışına kendi arabasıyla götürüp bıraktı. Ama bu kadar büyük bir şey olacağını beklemiyorduk. Burada işi Türk-Kürt kavgasına dökmek isteyen insanlar da çoktur. Yılların birikimi vardı burada. Sokakta bir Kürt, Türk'le kavga etseydi, bir tokat atsaydık birbirimize bence bu olaylar çıkardı. Küçük bir kızın öldürülmesi tam ekmeklerine yağ sürdü. Sanki savaşa gidiyorlar, bir sürü adamı Bandırma'dan, Manyas'tan buraya topladıklarını duyduk.

Neden sevmiyorlar sizi?

Bizim bir araya gelmemizden rahatsız oluyorlardı. Kahvehanede oturduğumuz, bir meclise gittiğimiz zaman Kürtler hep beraber otururduk. Masalarımızı birleştirip otururuz. Kürtçe konuşuruz. İnsanda ister istemez bir özlem oluyor. Onlar bundan rahatsız oluyorlardı. Kendi dilimi konuşmak benim hakkım. Evde Kürtçe konuşurum, ama çocuklarım okula gittiği zaman Türkçe konuşmalarına izin veririm. Ben kimseye "Kardeşim niye Türkçe konuşuyorsun?" demiyorum. Ben de evimde, işimde, çocuklarımla Türkçe konuşuyorum.

Evimde Kürtçe konuştuğum da oluyor ama... Ben konuşunca adam bunu hazmedemiyor. Bazen bize "Niye Kürtçe konuşuyorsunuz?" diyenler bile oluyordu.

Milliyetçi misiniz?

Yok öyle bir şey. Kayınpederim muhacir. İlk eşimden üç çocuğum var. Benim bir kızım onların yanında, biri Diyarbakır'da evli. Eğer Kürtlük-Türklük meselesi yapsaydık biz onlardan, onlar bizden evlenemezdi. Hem benim çocuklarım zaten Kürtçe bilmiyorlar. Sadece biraz konuşmalarımızı anlıyorlar.

Çocuklarınızın Kürtçeyi öğrenmesini istiyor musunuz?

Tabii ki Kürtçeyi öğrenmesini isterim, ama onlar zaten okula gittikleri için Türkçe konuşuyorlar. Ben hiç çocuklarıma niye "Kürtçe öğrenmiyorsunuz?" demiyorum. Onlar bizden öğrendikleri Kürtçeden, çok daha fazla Türkçe öğreniyorlar. Oğluma "Oku" derken "Bir gün olur Susurluk'a kaymakam ya da savcı gelirsin," diyorum. Mesela ilk eşimden olan kızım, İstanbul'a gitti dedesinin yanında, diğer kızım Bismil'e yerleşti. Bismil'deki kızım Türkçe, İstanbul'daki kızım Kürtçe bilmiyor. Ben milliyetçi değilim. Sadece hakkım olanı konuşmak istiyorum. Benim Susurluklu olan eşimin kız kardeşleriyle evlenmiş dört tane bacanağım var. Düşünün onlar bile evime gelmekten korkuyor.

Sokağa çıkıp insanlarla diyalog kurmayı, yapılanların yanlış olduğunu anlatmayı düşündünüz mü?

Bunun için fırsatımız yok ki. Sevmiyorlar bizi. Parka gidiyorum, kahvehaneye gidiyorum, bana kimse "Nereden geliyorsun? Nereye gidiyorsun?" diye sormuyor. Çocuklarıma da kimse bir şey demedi. Ellerinden gelse söyletler, ama artık devletten korkuyorlar. Çünkü iş bu noktaya geldikten sonra herkes tutuklandığı için şimdi birçok insan korkuyor. O yüzden cenazede kimse çıt bile çıkaramadı. Binlerce insan bu işe katıldı, ama şimdi çoğu ne için yürüdüğünü bile bilmiyor. Pişmandırlar.

Evinizi satacağınızı söylüyorsunuz. Ya satamazsanız?..

Bilmem. On üç yıl İstanbul'da kaldım. Türki cumhuriyetlere çalışmaya gittim, ama en güzel yer, en çok hoşuma giden yer Susurluk oldu. Onun için çalışıp burada yer yurt edinmeye çalıştım. Ev aldım. Burada kalma niyetim olmasa gider o parayla Diyarbakır'dan ev alırdım. Buraya geldiğimde cebimde bir sigara parası vardı. Zengin olsam niye buraya geleyim ki? Burası gerçekten güzel. Buradan çıkıp kendi memleketime dönünce sıkılırım, ama burada sıkılmıyorum. Çevresi güzel, hem de ufak bir yer. Ama bu halde ne kadar kalabilirim? Çalışmıyorum. Çalışmadığım gün açım, üç tane çocuğum okula gidiyor, biri askerde. "Kürtlere iş vermeyin" diyorlar. Bunlar olmayınca benim işim bitiyor. Belediye hoparlöründen bazen anons yapılıyor, inşaat işi için, gidiyoruz adamların kapısına, soruyorlar "Nerelisin?" diye. Biz de aslımızı inkâr etmiyoruz. O zaman da "İşçimiz tamamdır," diyorlar. Biz mantar değiliz. Kökümüz belli. Yerin dibinden çıkmadık. Yeri geldiği zaman "Türkiye'de insanlar eşittir," diyorlar, ama biz beşinci sınıf vatandaş bile değiliz. Dünyanın hiçbir yerinde kimse kimseyi evinden yurdundan kovamaz. Ama işte oldu, Susurluk'ta resmen kovdular. Benim ağabeyimin evini dağıttılar. Evde birkaç kuruş parası vardı. Polisten yardım istedi, "Evime gidip birkaç parça ziynet eşyasını almam lazım. Yanımda gelin," dedi. Polis beraber gitmedi.

Boksör Petrol'ün Sahibi Mehmet Türkan:
"Yüzlerinde Maske Vardı"

"Biz bu tesisi Ocak 2001'de devraldık. Olay gecesi burayı taşlamaya başladılar. İstasyonun ikinci katının camlarını kırdılar. Bazılarının yüzlerinde maske vardı. 'Tedbir olsun' diye taş atınca arabamızın içine sığındık. 'Susurluk Kürtlere mezar olacak' diye slogan atıyorlardı. Genç yaşlı bir sürü insan vardı. 2 milyar liralık zararımız oldu. Polis gelmedi. Aslında biz onların kralından korkmayız, ama bir şey yapamıyoruz. Ne yapsak suçluyuz onların gözünde. Bu memleketin sınırını Ankara'dan bölmüşler. Biz bir karşılık verseydik kökten giderdik. Balıkesir'den bile adam getirmişler. Böyle yaşanmaz artık burada. Susurluk'ta hepimizi getirip bir yere toplasınlar, sonra üzerimize bir kimyasal silah atsınlar. Hem biz kurtuluruz, hem de onlar. Vergi ödüyoruz, askere gidiyoruz. Bu insanlara yaranmak için daha ne yapalım? Kürt doğduk diye suçlu mu olduk? Olaydan sonra kimse gelip bize bir teminat vermedi. Ne polis, ne kaymakam. 'Kardeşim size ne yaptılar?' demediler. Sonuna kadar buradayız.

Ölümden ötesi var mı? Diyarbakır'da biz böyle mi yaptık? Diyarbakır'da Emniyet Müdürü Gaffar Okkan öldürüldüğünde halk ona sahip çıktı. Benim altı yaşındaki kardeşim bile onun için ağladı. Niye? Çünkü Gaffar Okkan Kürtlerin içine giriyor, onlara saygı duyuyordu. Benim işyerimde çalışan yıkamacı, pompacı Susurluklu. Şimdi onları işten çıkarmam mı gerekiyor? Burada çalışan bir sürü insanı işinden kovdular, evlerini taşladılar. Ben yapamaz mıyım? Yanımdaki çalışanlarım, onları işten atmayacağımı biliyor. Olay gecesi benzin almak için yol üzerindeki Shell benzin istasyonuna gittim. Önümdeki araba benzini aldı, sıra bana geldi. Dedi ki, 'Sana benzin yok.' Damperinden arızalı bir kamyonumuz vardı, 21 plakalıydı. Olaydan sonra Susurluk ilçe merkezine tamire götürdük. Yapmadılar. Damperi bağlayıp, İzmir'e götürmek zorunda kaldık."

H.Ç. (İşçi, 35 yaşında):
"Kirama Yüzde Yüz Zam Yaptılar"

"Konserve fabrikasında çalışıyorum. Yahyaköy'de oturuyoruz. Buraya geldiğimizde kiralamak için uzun süre ev vermediler. 1993'te şimdi oturduğum eve yerleştim. Ev, resmi bir kuruma ait. 'Kürtler, Diyarbakır'dan gelip bizim devletimizin malını kullanıyor,' diyorlardı. Birkaç sene sürdü. Daha sonra ev sahibi, birden kirama yüzde yüz zam yaptı. O zaman çok paraydı. 15 milyon oldu kiramız. Ev sahibine, 'Niye bu kadar zam istiyorsun?' dedim. Çok uğraştım, sonra söyledi: 'Benden duymamış olun, ama sizden PKK'lısınız diye şikâyet var.' Bizim bir tek çanak antenimiz var. Başka bir şeyimiz yok. Oğlum, Susurluk Lisesi'nde 180 kişinin içinde dördüncü oldu. Öğretmenler ayrım yapılmasına izin vermiyorlar. Olaylardan sonra bir hafta okula göndermedim. Öğretmeni bana kızdı. 'Eğer güvenlik için göndermiyorsanız, ben kendi arabamla gelip getiririm,' dedi."

H.P. (İşçi, 38 yaşında):
"Kahvehaneye Almadılar"

"Karımı, çocuklarımı olaylardan sonra Diyarbakır'a gönderdim. İlçenin merkezine çıkmaya çekiniyorum. Birinin lokantasına giriyorum, yemek için bana 'Sana yemek yok,' diyorlar. Zaten burada Kürt olan biri ev bulamazdı. Evi beğenirsin, 'Parasını öderim,' dersin ama memleketin Doğu'ysa, Kürt'sen sana ev vermezler. Benim memleketimde huzurum olsaydı, kalkıp buraya gelmezdim. Bize taş atan, evimizi taşlayan insanlarla alışverişimiz vardı. Şahinler Tesisleri'nde 'Kürtler çalışıyor,' diyorlar. Allah'ını seven gidip baksın, orada çalışan Kürtlerin sayısı beşi geçmez. Geriye kalan elli adamın hepsi Susurluk'tandır. Tesisin müdürü bile buradan. Ben evimde yirmi dört saat mahsur kaldım. Camdan dışarı bakamıyordum. Ana avrat küfür ediyorlardı. Kayınpederim, baldızım, çocuklar, hepimiz evimde toplanmıştık. Polisi aradım; sabaha kadar bana sadece 'Başının çaresine bak,' dediler. Benim iki çocuğum okula gidiyordu. Şimdi memleketteler, geri dönmek zorunda kaldılar. Her gün, 'Biri bir suç işlerse bizim üzerimize kalır,' korkusu yaşıyoruz. Bir hırsızlık olsa biz suçlanıyoruz, biri diğerine sarkıntılık yapsa 'Acaba Kürtler mi yaptı?' diye söylentiler başlıyor. Artık hiçbir hayatım kalmadı. İnsanların içine çıkamıyorum. Bir sefer kahvehaneye gittim, beni almadılar. Ben de polise gittim. 'Bizi kahvehaneye almıyorlar. Ne yapacağız?' dedim. Polis bana 'Sen de kahvehaneye gitme,' dedi. Aslında polis doğru dürüst polis olsa o kahvehaneyi kapatması lazım. Kahvehane sahibi bölücülük yapıyor, polis göz yumuyor. Senelerdir tanıdığım adam, birlikte aynı yerde çalıştığım insan, bana açık açık küfür etti. Bu olayları organize yaptılar. Burada millet, içki içmeyi çok sever. Olay gecesi bir sürü insanı toplayıp kamyonlarla Çaylak'a, içki içmeye götürmüşler. Sokakta yürüyemez hale geldik. Pazarda yürürken bile omuz atıyorlar."

15 Susurluklular Ne Dedi?

Gösterilerde Başı Çeken Doktor:
"Kürtlere Karşı Toplumsal Refleks Gösterdik"

Ali İhsan Güler'in ismi, 7-8 Nisan 2001 tarihinde yaşanan olaylardan sonra, polisin hazırladığı "provokatörler" listenin en başındaydı. Olaylar sırasında gözaltına alınan eylemciler arasında, onu tanımayanlar, Güler'i "kravatlı adam" diye tarif ettiler.

"Kravatlı adam" hem giydiği elbise, hem de hareketleriyle eylemciler arasındaki en belirgin kişiydi. Mesleği ve aldığı eğitim itibariyle de diğer sanıklardan ayrılıyordu. Kürtlere karşı atılan sloganlarda başı o çekiyordu, ama Elazığ'dan çıkıp memuriyet hayatına atıldıktan sonra Balıkesir'e yerleşen Kürt kökenli Fehmi Güler'in oğluydu. İlkokulu Susurluk'ta, ortaokulu ise Balıkesir'de yatılı bir okulda ailesinden ayrı olarak okudu. Balıkesir Savaştepe'deki öğretmen okulunu bitirdi. Gençlik yıllarında CHP Gençlik Kolları'nda çalıştı. Önce İstanbul Üniversitesi Eczacılık Fakültesi'ni, sonra Tıp Fakültesi'ni kazandı. Doktor olduğunda, CHP Gençlik Kolları'nda politika yaptığı yıllar geride kalmıştı. Susurluk'a Sağlık Grup Başkanı olarak döndüğünde, davranışları nedeniyle herkes ona, "Deli Doktor" lakabını yakıştırdı. Bu lakap, Susurluk'a görevli olarak gelmeden önce beyin ameliyatı geçirmesinden kaynaklanıyordu, ama asıl sebep davranışlarıydı.

Sağlık Grup Başkanlığı koltuğundaki Dr. Güler'den, çalışma arkadaşları sürekli şikâyet etti. Hakkındaki şikâyetler arttığında, Balıkesir İl Sağlık Müdürlüğü'ne tayin edildi. Bu yıllarda, CHP sempatisi biten Güler, siyaseti MHP saflarında sürdürdü. Milliyetçi görüşleriyle ün yaptı. Susurluk'a atanmasında "MHP'nin torpili" hep tartışıldı. Susurluk'taki siyasetin ilginç portrelerinden biri olan Güler, 1991 seçimlerinde DSP'den milletvekilliğine aday olduğunda da kimse şaşırmamıştı. Balıkesirspor'da kulüp yöneticiliği de yaptı.

Ali İhsan Güler Susurluk olaylarının sorumlusu olarak aranmaya başlandığında, kayıplara karıştı. Savcılık "kundaklama" suçundan, kız kardeşi Neşe Güler ile birlikte hakkında gıyabi tutuklama kararı çıkardı. İki aydan uzun süre İstanbul'da saklandı. Polis firari doktora diğer kız kardeşi Perihan Güler'i izleyerek ulaştı. Perihan Güler Susurluk Otogarı'ndan ağabeyine giyecek eşyalarını gönderirken, polis kendisini izliyordu, ancak anlaşılamayan bir nedenle, polis takibi otogarda bitti. Firari doktor eşyaların gittiği İstanbul'da yakalanamadı. Güler'in uzun süre polisle pazarlık yaptığı iddiaları yayılırken teslim oldu ve serbest bırakıldı. Güler, olayları, "Doğululara karşı, kültür çatışmasının bir sonucu" olarak niteledi. "Etnik ayrımcılık değil, kanunsuz iş yapanları hedef aldıklarını" iddia eden Güler, "Apo'nun piçleri Susurluk'tan gitsin," demeyi ihmal etmedi.

Savcının hazırladığı iddianamede kundakçılık yapmak, eylemi Kürtlere karşı yönlendirmek ve etnik çatışmaya dönüştürmek istediğiniz yazıyor. Ne diyorsunuz?

Ben, 2911 sayılı Toplantı ve Gösteri Yürüyüşleri Yasası'na muhalefet ettim, bunu kabul ediyorum. Türk Ceza Kanunu'nun 370. maddesine göre "kundakçılık yapmak" suçundan, 15 kişi hakkında açılan davada Şahinler Dinlenme Tesisleri'ni yakmak, yıkmakla suçlanıyorum. Ben o gün Şahinler Dinlenme Tesisleri'ne bir kilometre bile yaklaşmadım. Ama beni provokatörlükle suçluyorlar.

Hiç gitmediyseniz neden suçlanıyorsunuz?

Ben polisin yediği rüşvete göz yummuyorum da ondan.

Polis rüşvet mi yiyor?

Susurluk, solventli benzin, kaçak mazot ve esrar-eroin merkezi haline gelmiştir. Oradaki benzin istasyonlarını incelediyseniz, görmüşsünüzdür. B... diye bir istasyon vardır. Bu insanlara bakın, uyuşturucu kaçakçılığı yapıyorlar. U... S..., K... tesisine bakın, bunlar da uyuşturucu kaçakçısıdır. Bu işleri Susurluk'ta, on yıldır, Kürtler yapıyorlar. Polis memurları bu tesislerden bedava yemek yiyor, rüşvet alıyor. Yaptıkları işlere göz yumuyorlar.

O zaman neden "Uyuşturucu kaçakçılarına ölüm" diye değil de "Kürtlere ölüm" diye slogan attınız?

Ben o sloganlarla kanunsuz işleri yapanları kastettim. Ama zaten özellikle son on yılda Doğu'dan gelen insanların hepsi ilçeyi bozdular. Susurluk onlar gelmeden önce çok güzel bir yerdi. Susurluk insanı yardımseverdir. Ama bunlar, ilçeye geldikten sonra, hırsızlık başta olmak üzere her türlü pislik olmaya başladı. Kahvehanelerde Kürtçe konuşuyorlardı. Eskiden ilçede genç bir kız, Susurluk Parkı'nda gece saat 01.00'e kadar oturup sonra da tek başına evine gidebilirdi. Bunlar geldikten sonra hiç kimse kızını, çocuğunu rahatça bir yere gönderemiyor. Bunlar ilçemizin ahlak değerlerini bozdular. Bunlar yüzünden ilçede bir kültür çatışması ortaya çıktı. Olup bitenlerin hepsi, aslında toplumsal bir reflekstir.

Bu söylediklerinizden "Hem Kürtlere hem de uyuşturucu kaçakçılarına tepki gösterdik" gibi bir sonuç çıkıyor...

Hayır, sadece kanunsuz iş yapanlara tepki gösterdik. Ayrıca Susurluk'ta bu kadar büyük bir kalabalığı yönlendirmeye, tek başına kimsenin gücü yetmez. Benim tepkim, aynı zamanda duygusal bir tepkiydi.

Nasıl bir duygusal tepki?

Ben Avşar Çaldıran'ın öldürülmesinden kendimi biraz sorumlu hissettim. Çünkü bu ailenin İstanbul'a ücretsiz olarak tedavisinin yapılması için getirilmesine yardımcı oldum. Doktor arkadaşıma gönderdim. Avşar'ın kız kardeşinin ilk tedavisi yapılırken, orta kulak iltihabı çıktı. Ben de Salim Çaldıran'a, "Susurluk'a dönme, bedava tedavi yaptıracaksın, bu fırsatı kaçırma," dedim. O sırada, Avşar da, annemle kız kardeşimin, Han Mahallesi'nde oturduğu sokaktaki akrabasının evine gelmiş. Sonra bu adam, olayı başına getirince, sorumlu hissettim. Ailesi dönmüş olsaydı, Avşar o gün o evde olmayacaktı. Ayrıca birisi şunun hesabını vermek zorunda: Avşar kaybolduktan sonra ben annemin Susurluk Garajı'ndaki Uludağ adlı işyerindeydim. Polis bana telefon etti. Benden Lüks Yalova Seyahat'i aramamı ve bu firmaya ait bir otobüsün plakasını verip, aracın sürücüsünden Susurluk'tan yolcu alıp almadığını sormamı istedi. Şoförü aradım. Bana oradan yolcu almadığını söyledi. Polis kendi yapması gereken işi bana yaptırdı.

Şahinler Dinlenme Tesisleri neden hedef seçildi?

Şahinler Dinlenme Tesisleri'nde çalışan elemanlar da, şoför de, Recep İpek'e kaçmak için zaman kazandırdılar onun için. Polisin hatası bu kadar da değil. Avşar kaybolduktan sonra, cesedinin bulunduğu evi, en az dört kez aradılar. 60 metre evin içinde, o küçücük kömürlüğe neden bakıp bulamadılar? Ceset, ancak ertesi gün akşama doğru Balıkesir'den gelen polisler tarafından bulundu. Polisin büyük ihmali var.

Recep İpek'i oturduğu eve sizin yerleştirdiğiniz doğru mu?

Recep İpek'i tanımam, onun oturduğu ev halama aittir. Ben o eve yerleştirmedim. Kim söylüyorsa yalan söylüyor. Biz Susurluklular yardımseverliğimizi bu insanlara gösterdik. Recep İpek'in ağabeyi benim annemin komşusudur. Bu insanlara yemek, giyecek her tür yardımı yaptık. Ama onlar pencerelerine cam takmak yerine, naylon parçalarıyla kapatıp, evlerinin çatısına da çanak anten koyuyorlardı. MED TV izliyorlardı. Ben olayların olduğu ikinci akşam balığa gitmiştim. Garajdaki işyerine dönünce halam telefon etti. Halam Recep İpek'in evinin üst katında oturuyordu. "Evi taşlıyorlar," dedi. Ben de gidip evin etrafında durdum. Gece 01.00'e kadar orada durdum.

Kürtler için "Apo'nun piçleri" diye slogan attırdınız mı?

Tabii ki, Apo'nun piçleri. Gitsin bunlar Susurluk'tan.

Sizin kökeninizin Kürt olduğu doğru mu?

Hayır, düzelteyim o zaman. Ben kendime Kürt demiyorum. Ben Doğu kökenliyim. Atatürk'ün söylediği söz çok güzeldir. "Ne mutlu Türküm diyene" diyor. Atatürk bunu söylerken bu topraklarda, bu bayrak altında yaşayan herkese, yeni bir yurttaşlık kimliği vermiş ve bunu kabul etmelerini istemiştir. Bunun dışında bir kişi çıkıp "Ben Kürdüm," diyorsa onun başka hesapları vardır. Nitekim, hesabı olanı da devlet, İmralı'da prensler gibi besliyor. Ben ne yaptım? Hiçbir şey...

Memuriyetteki görevinizden alındınız. Söylediklerinizden neden eyleme katıldığınıza dair bir şey anlaşılmıyor. Yani suçsuz musunuz?

O zaman anlatayım. Ben, Balıkesir'de medyatik bir insanım. Gözüpek bir adamım. Susurluk İlçe Emniyeti'nde Başkomiser A... diye bir polis var. Bu adam, pis işler yapan tesislerden bedava yer, içer, rüşvet alır. Ben bunun hakkında soruşturma açılması için dilekçe vermiştim. İçişleri Bakanlığı'na kadar durumu bildirdim. Başkomiser A..., daha önce de esnaftan yardım işleri için para toplamıştı. Kiminden çek, kiminden para... Birkaç çekin peşine düştüm. Kimlerin tahsil ettiğini öğrenmeye çalıştım. Olaydan emniyetin haberi oldu.

Benim ikinci gün olaylara katılmam da şöyle olmuştur: Yol trafiğe kapatılmıştı. Balıkesir Emniyet Müdürü İhsan Yılmaztürk, halktan birkaç kişiyle konuşmak için çağırdı. Ben ve kız kardeşim gittik. Kürtlerin sahip olduğu bazı tesislerde karanlık işler yapıldığını söyledim. "Tamam biz zaten ilgileniyoruz bu konularla, şimdi sizden rica ediyorum, halkı dağılması için uyarın. Sizi dinlerler," dedi. Ben de kalabalığa dağılmasını söyledim. Sonra kalabalığın içinden farklı görüşteki insanlar bana "Sen de Doğulusun, döneksin, dağılmıyoruz," deyip küfürler ettiler. Kürtler Susurluk'u uyuşturucu, karapara merkezi haline getirdiler. Benim davam, ayrımcılık yapmak değildir. Benim meselem, pis işlerle uğraşanlarla. Susurluk'ta kirli ilişkilerin aydınlatılması gerekir. Soruyorum: Belediye Başkanı'na alınan Mitsubishi marka makam arabası için, B... adlı tesis sahibinden kendisine 3 milyar lira para verildi mi?

Milliyetçi misiniz?

Evet, ama ben MHP'li değilim. MHP İlçe Başkanı yirmi yıllık dostumdur. Ben bir ara da DYP ilçe başkanıyla sık görüşürdüm, o zaman da benim için DYP'li dediler. Ben 12 Eylül öncesini yaşadım. Bu devletin birliğine bütünlüğüne zarar vermeyecek her insana hoşgörüm vardır. Hiçbir zaman eylemci sağ ya da solla bir ilişkim olmadı. Ben ateiste de, dindara da aynı mesafedeyim.

...

Y.T. (Memur, 29 yaşında): Kürtleri kabul etmesek kumar oynar mıyız?

"Bir-iki tesis taşlandı, yakıldı. Gereksizdi belki ama o anda bazı insanların yanlış yönlendirmesi yüzünden oldu. Bu olaylar, o kızın öldürülmesine, tecavüz edilmesine karşı verilen tepkidir. Siyasi bir amaç yoktu. Halkın yüzde 90'ı bu olaya katılıp izlemiştir. Olaylara en az, seyredenler de dahil, 10 bin kişi katıldı. Kahvehaneye alınmadıklarını, işten kovulduklarını söyleyen Kürtler yalancıdır. Onlar kendileri işlerini bırakmıştır. Zaten buradaki Kürtler, kayıp çocuk iki gün bulunamayınca ortalığı velveleye verdiler. Kız ilk kaybolunca onlardan şüphelenmişti herkes. İkinci gün bunlar ortalığı karıştırdı. 'Bak siz bizi istemiyorsunuz. Onun için bizi suçluyorsunuz, ama bir şey bulamadınız,' diye konuşmaya başladılar. Kendilerini haklı çıkarıp polemik yaptılar. Olaydan sonra işten çıkarıldıklarını söylüyorsunuz, ben bilmiyorum, ama öyle olmuşsa da kendileri yüzünden olmuştur, diye düşünüyorum. Belki de birkaç kişi gereksiz yere kovulmuş olabilir. Recep İpek, kızı öldürdükten sonra gidip kahveciden para almış. Herhalde bir de öldürdüğü kızın üzerinde de para varmış. Biraz da onu almış. Gidip taksitle takım elbise almış. Düşünün, ben buranın insanıyım, o mağazadan taksitle takım elbise almak istesem, vermez. Demek ki Susurluk halkı onları kabul etmiş ki taksitle elbise satıyor. Kayıp çocuğu MİT'ten adamlar gelip, katilin evinde buldular. Katil olan Recep, oturduğum kahvehaneye gelirdi. Aynı masada oturup çay içmişliğim var. Hiç öyle bir şeyi yapacak bir tipi yoktu. Ama herhalde cinnet falan geçirdi. Etliye sütlüye karışan biri değildi. O kadar cani olacak bir tipi yoktu. Ben kendim oyun oynamazdım, ama bizim arkadaşlarla beraber oyun oynardı. Bazen kumar oynuyordu. Onlar eğer burada kumar bile oynuyorsa, bu Kürtlerin burada kabul edildiği anlamına gelir. Kabul etmesek kumar oynar mıyız?"

Seyfettin Çelik (Provokatörler listesindeki lokantacı): Yürümenin suç olduğunu bilmiyordum

"Vallaha billahi suç olduğunu bilmiyorum. Herkes gitti eyleme. Binlerce insan yürüdü. Ben de bir arkadaşımla gittim. Balıkesir Emniyet Müdürü'nün konuşması hoşuma gitti. Ben de alkışladım. Vallahi, panzere çöp tenekesi atmadım. Benim ilgim yoktu. Ben esnaf adamım. Polis tanıdık, esnaf tanıdık. Onlar gitti, ben de gittim. İşim gücüm var benim. Beni 'provokatör' diye damgaladılar. On üç yaşından beri lokantacıyım. On dört senedir bu dükkândayım. Bir oğlum maden mühendisliğinde okuyor, kızım da matematik öğretmenliği yapıyor. On iki gün cezaevinde yattım. Ben ayrımcı değilim. Bunu yapanlar şerefsizdir. Benim evim hastanenin yanındaydı. Ambulans geldi. Ondan sonra gittim. Bir olay varsa bir yerde, ben hemen yolumu değiştiririm. Particilik yapmam. Benim ekmeğim nerede, ben oradayım. Benim bir oğlum Van'da asker."

Aydın Can (Provokatör listesindeki eylemci): Bir yere kadar slogan attım

"Kurstan çıktım. Halk yürüyordu. Recep İpek'in evine ben de gittim. Bizim parmak izlerimiz alındı. Ben kimseye taş atmadım. Şahinler Dinlenme Tesisleri'nin sahibi Sadık Çeken'in kızı Yasemin Çeken'le ben aynı kurstayız. O bile benim taş atmadığıma inanıyor.

Ben öğrenci yurdunda iki sene kaldım, orada da ayrımcılık yapmadım. Babamın dükkânında işlerine yardım ederim. Benim işim gezmek. Bilgisayarda oyun oynarım. Olaylar sırasında sloganı bir yere kadar attım. Şahinler'den sonra polis barikatını geçmedim."

Bahir Balaban (Esnaf): Kürtler işyerlerinde Susurluklu çalıştırmıyor

"Bu olaylar Kürt-Türk çatışması falan değildi. O Şahinler'de çalışanların Susurluk'a verdikleri zararlardan oldu bu olaylar. Hiç tanımadığımız tipler, gruplar halinde yürüyorlar. Ondan sonra burada arkadaşlarımıza bir sürü davranışları vardı. Kişisel olarak onlarla kavga edenler oldu. Şahinler'e saldırılmasının nedeni işyeri sahiplerinin hareketleri yüzündendi. Kürtleri buraya getiren de Şahinler. Susurluk'ta bir tesiste elli tane adam kalıyor. Bunlar hoş şeyler değil. Bir sürü dinlenme tesisi var burada. Hangisinde yatak-yorgan var? Belirli grupları getirip çalıştırıyorlar. Susurluk'un işsiz boşta gezen genci var. Onları alıp çalıştırsınlar. Bölgecilik yaptıkları için bunu tercih ediyorlar. Aslında ayrımı getiren onlar. Demek ki halkın burnuna kadar gelmiş, kadını, erkeği, yaşlısı, genci tepki gösterdi. Hem bunlar 100-150 kişinin tepkisi değildi. Beş yaşındaki çocuktan yetmiş yaşındaki ihtiyarına kadar herkes vardı. Bence Susurluk'tan birisi bu olayı yapmış olsa aynısı olurdu. Bilmiyorum, belki o zaman, kimsenin işyerine zarar vermezlerdi. Evlerin yakıldığını bilmiyorum."

Eyfer Bayarslan (Avukat): Susurluk'un sinirleri dayanmadı

"Küçük bir kızın tecavüz edilerek öldürüldüğü iddiası olayları bu noktaya getirdi. Burası küçük yer, insanların böyle şeylere karşı bir hassasiyeti var. Olayların başladığı akşam maç varmış. İnsanlar alkolün etkisiyle tahriklere kapılmışlar. İlçede işsizlik oranı o kadar yüksek değil. Bugüne kadar buralı olanlarla buraya dışarıdan gelen insanlar arasında herhangi bir problem olmamıştı. Mesela Şeker Fabrikası'nda Doğu kökenli insanlar var. Onlar arasında da emekli olup buraya yerleşen insan çoktur. İlişkilerimizde hiçbir problem yoktu. Bu gösterilen tepki, Şahinler Dinlenme Tesisleri'ne yönelik bir tepkiydi. Yörsan'a niye yürüdüler, bilmiyorum. Tabii tahrik edenler olmuştur. Toplum psikolojisini de hesaba katmamız lazım. İnsanların tepkisi, biraz yokuştan inen bir arabanın lastiklerinin patlamasına benziyor. Zaten olayları yönlendiren kişinin, mesleğine yakışmayacak davranışları vardı. Küfürlü davranır, insanları rahatsız ederdi."

Perihan Güler (Dr. Ali İhsan Güler'in kardeşi): Elimizden gelse yakardık

"Biz Ömer İpek'in evinin yıkılması için elimizden geleni yaptık. Aslında bizim tepkimiz o evin yıkılmamasına değil, evin içinde yaşayan insanlara karşıydı. Elimizden gelseydi biz orayı yakacaktık. Olaylardan sonra yıktılar, iyi oldu. Olaylar sırasında asfaltı kapattık. Yani biz kapatmadık aslında polis engelledi. Bize 34 plakalı bir kamyon yardım etti. Ağabeyime orada Emniyet Müdürü 'Sen bu memleketin çocuğusun, kalabalığı dağıtırsın,' dedi. Ağabeyim de 'Dört saat oldu. Konvoyda hasta vardır, dağılalım,' dedi. Ağabeyim kalabalığı ikna etmeye çalışırken, anneme küfrettiler. İkinci akşam, karayolu üzerinde yine eyleme katıldık. Orada polisle insanlar arasında olaylar başladı. Camlar kırıldı. Ben Kürt kökenliyim. Benim hıncım Kürtlere değil... Polis olaylar sırasında bana, 'Git kendi nüfus kâğıdına bak,' dedi. Biz kendimizi Kürt ya da Türk diye tanımlamayız. Benim ağabeyim kadar aslına düşkün insan yoktur. Aslını inkâr edeceğini sanmıyorum."

Ercan Buğtekin (İşsiz, 20 yaşında): Sapla samanı ayırmak lazım

"Ben, uzman jandarma sınavına girdim. Vatanımı en iyi şekilde korumak istiyorum. İnsanlar kendi içlerinde bir şeyler keşfederler. Ben de kendi içimde iyi bir asker olacağımı düşündüm. Kendimi bu alana yönelttim. Montaigne'ın denemelerini okuyorum. Bazen kahvehaneye giderim, ama zevk için. Oyun oynamak için değil, çay içip muhabbet etmek için giderim. Sigarayı yeni bıraktım. Sekiz yıldan beri sigara içiyordum, ama jandarma sınavına gireceğim için bıraktım. Hiçbir siyasi görüşüm yok. Bence bu iyi bir şey. Milliyetçi değilim. Her insan gibi vatanımı milletimi seviyorum. Benim için milliyetçilik budur. Benim Kürt arkadaşlarım var. Bu olaydan sonra Kürt arkadaşlarımız burayı terk ettiler. Gerçekten çok üzüldüm. Samimiydik, oturup konuşacağımız şeyler vardı. Birbirimizin sorunlarını konuşuyorduk. Kız arkadaşlarımızı, sevdiğimiz kızları bile konuşuyorduk. Bazen birbirimizi yabancı olarak gördüğümüz oluyordu. Toplum açısından Kürtlere Susurluk'ta biraz soğuk bakılıyor. Sadece burada değil, bütün Türkiye'de böyle. Benim görüşüm böyle değil. Ben Kürtlerle arkadaş olduğum zaman, Kürtleri sevmeyen insanların bize soğuk bakışları oluyor. Bu yüzden sözlü tartışmalara girdiğim olmuştur. Kürtlerin karakter özelliklerini söyleyip 'Onlarla arkadaşlık edilmez,' diyorlardı. İyi insanlar olmadıklarını, kendi ırklarından olanlarla ilişki kurduklarını, bu yüzden bize kötü davrandıklarını söylüyorlardı. Öyle düşünmüyorum. Bir insanı tanımadan, onun içini bilmeden karar veremezsin. Doğu'dan gelen insanlar, orada yaşadıklarını bize anlatıyorlardı. Bu olaylarda sapla samanı ayırmak gerekiyordu. Bence bu olayda 'sap' Recep İpek'tir. Onun yanması, cezalandırılması gerekir. 'Saman' da Kürt toplumudur ve cinayeti onlara mal edemeyiz."

Ahmet Sayar (Öğrenci, 17 yaşında): Aramızda sorun yok

"Susurluk Endüstri Meslek Lisesi'nde okuyorum. Bizim okulda Kürt arkadaşlarımız var, aramız gayet normal, herhangi bir sorun yok. Ama bu olaydan sonra bazı insanlar burayı terk etti. Arkadaşlarımız da vardı. Recep İpek'in amcasının oğlu benim okulumda okuyor. Boş zamanlarımda atari oynarım. İnternet kafeye gidiyorum, ama çok para gidiyor. Bağlılık yapıyor insanda. Üniversiteyi astsubaylık yapmak için okumak istiyorum. Lise son sınıfta olduğum için askeri okula giremiyorum."

Aydın Said (Kahvehane sahibi, 28 yaşında): Kürtler gelirse kahvehaneden kovarım

"Recep İpek bir yıl bu kahvehaneye takıldı. Olay günü cuma namazı saatinde geldi. 'Şahinler'de iş buldum çalışacağım, param yok, bana 1 milyon borç verirsen öğleden sonra memleketten para gelecek, o zaman veririm,' dedi. 1 milyon borç verdim. Doğulu oldukları için onlarla aramızda her zaman mesafe vardı. Burada, Susurluk'un yerlisi olan insanlarla Kürtler arasında fazla muhabbet yoktur. Bence bu olaylar aşırı alkol alınması yüzünden oldu. Tabii olayları yönlendirenler de vardı. Bir Yörük bu olayı yapsa ona da tepki olurdu, belki linç etmeye kalkarlardı, ama kimse 'Susurluk Yörüklere mezar olacak' demezdi. Ben şimdi kahvehaneme Kürtlerin gelmesini istemiyorum. Çünkü işyerimi onlara açarsam diğerleri gelmez. Para kazanamam. İnsanlar artık onlarla aynı mekânda bulunmak istemez. Gelirlerse kovarım. Zaten hepsi kaçtı, kimse kalmadı ki. Kim gelecek?"

Muammer Said (Kahvehane sahibi): Kürtler batının insanını sevmez

"Recep İpek burada ve Memurlar Lokali'nde kumar oynardı. Genelde yanık, altmışaltı oynardı. Çok fazla arkadaşı yoktu. Tesislerde birlikte çalıştığı arkadaşlarıyla buluşur, giderdi. Burayı terk edenler daha çok inşaatta çalışan, kadrosu olmayan insanlar. Kürtler batının insanını sevmezler. Devleti de sevmezler. Ben Kürtlerden devleti seveni çok az gördüm. Van'da askerlik yaptım. Orada şahit oldum."

Sabri Karaca (Emekli asker, 57 yaşında): Ezbere yapmadılar bu işi

"Bu olaylar, polisin gevşek davranmasından çıktı. Polis küçücük bir evin içinde bir cesedi ancak iki gün sonra bulabildi. İşin kötü tarafı, bu işin sonradan Kürtlere yönelmesi oldu. Bir çocuğu öldürenin Kürt olması bütün o insanlara mal edildi. Çok büyük hata. Dükkânların taşlanması, camlarının kırılması da bu yüzden. Daha önce böyle bir olay yoktu burada. Bilinçli olarak yapılan şeylerdi. Provokatörler vardı işin içinde. Kimin yaptığını bilmiyorum, ama kalabalığı tesislere götürenler de, Kürtlere saldırı yaptıranlar da bu işi ezbere yapmadılar."

Ali Uyar (İşçi, 54 yaşında): Kim, niçin yürüyor belli değildi

"Bu eylemi yapanlar Susurluk'la hiç alakası olmayan insanlar. Gönen'den, Manisa MHP'den adamlar geldi. Bizim insanımız biraz şakşakçı. Dışarıda bir şey olsun, hemen peşinden onlar da gider. Sormazlar 'Ne oluyor?' diye. Kim, niçin yürüyor belli değildi. Bin kişi yakmak için yürüyorsa, 4 bin kişi eğlence için yürüdü, taşladı sağı solu. Hem yolu kesmek ne demek oluyor? İnsanları işinden gücünden ettiler. Bu katil, PKK'ya karşı koruculuk yaparken, PKK'ya yataklıktan koruculuktan atılmış. Bize öyle söylediler."

Adını açıklamayan eylemci (İşçi, 23 yaşında): Az bile yaptılar

"Susurluk'ta büyük bir adam varmış. Emekli asker, adını bilmiyorum. Bu olaylar yüzünden bir sürü adamı tutukladılar. 'Ben, tutuklananların hepsini cezaevinden çıkaracağım, yakarım hepinizi, bir tane adam kalmayacak hapiste,' demiş. Akşamdan akşama içerim. İçeride yatanların hepsi benim arkadaşım. Az bile yaptılar. O kadın mesela, Recep İpek'in karısı değil. Karısı diye getirdiler buraya, ama kim olduğu belli değil, anlıyor musun?"

16 Recep İpek'in Cezaevi Mektupları

Yalnız ve İdamlık

Balıkesir Cezaevi'ndeki günleri Recep İpek için tam anlamıyla bir kâbus oldu. Tek başına kaldığı altı metrelik hücresinde günde iki kez gardiyanların nezaretinde havalandırmaya çıkıyordu. Hiç alışık olmadığı hücre hayatı bunalımını her geçen gün daha da artırdı. Gardiyanlar haricinde kimseyle konuşamadığı gibi hücresinde oyalanıp yalnızlığını unutacağı kendisine ait bir şeyi de yoktu. Hiçbir yakını onu arayıp sormadı. Sürekli cezaevinden kurtulmayı düşünmeye başladı. Hakkında açılan davada ilk duruşma 18 Mayıs 2001'de, saat 10.00'da yapılacaktı.

Duruşma tarihi kendisine tebliğ edildiğinde, ne kendisini ziyarete gelen bir kişi, ne de avukat tutacak parası vardı. Hücrede ilk haftasını, kimseyle konuşmadan yalnızlık ve öldürülme korkusuyla geçirdi. Yalnızlığını yakınlarına mektup yazarak aşmaya çalıştı. Yazdığı mektuplara hemen yanıt gelmesini bekliyordu. Gelmeyince oturup tekrar mektup yazıyordu. Eşi Sema Tuncay, annesi Ayşan İpek ve İstanbul'daki ağabeyi Mehmet İpek'e mektuplar yazdı. İpek'in her mektubu "cezaevinden kurtulma" çabasıydı.

Duruşma günü yaklaşıyordu. Duruşma öncesi kendisini ziyaret eden tek kişi sıkça mektuplar yazdığı ağabeyi Mehmet İpek oldu. Mehmet İpek cezaevindeki kardeşine sadece biraz para getirebildi. Ağabey İpek kendisinden avukat için maddi yardım isteyen kardeşine hamallıktan kazandığı parayla geçinemediğini, bu yüzden Bismil'e dönmeye karar verdiğini söyledi. Ağabeyinin bu söylediklerinden sonra Recep İpek, avukatsız çıkacağını bildiği ilk duruşmada yapacağı savunmasını yazmaya koyuldu.

Recep İpek cinayeti kendisine tehditle başkasının yaptırdığı iddiasını yakalandıktan sonra ilk kez ağabeyi Mehmet İpek'e yazdığı mektupta dile getirdi. Yazılanlara, ağabeyleri de inandı.

İki ağabey zamanla cinayet için "Zorla yaptırmışlar. Gerçek ortaya çıkacak," demeye başladılar. Recep İpek ağabeyi Mehmet İpek'e yazdığı her mektupta tanımadığı meçhul iki kişiden söz etti. Üstelik ilk kez gördüğü bu iki yabancı için "Ben dışarı çıkarsam onları buluruz. Nerede görsem tanırım. Yüzleri gözümün önünden gitmiyor. Ne olur bana bir avukat bulun," diyordu. Mektuplarında ağabeylerinden mutlaka bir şeyler yapmasını isteyen Recep İpek, akla aykırı önerilerde bulunuyordu. Öyle ki bir mektubunda "Kefalet bulursanız, serbest bırakırlar," dedi. Cinayet davasında kefalet sisteminin işlemediğini bilmeyen ve kardeşlerine inanan iki ağabey de Susurluk'ta kalan birkaç hemşerisi aracılığıyla Çaldıran ailesine şöyle bir teklif sunmayı düşündü: "Salim Çaldıran'ın işi, parası yok. Acaba biraz para bulsak, para teklif etsek davadan vazgeçer mi?"

İki ağabey bu teklifin hayata geçmesinin mümkün olmadığını, çevresindekilerin telkinleriyle sonradan öğrendiler. Güneydoğu'da geçmişte daha yaygın olan ve bugün hâlâ bir barışma yöntemi olarak kullanılan bu yönteme, "kan parası" deniyordu. İki ağabey bu yöntemi uygulayabileceklerini sanmıştı. Recep İpek'in mahkemeye çıkmadan önce yazdığı mektuplar kendi kaleminden (zorunlu bazı imla hataları ve sakıncalı bölümler düzeltilerek) şöyle:

1. Mektup: "Dayanacak Gücüm Kalmadı"

Bismillahirrahmanirrahim

Satırlarıma başlamadan evvel, üzerimde farz olan Allah'ın selamlarını dilerim. Nasılsınız iyi misiniz? İyi olmanızı cenabı hak, Allah'tan dilerim. Sayın pek çok kıymetli ve değerli Mehmet ağbiciğim. Sana çok selam eder her iki mübarek ellerinden öperim. İyi olmanı yüce Allah'tan dilerim. Mehmet ağbi senin Ali Mete ağbiyle konuşmanı istiyorum. Onun tanıdığı mutlaka bir avukat vardır. Kefalet için mutlaka konuşsun. Ama mutlaka konuşsun veya sen konuş. Ağbi ben kendi isteğimle hiçbir zaman o kızı öldürmedim. Kötü bir şey yapmadım. Bana yaptırdılar. Kim olduklarını yemin ederim ki bilmiyorum. Sadece olaydan iki gün önce garaj kahvesinde görmüştüm. Bana nereli olduğumu sordular ve 'Seni birisine benzettik' dediler, çekip gittiler. Olay günü sabah eve geldiler. Beni silah zoruyla tehdit ettiler kızı öldürmemi istediler. Öldürmeden önce kötü şeyler yapmamı istediler ama ben kötü bir şey yapmadım. Zorla bana kızı öldürttüler. Öldükten sonra boğazına ipi geçirmemi istediler. Ağbi o kız iple boğulmadı. Elle boğulduktan sonra, ipi boğazına geçirmemi istediler. Beni de öldüreceklerini zannettim, ama öldürmediler. Bana, 'Seninle işimiz yoktur' dediler ve 'Nereye gidiyorsan git' dediler. Ve ben korku içinde kaçtım. Çünkü her şey benim ellerimle olmuş adamları hiç tanımıyordum. Ama onları hiç ve hiç unutmuyorum, unutmam da mümkün değil. Her zaman gözlerimin önündeler. Onları nerede görsem tanırım. Mehmet ağbi, anladığım tek şey bu adamlar beni bir hedef olarak kullandılar. Benim başıma bu olayı getirip, sırf Doğuluların ve orada bulunan Kürtlere hakaret etmek için yaptılar. Ağbi, adamları nerede görsem tanırım ağbi. Onun için bana yardım edin. Mehmet ağbi sana yalvarıyorum. Ali Mete ağbiye söyle bir avukatla mutlaka konuşsun. Çünkü o adamları, ne olursa olsun bulup adalete teslim etmem lazım. Ağbi ben içerdeyken asla adamları bulamayız. Senden ricam bir avukatla konuşup beni kurtarın. Çünkü o adamları bulmalıyız ve adalete teslim etmeliyiz. Kendi cezalarını kendileri çeksin. Mehmet ağbi Ali Mete ağbiye söyle bana mutlaka yardım etsin, onun çevresi var. İsterse yardım edebilir. Gerekirse Mesut Yılmaz'la konuşsun. Çünkü Mehmet Ağbi benim iki tane çocuğum ve eşim var. Kim ister ki ailesi dağılsın. Beni oyunlarına alet ettiler, hayatımı mahvettiler. Öyle bir şey yapsaydım kendim teslim olmazdım. Mehmet ağbi para için Ali ağbiden yardım iste ve Şahin'in babası Hacı Ramazan'dan iste. Hacı Ramazan sana verir. Bizim evlerin üzerinden bankadan faiz, kredi çek. Ömer de yardım etsin. Benim buzdolabını da satın. Saliha, Meryem'den iste. Gerekirse bütün akrabalardan iste. Gerekirse bütün evleri sat. Ama bana yardım edin. Ali Mete ağbi gerekirse bankadan senin adına faizle para çeksin. Mehmet ağbi ne olur bana yardımcı olun. Ben kendi isteğimle yapmadım. Yemin ediyorum, zorla yaptırdılar. Ama onları hiç görmemiştim. Mehmet ağbi tek ümidim sensin. Canım ağbim ne olur bana yardım edin. Dayanacak gücüm kalmadı. Ağbi. Mektubumu alır almaz mutlaka APS ile bilgi ve cevabınızı bekliyorum. Mehmet ağbi ve Ömer ağbi ayın 25'i, yani cuma günü sizi acilen bekliyorum. Mutlaka gelmeye çalışın, gözlerim yolda olacak. Bana haber getirin. Ne olur gelin ve bana yardım edin.

Çocuklardan da haber getir. Mektubu alır almaz eve telefon aç bütün fotoğrafları göndersinler sana. Türkan'a söyle, Sema'ya söylesin fotoğrafların yerini öğrensin ve sana yollasın. Gözlerim yolda olacak. Beni eğer seviyorsanız, geleceksiniz.

Bana bir sayısal oyna ve APS ile gönder. Bir Milli Piyango gönder. Cevabını bekliyorum. Sizi seven kardeşiniz.

2. Mektup: "Duruşma Ölüm Yıldönümüm Olacak"

Bismillahirrahmanirrahim

Satırlarıma başlamadan evvel üzerimde farz olan Allah'ın selamlarını dilerim. Nasılsınız iyi misiniz? İyi olmanızı yüce Allah'tan dilerim. Durumunu biliyorum, benim kusuruma bakma ağbi çünkü senden başka kimsemin olmadığını söylemek istiyorum. Diğerleri de benim ailemdiler. Hepsi de benim en kötü anımda dahi bana sırtını çevirdiler. Bana hiçbir şekilde yardım eli uzatmadılar. Mehmet ağbi şunu söylemek istiyorum. Hiç kimse ne beni ne de eşimi çocuklarımı hiç ve hiç düşünmediler. Hep Ömero ve Pembo ve çocuklarını düşündüler. Hani onlara ne oldu. Olan bana eşime ve çocuklarıma oldu ve sana oldu. Mehmet ağbi, durumum iyi değildi. Annemden para istedim. Ömero ve Pembo anneme telefon açıp 'ona para gönderme' dedi ve 'Benim kızıma altın yap' dedi. Annem de onların dediğini yapıp bana para göndermedi. Ömero'dan istedim, karısı izin vermedi.

Ömero bana para versin. Ömero da onun dediğini yaptı. Pembo öyle derken Ömero hiç çıt demedi. Bana, şöyle dediler: 'Sana verecek paramız yok ve senin eşin de seni terk etti.' Üç gün boyunca anneme yalvardım. Feyzi'nin karısı Fatma bile şahittir. Benim borcum vardı. İşsizdim ve bunalımdaydım. Ama hiç kimse bana yardım etmedi. Ve olan oldu işte. Bataklığın sonu ya ölümdür ya da hapishanedir. Sırf onları görmek için her şeyi gözüme koyup Bismil'e geldim ama hiç kimse benimle görüşmek istemedi. Ama neden biliyor musun? Çünkü korkuyorlardı. Mehmet ağbi mahkemeye daha çıkmadım.

Ama o gün benim ölüm yıldönümüm olacak. Çünkü büyük bir korku var. Bunu bil ki seni çok seviyorum. Anneme ve herkese selam ediyorum.

3. Mektup: "Anne Sevgisi Bambaşka"

Bismillahirrahmanirrahim

Satırlarıma başlamadan evvel üzerimde farz olan Allah'ın selamlarını dilerim. Nasılsın iyi misin? İyi olmanı cenabı hak Allah'tan dilerim. Sayın pek çok kıymetli değerli ağbim Mehmet sana çok çok selam eder her iki mübarek ellerinden öperim. İyi olmanı cenabı hak Allah'tan dilerim. Bana göndermiş olduğun mektubunu aldım. İnan ki dünyaya sanki yeniden gelmiş oldum. Ben Bismil'e o kadar çok mektup gönderdim. Ama hiçbir cevap alamadım, ama neden? Annemin durumu nasıl, sizden annemize iyi bakmanızı istiyorum.

Ona bugüne kadar rahat bir gün gösteremedik. Anne sevgisi bambaşkadır. Ona söyle beni hiç merak etmesin, kaderimizde ne yazıldıysa öyle olur. Mehmet ağbi şunu söylemek istiyorum ki sizlerin nasıl bir durumda olduğunu hissedebiliyorum.

Mehmet ağbi bir avukat tutabilseydik eğer belki biraz yardım edebilirdi. Ama gelmeden önce bir avukatla mutlaka görüşmeni istiyorum. O ne diyor? Gelmeden önce Bismil'e telefon aç. Sema ve çocukların durumunu öğren. Türkan'a söyle öğrensin. Benim hakkımda ne gibi şeyler düşünüyorlar. Ama ne olursa olsun gerçekleri bana söyle. Mehmet ağbi senden bir saz ve müzik kitabı istiyorum. Çünkü canım çok sıkılıyor ve yalnızım. Eğer getirirsen çok memnun olurum. Yanında bulunan herkese çok selam ederim. Anneme söyle bana mutlaka para yollasın. 150 milyon paraya ihtiyacım vardır. Tekrar sana çok selam eder her iki mübarek ellerinden öperim.

Şunu bilmeni istiyorum ki, inan ki seni her zaman sevdim ve saydım. Ölünceye dek seni seveceğimden ve sayacağımdan emin olmanı istiyorum. Çünkü senin bana hem iyi günde, hem de kötü günde çok ama çok yardımın dokundu. Bu iyiliğini nasıl ödeyeceğimi anlatamıyorum. Yatıp, kalkıp sizlere dua ediyorum. Sana ve Türkan'a dua ediyorum. Senden Sema'yı .... numaradan aramanı istiyorum. Onların komşusunundur. İsmi Sultan teyzedir. Ondan Sema ve annesini çağırmasını iste. Benim hakkımda ne söylediklerini öğren. Onlara iki tane mektup gönderdim. Bana neden cevabımı göndermediler. Öğren ve ne olursa olsun, gerçekleri bana yaz. APS ile gönder. Mektubumu alır almaz cevabı bekliyorum. Ömer de bana biraz para yollasın. Bir gömlek getirirsen iyi olur kendine iyi bakmanı istiyorum.

4. Mektup: "Ne Olur Gel, Paran Yoksa Veririm"

Bismillahirrahmanirrahim

Öncelikle sana çok selam eder her iki ellerinden öperim. İyi olmanı cenabı hak Allah'tan dilerim. Bir avukatla görüştün mü? Avukatla görüşmeni istiyorum. Bu cuma kesin gelmeni istiyorum. Mutlaka gelmeye çalış. Mehmet benim bir avukata ihtiyacım vardır. Saliha Şahin'den avukat için para iste. Sonra benim buzdolabımı satıp onların parasını verirsin, daha yenidir. Bir ay kullandım ve Şahin'in parasını verirsin. Bizim evlerin üzerine de kredi çekebilirsin. Avukat tuttuğumuz zaman az çok olsa da yardım edebilir. Senden başka bana yardım edecek hiç kimsem yoktur. Ne yaparsan yap; yol paran dahi tek olsa bile cuma günü gelmeni istiyorum. Sana söylemeyi unuttum; bana farz lazım olan bir sünger yatak, ucuzlarından bir battaniye ve yastığa ihtiyacım vardır. Bir hatıra defteri ve fotoğraf albümü büyük. Silgi, okumak için kitaplar. Ama mutlaka bir avukatla görüşüp cuma günü gelmeni istiyorum. Yol paranı bul, paran yoksa bana geldiğinde verdiğin paradan sana biraz veririm. Yeter ki cuma günü gelmeye çalış. Ama mutlaka gel. Bana adresini yaz gönder. Tam olarak bilmiyorum. Sana mektubum ulaşacak bir adres yaz ve gönder. Gümrüğün adresini yaz. Bana yardım edecek tek insan sensin. Ne olur bana biraz yardım et.

Saliha ve Meryem'in adreslerini şimdi öğren ve bir mektubun içine koy kapıya ver.

Anneme söyle bana en az 100 milyon yollasın. Saliha, Meryem'in yanından getirsin. Ömer'e de söyle o da bana mutlaka, para göndersin. Bismil'e telefon aç. Bütün fotoğrafları mektubun içine koyup APS ile göndersinler bana. Mehmet ağbi bana yardım edecek tek kişi sensin. Ayın 25'inde cuma günü sen ve Ömer ölüm dahi olsa gelmenizi istiyorum. Gelmeye çalışın. Mektubu alır almaz senden haber bekliyorum. Kefalet için Ali Mete ağbi bir avukatla konuşsun ve bana APS ile acele yolla. Ben içerdeyken o adamları nasıl buluruz hani? Tek ümidim sensin. O adamları bulup cezalarını kendileri çekmesi için adalete teslim etmek zorundayım. Onun için kefalet için Ali ağbi bir avukatla konuşsun ve bana bilgi ver. APS ile hemen gönder. Acele."

Ayna ve İngilizce Kitap

Recep İpek'in mektuplarının bir kenarına eklediği ihtiyaç ve talep listesi arasında temel ihtiyaçlarının yanı sıra ilginç başka istekler de var.

Birinci ihtiyaç listesi
- Saz ve müzik kitabı
- Yastık, battaniye, yatak
- Bir fotoğraf albümü, bir küçük radyo, diş fırçası ve diş macunu, küçük ayna, makas, havlu, sabun, tırnak makası, silgi
- Cetvel, tıraş malzemesi, tükenmez kalem
- Çanta, okumak için birkaç kitap, İngilizce kitap-defter (Türkçe karşılıklı)
- Teyp
- İki bulmaca kitabı getir.
- Namaz için bir seccade

İkinci ihtiyaç listesi
- Çay makinesi, elektrikli su ısıtıcısı
- Silgi, kalem resim defteri, makas. İki tükenmez kalem, ayna
- Saat (en kısa zamanda gönder)
- İngilizce kitap ve sözlük
- Saz ve müzik kitabı.
- Küçük bir teyp (Tek kasetli, küçük radyolu olsun)
- Birkaç tane de türkü kasedi, (İbrahim Tatlıses, Azer Bülbül, Ferhat Tunç, Mahsun Kırmızıgül, Küçük Ceylan, Küçük Emrah)
- Spor ayakkabısı (Bağsız olanlardan)
- Birkaç ansiklopedi, kitap.

—

siyahbeyaz
METİS GÜNCEL

YIKIK KENTLİ KADINLAR

Müge İplikçi

İsmet: "Hayır diyebilseydim, kaderimi değiştirebilirdim."

Gülay: "Keşke evi yaptırmasaydık, keşke gitmeseydik, keşke camı kapatmasaydık... Sürekli keşkeler var."

Esma: "Hiç tanımadığın yeni dostlarla hayatı kurmaya çalışmak; belki de hayat bu."

Hanife: "Ay, gün, yıl ne bilmiyorum. Çok ağır bir kış olduğunu söylüyorlar, ben kışı fark etmedim."

Nilgün: "Önce çocuk istemiyordum, ölen çocuklarıma haksızlık olur diye..."

Nuran: "İstanbul'da da yapamadım. Oradakiler anlamıyor. Tekrar Gölcük'e geldim, prefabriğe..."

Ayşe: "Enkaz altında kimse acı çekmedi. Acılar sonrasında..."

Melek: "Oğluma her baktığımda bir şeylerin değişmesi için nedenim olduğunu düşünüyorum."

17 Ağustos 1999 depremi, toplumun ve devletin, bu topraklarda hayatı kurarken, doğaya ve insana dair olanı göz ardı ettiğini gösterdi. On binlerce insanın enkaz altında can vermesine neden olan deprem değil, toplumun kendisiydi.

Müge İplikçi, Gölcük, Değirmendere ve Yalova'da meydana gelen depremi ve sonrasını, sekiz kadının yaşadıklarıyla aktarıyor *Yıkık Kentli Kadınlar*'da. Önceki yaşamları, düşünceleri ve inançlarıyla birbirinden farklı olan bu sekiz kadın, iki yıl sonra o ana dönüyor yeniden.

Kitap, sadece kenti yıkılmış kadını değil, onun yıkıntılardan inşa ettiği umudu da göstermek amacında...

siyahbeyaz
METİS GÜNCEL

SESSİZ ÖLÜM

AVRUPALI SİYASİ MAHKÛMLAR
HÜCREYİ ANLATIYOR

Hüseyin Karabey

Yönetmen Hüseyin Karabey 2000 yılında Türkiye'de F Tipi Cezaevleri ilk kez kamuoyunda tartışılmaya başladığında, Adalet Bakanlığı tarafından bir modernleşme ve ıslah olarak sunulan uygulamanın gerçek mahiyetini araştıran bir film yapmaya karar verdi. Bunun için Frankfurt'tan Bilbao'ya, Belfast'tan Bolonya'ya Avrupa'nın çeşitli merkezlerinde, hücreye kapatılarak sosyal ve duyusal tecride maruz bırakılmış siyasi mahkûmlarla konuştu. Sonunda *Sessiz Ölüm* filmini gerçekleştirdi, ödül aldı ve belli ki çeşitli ödüller toplamaya devam edecek. Filmiyle aynı adı taşıyan bu kitabında ise uzunlukları nedeniyle orada yer veremediği orijinal video röportajlarını tam haliyle okuyacaksınız.

İlk elden tanıklıklar bunlar. Tanıklar, her türden inkâr, demogoji ve yanlış bilgilendirmeyi, bilgisizliği ve toplumun bilme hakkının gaspını bozuma uğratan varlıklarıyla oradalar: "Öldürme"nin beyaz, temiz, modern tekniğini anlatıyorlar...

siyahbeyaz
METİS GÜNCEL

TÜRKİYE SAVAŞIN NERESİNDE?

NTV TARİHE KAYITLAR 1

Haber kanalı NTV ile Metis Yayınları'nın ortak geliştirdiği bir proje olan *Türkiye Savaşın Neresinde?* kitabı, 11 Eylül günü, başta ABD olmak üzere dünyayı sarsan terör saldırılarının Türkiye cephesini irdeliyor. NTV'den Mithat Bereket, Oğuz Haksever, Hikmet Bila, Murat Akgün, Celal Pir ve Ruşen Çakır olayın sıcaklığı içerisinde, Türkiye ve dünyadan politikacıların, uzmanların, düşünürlerin katıldığı bir dizi tartışma programı gerçekleştirdi.

Kitabın birinci bölümünü oluşturan bu programlara şu konuklar katıldı: Başbakan Bülent Ecevit, 9. Cumhurbaşkanı Süleyman Demirel, eski Başbakan Yıldırım Akbulut, eski Dışişleri Bakanı Murat Karayalçın, eski Washington Büyükelçisi Şükrü Elekdağ, Fransız düşünür Regis Debray, Fransız araştırmacı Gilles Kepel, Prof. Erich Jan Zurcher, tarihçi Andrew Mango, gazeteci Hung Pope, yazar Murat Belge, Prof. Bekir Karlığa.

Politikacı ve düşünürler "yeni savaş"ın dünyadaki dengeleri nasıl etkileyeceğinden Türkiye'nin üstlenmesi gereken rolü, İslam dünyasındaki yerine uzanan geniş yelpazedeki sorulara yanıt aradılar. Olayın sıcaklığı içinde yapılan değerlendirmeler "tarihi öneme" sahip... Bu yüzden bu kitabın bir başka amacı "tarihe kayıt" düşmekti.

Kitabın "Dünya Savaşı Sorguluyor" başlıklı ikinci bölümünde ise 23 yerli ve yabancı yorumcunun makaleleri yer alıyor. Ayrıca Taliban, El Kaide, Usame Bin Ladin, Kuzey İttifakı'na ilişkin enformatik bilgileri de kitapta bulmak mümkün.

siyahbeyaz
METİS GÜNCEL

ÖTEKİ DSP

ECEVİTLERİN GAYRİ RESMİ ÖYKÜSÜ

Atilla Akar

1970'li yılların "Karaoğlan"ı, 1980'ler ile 90'ların "dürüstlük" sembolü Bülent Ecevit. Onu bir an bile terk etmeyen eşi Rahşan Ecevit. Bir dönem ülke barajını aşamazken Türkiye'nin birinci partisi haline gelen Demokratik Sol Parti.

Şimdiye kadar Ecevit çiftiyle görüşülerek, "içerden" yazılmış birçok kitap yayımlandı. Deneyimli gazeteci Atilla Akar'ın bu kitabı ise okura DSP'nin gayri resmi tarihini sunuyor: Partinin kuruluşunda ve farklı aşamalarında üst düzey görevlerde bulunmuş kişilerle söyleşiler, Ecevitleri ve DSP'yi yakından izleyenlerle görüşmeler...

Öteki DSP, yalnızca olayları ele almıyor; DSP'nin siyasal, sosyal ve örgütsel profilini de tartışıyor. Kitabın ekseninde ise şu soru var: Bülent Ecevit'siz bir DSP mümkün mü? Ecevit'in ardından partinin geleceği ne olacak?

siyahbeyaz
METİS GÜNCEL